幼儿教师必知礼仪规范与易错细节

向多佳◎编著

中国轻工业出版社

图书在版编目（CIP）数据

幼儿教师必知礼仪规范与易错细节／向多佳编著．—北京：中国轻工业出版社，2022.6（2024.5重印）
ISBN 978-7-5184-3833-4

Ⅰ．①幼⋯　Ⅱ．①向⋯　Ⅲ．①幼教人员－礼仪　Ⅳ．①G615

中国版本图书馆CIP数据核字（2022）第000709号

保留所有权利。非经中国轻工业出版社"万千教育"书面授权，任何人不得以任何方式（包括但不限于电子、机械、手工或其他尚未被发明或应用的技术手段）复印、拍照、扫描、录音、朗读、存储、发表本书中任何部分或本书全部内容，以及其他附带的所有资料（包括但不限于光盘、音频、视频等）。中国轻工业出版社"万千教育"未授权任何机构提供源自本书内容的电子文件阅览、收听或下载服务。如有此类非法行为，查实必究。

责任编辑：吴　红　　　责任终审：高惠京
策划编辑：吴　红　　　责任校对：刘志颖　　　责任监印：吴维斌

出版发行：中国轻工业出版社（北京鲁谷东街5号，邮编：100040）
印　　刷：三河市鑫金马印装有限公司
经　　销：各地新华书店
版　　次：2024年5月第1版第2次印刷
开　　本：787×1092　1/16　印张：17
字　　数：150千字
印　　数：3001—5000
书　　号：ISBN 978-7-5184-3833-4　　定价：58.00元

读者热线：010-65181109
发行电话：010-85119832　　010-85119912
网　　址：http://www.chlip.com.cn　　http://www.wqedu.com
电子信箱：1012305542@qq.com
版权所有　侵权必究
如发现图书残缺请拨打读者热线联系调换
240659Y1C102ZBW

前　言

《礼记》中说："人有礼则安，无礼则危，故曰，礼者不可不学也。"

幼儿教师礼仪，是幼儿教师进入教育领域的"身份证"和"通行证"。

幼儿教师礼仪是幼儿教育工作者不可或缺的职业素养。"身正为师"，幼儿都具有向师性，在他们的心目中、视野里，教师就是榜样。幼儿教师的言谈举止、仪容仪表、举手投足，乃至一颦一笑，都蕴含着教育的力量，是幼儿最直观、最容易接收的信息。通过耳濡目染、潜移默化，孩子们会自觉或不自觉地产生一种学习和模仿老师的意向。

孔子云："少成若天性，习惯如自然。"幼儿教育是人类教育活动的最初阶段，是必将影响幼儿人生的第一个重要学习阶段。教育部颁布并于2016年3月1日起施行的《幼儿园工作规程》"第一章　总则"第三条中明确指出，"幼儿园的任务是：贯彻国家的教育方针，按照保育与教育相结合的原则，遵循幼儿身心发展特点和规律，实施德、智、体、美等方面全面发展的教育，促进幼儿身心和谐发展。"在幼儿教育过程中，"显性"的"礼仪教育"，是常规课堂中学习的基础礼仪内容，而更重要的部分是"隐性"的"礼仪教育"，是幼儿教师在与幼儿接触中、在活动中自然显示出来的教师自身的礼仪素养与能力。荀子曾说："礼者，所以正身也；师者，所以正礼也。无礼，何以正身？无师，吾安知礼之为是也？"加强幼儿教师的礼仪修养，既是完善幼儿教师职业形象的需要，也是完成幼儿教育工作的需要，更是正确引领下一代、提高民族素质的需要。

有"礼"走遍天下，无"礼"寸步难行。子曰："其身正，不令而行；其身不正，虽令不从。"幼儿教师只有具备良好的礼仪修养，才能在幼儿教育工作中举止大方、谈吐得体、彬彬有礼、处事有度，才能真正"为人师表"，展现良好的自我形象和幼教水平，给孩子们树立学习的榜样。

《幼儿教师必知礼仪规范与易错细节》是从务实、实用的角度来表述幼儿教师应知的礼仪基础知识，让幼儿教师易于从日常做起，了解幼儿教师必须遵循的礼仪规范与易出错的细节，从而正确地运用幼教礼仪规范与技巧，提升自己的职业素养，提高自己的人际交往与沟通能力，顺利地实施幼儿教育活动，促进幼儿的健康成长，赢得家长与社会公众的好评，获得职业成就感和幸福感。

　　本书的内容选取，主要是面向幼儿园一线教师和大中专院校学前教育专业师生的实际需要，通过"意识先行调心态""专业美化塑形象""仪态规范显修养""礼节周到喜相见""讲究用语畅交流""规范沟通无极限""礼貌交往促合作""礼仪教育亮传承"八个模块，以幼儿教师应知应会的幼教礼仪知识为中心，让幼儿园一线教师在"行为世范"的同时，传授给幼儿正确的礼仪基础知识与技能。本书既适合作为幼儿园一线教师礼仪培训的指导用书和自学读物，也适合作为大中专院校学前教育专业的礼仪教育课程用书。

　　书中参考了许多专家、学者、同行的著作和论文，由于版面所限不能一一列出，在此谨表示真诚的感谢。鉴于个人的学术水平有限，书中不足之处在所难免。恳请各位专家、学者、同行与读者多多指教。

　　感谢中国轻工业出版社"万千教育"编辑部主任吴红先生的大力支持与帮助。感谢成都职业技术学院财经学院杨静老师和银领礼宾队队员们的友情助演，感谢他们允许我在本书中使用他们的照片。

　　"礼之用，和为贵。"幼儿教师知礼、懂礼、守礼、施礼，方能展示自己的学识、修养、才能和价值。愿各位有礼行遍天下，重礼而致远。

向多佳
2021年10月6日

目 录

第一章 意识先行调心态——幼儿教师礼仪规范概述 ………… 3
    一、知晓礼仪内涵 ………………………………………… 3
    二、注重礼仪修养 ………………………………………… 9
    三、明晰八项原则 ………………………………………… 12
    四、强化服务理念 ………………………………………… 15

第二章 专业美化塑形象——幼儿教师职业形象的礼仪规范 ……… 23
    一、仪容常规 ……………………………………………… 24
    二、发部修饰 ……………………………………………… 26
    三、面部修饰 ……………………………………………… 29
    四、淡妆技巧 ……………………………………………… 31
    五、肢体修饰 ……………………………………………… 34
    六、着装常规 ……………………………………………… 36
    七、着装技巧 ……………………………………………… 39
    八、巧搭首饰 ……………………………………………… 44

第三章 仪态规范显修养——幼儿教师仪态的礼仪规范 ………… 53
    一、动人的微笑 …………………………………………… 53
    二、礼貌的目光 …………………………………………… 56
    三、端庄的站姿 …………………………………………… 61
    四、优雅的坐姿 …………………………………………… 66
    五、自信的行姿 …………………………………………… 74
    六、得体的蹲姿 …………………………………………… 77
    七、友善的手势 …………………………………………… 82
    八、专业的举止 …………………………………………… 86

第四章 礼节周到喜相见——幼儿教师见面礼宾的礼仪规范 95
一、恰当的称呼 95
二、问候与致意 98
三、鞠躬与握手 100
四、其他礼节 105
五、自我介绍 109
六、为他人介绍 110
七、递接名片 113

第五章 讲究用语畅交流——幼儿教师进行语言交流的礼仪规范 119
一、礼貌的用语 119
二、声音的讲究 123
三、迷人的倾听 127
四、赞美的力量 129
五、交谈的技巧 133
六、日常的沟通 139

第六章 规范沟通无极限——幼儿教师运用通信工具的礼仪规范 149
一、接打电话礼仪 149
二、使用手机礼仪 152
三、使用电子邮件礼仪 153
四、使用QQ与微信礼仪 155
五、使用博客与微博礼仪 157

第七章 礼貌交往促合作——幼儿教师日常交往的礼仪规范 163
一、与幼儿交往礼仪 163
二、与家长交往礼仪 166
三、与同事交往礼仪 168
四、与领导交往礼仪 172

五、与友邻交往礼仪 …………………………………………… 174
　　六、与媒体交往礼仪 …………………………………………… 176
　　七、涉外交往礼仪 ……………………………………………… 181

第八章　礼仪教育亮传承——幼儿教师参加社会活动的礼仪规范 ………… 189
　　一、出行礼仪 …………………………………………………… 189
　　二、拜访礼仪 …………………………………………………… 203
　　三、接待礼仪 …………………………………………………… 209
　　四、餐桌礼仪 …………………………………………………… 217
　　五、参观与观演礼仪 …………………………………………… 238
　　六、庆典活动礼仪 ……………………………………………… 240
　　七、休闲娱乐礼仪 ……………………………………………… 247
　　八、体育活动礼仪 ……………………………………………… 253

主要参考文献 ………………………………………………………………… 263

荀子云:"人无礼则不立,事无礼则不成,国无礼则不宁。"

——《荀子·修身》

"没有良好的礼仪,其余的一切成就都会被人看成骄傲、自负、无用和愚蠢。"

——英国教育家约翰·洛克(John Locke),《教育漫话》

第一章

意识先行调心态——幼儿教师礼仪规范概述

幼儿教师个人形象的好坏、人际交往与沟通能力的高低，直接影响着幼儿和家长在幼教机构接受服务时的感受，影响着幼儿和家长对该幼教机构的评价与取舍，也直接影响着教育部门对该幼教机构的综合考评，进而直接影响着该幼教机构的发展态势。因此，不断地提升幼儿教师的个人形象、人际交往与沟通能力，为幼儿和家长提供最优质的幼儿教育服务，赢得教育部门的考评佳绩，赢得最佳的社会效益和经济效益，是今天各幼教机构都在努力追求的一大目标。而不断地提升个人形象、人际交往与沟通能力，也应是所有幼教工作人员努力的目标。

懂得幼儿教师的礼仪规范，准确地定位自己所担负的角色，塑造良好的个人形象，具备较强的人际交往与沟通能力，是幼儿教师立足于社会、求得发展的重要条件，也是任何一家幼教机构良性发展的有力保障。有"礼"走遍天下，无"礼"寸步难行。

一、知晓礼仪内涵

作为幼儿教师，不仅要有强烈的责任意识、扎实的业务知识，还应具有较强的人际交往与沟通能力。美国"成人教育之父"戴尔·卡耐基（Dale Carnegie）认为，"一个人事业的成功，15%来源于专业技术，85%要靠人际关系和处世技巧"。

幼儿教师要善于塑造良好的幼儿教师专业形象，善于与幼儿、家长、领导和同事，以及社会各界人士有效地沟通与交流，争取社会广泛的了解、认可、选择和赞誉，就必须学习、掌握和运用幼儿教师礼仪规范，架起人际交流的立交桥。

（一）礼仪的概念

礼仪是人类文明的重要标志，它既是道德文化的外在表现形式，又是人际交往活动的重要内容。一般而言，礼仪是指人们在社会交往活动中，以自尊敬人、约定俗成的惯用形式所表现出来的规范化行为。它是我们培养良好品格、塑造专业形象、顺畅地沟通与交流、赢得尊重和友善、建立和谐人际关系的法宝。

礼仪实则是一种规范。就个人层次而言，礼仪是人们在社会生活中言行的规范和待人接物的标志。礼仪的具体表现为礼貌、礼节、仪表、仪式等。

- 礼貌，是指在人际交往中通过言语、动作向交往对象表示谦虚、友好和恭敬之意。它侧重于表现人的品质与素养，体现一个人的道德水平、文化层次和文明程度。
- 礼节，是指人们在交际场合相互表示尊重、问候、祝愿、慰问、哀悼，以及给予必要的协助与照料的惯用形式。它实际上是礼貌的具体表现方式。
- 仪表，是指一个人的外表，是一个人内在素质的外在表现。
- 仪式，是指在一定场合举行的具有专门规定的形式和程序的规范活动。

它们之间相互关联、相辅相成。遵守礼仪，就必须具有尊敬他人的修养、礼贤下士的雅量，言谈举止合规矩，仪表庄重，仪态大方，礼节周全，在正式场合遵循活动的规定程序，彰显良好的个人素质与修养。

（二）幼儿教师礼仪的概念

人际交往离不开礼仪，幼儿教育活动同样如此。幼儿教育主要是在与幼儿以及家长的交往过程中完成的，礼仪的运用显得格外重要。

幼儿教师礼仪是幼儿教师在从事幼儿教育活动中，用以展示教师素质与形象，彰显其所在幼教机构的品牌，对幼儿实施基础礼仪教育，对幼儿家长、社会公众表示尊敬与友好的规范与惯例，是一般教师礼仪在幼儿教育活动中的运用和体现。简言之，幼儿教师礼仪是幼儿教师在从事幼儿教育的人际交往中应遵守的自尊敬人的行为规范。

幼儿教师礼仪是幼儿教师不可或缺的职业素养。学习和掌握幼儿教师礼仪，是幼儿教师进入教育领域的"身份证"和"通行证"。

（三）幼儿教师礼仪的特点

幼儿教师在本质上属于职业礼仪的范畴。幼儿教师礼仪的特点主要表现在其示范性、传承性、规范性、普适性、操作性、服务性等方面。

1．示范性

幼儿教师礼仪最为特殊的一大特征，是它具有很强的示范性。幼儿教师是幼儿初谙世事的引领者、启蒙者，更是幼儿学习为人处世的榜样。客观上，无论是幼儿教师的衣着打扮，还是其言谈举止、为人行事，都会对近在咫尺的孩子们产生潜移默化的教育作用。从某种程度来讲，这就是一种示范的作用。

在个人形象占据职业素养的份额越来越大的今天，更需要幼儿教师承担好为人师表、率先垂范的重要角色。唯有重视幼儿教师礼仪，才能胜任幼儿教师这一崇高的职业，正确引领求知、求真、求善、求美的幼儿。

2．传承性

每一个国家或民族的礼仪，都是伴随着国家或民族的历史发展逐渐形成、发展起来的，都具有自己鲜明的民族特色。幼儿教师礼仪亦然。它是在传承了中国古代礼仪的基础上，将运用在幼儿教师人际交往中的一系列习惯做法沿袭下来的社会文明现象。

与其他事物一样，在继承传统的同时，作为人际交往的一种形式，它又总是随着社会的发展而发展，随着历史的进步而进步。同时，随着世界各国、各地区之间的交往日益密切，各个国家、地区、民族的礼仪也不断地相互影响，相互渗透，不断地推陈出新，不断地充实新的内容。因此，幼儿教师礼仪也不是一成不变的，我们应当有继承、有扬弃，用发展的态度去对待它。理应让它更好地表达幼儿教师的自尊、自爱，以及对他人的尊重，更方便幼儿教师与幼儿、家长、同事、领导和其他社会人员的沟通与交流。

3．规范性

礼仪不仅约束着人们在交际场合的言谈举止，使之合乎礼仪规范，而且是人们在交际场合中必须采用的一种"通用语言"，用之实现有效沟通。同时，礼仪也是社会公众衡量自己是否律己敬人、评判他人是否具有良好素质的一种尺度。

　　幼儿教师礼仪是幼儿教师在交际中待人接物时必须遵守的基本职业规范。要想成功地进行幼儿教育，使幼儿、家长、同事、领导和其他社会人员都有一个和谐而轻松的交际环境，就需要幼儿教师首先遵守人际交往的基本规则。如果幼儿教师不讲人际交往的基本规则，不遵守人们共同认可的教师行为规范，自行其道，自认其理，就很难与幼儿、家长、同事、领导以及社会人员沟通，就难以合作共事、顺利开展工作。

4．普适性

　　礼仪是一种人类的文明积淀，它把人们在交际应酬中的习惯做法固定下来，并逐渐形成人们交流沟通的定式。它并不会因为某些人或某个人的意志而发生变化。并且人们只有遵守它，才能与其他社会成员和谐相处。随着人类社会文明程度的提高，礼仪必将进一步得到广泛普及。

　　在从事幼儿教育工作中，幼儿教师礼仪具有普遍适用性。每一位幼儿教师都应该遵规而行，举手投足、言谈举止都应该约之以礼，符合幼儿教师的身份和形象。唯有如此，方能得到幼儿、家长、同事、领导以及其他社会人员的认可和协助，愉快地展开人际沟通与交流，获得人际交往的成功。

5．操作性

　　礼仪来源于社会实践，又直接为社会实践服务。它注重从实际出发，从社会生活的需要出发。

　　幼儿教师礼仪的一大特征就是规则简明、实用可行、方便操作、易学易会、切实有效。它不故弄玄虚，也不是纸上谈兵，而是既有总的礼仪原则、礼仪规范，又有具体细节上的方式、方法，用来仔细周详地对礼仪原则、礼仪规范加以贯彻，把它们落到实处，使之言之有物、行之有礼。幼儿教师要展现出自己的职业素养、专业精神，就应当从着装庄重规范、举止端庄大方、言谈文雅有礼等简便易学、容易操作的礼仪细节入手，修身践行，有效传递尊重、友好的情感，给大家留下美好的印象。

6．服务性

现代社会的分工愈来愈细，事实上大多数职业人员都或多或少地在为他人提供某种服务。幼儿教育工作是一种面向学龄前幼儿的、特殊的教育工作。从幼儿教育工作的主客体关系来看，幼儿教师是主体，幼儿和家长是客体。但只要离开了幼儿和家长的认同与肯定，幼儿教育工作就只能是无的放矢，失去了其应有的意义。

幼儿教师必须准确地定位自己的社会角色，树立以幼儿和家长为中心的服务意识，认真做好服务和教育工作，让幼儿健康成长，让家长放心满意，让社会文明和谐。

（四）幼儿教师礼仪的功能

有礼走遍天下，无礼寸步难行。幼儿教师重视和讲究幼儿教师礼仪，能有效地提升个人素质，塑造良好的幼儿教师形象，有利于人际沟通与交流，同时有利于维护所在教育机构的形象。

1．内强个人素质、外塑专业形象

学习和讲究幼儿教师礼仪，能够有效地提高幼儿教师的个人素质，体现幼儿教师对他人和社会的尊重程度，是幼儿教师的学识、修养、才能和价值的外在表现。思想美、心灵美，才能成就外在美。

学习和讲究幼儿教师礼仪，强化外在规范，具有美好的幼儿教师的仪容、服饰、仪态、语言等外在特征，可以有效地提升幼儿教师个人的外在形象，使幼儿教师在人际交往中自信稳重、举止文雅、谈吐大方、彬彬有礼，自然地流露出幼儿教师的专业精神和素养，从而给人留下职业化的美好印象。

2．准确地传递个人信息

幼儿教师礼仪即幼儿教师在人际交往中用以表达自尊敬人的基本行为规范。它是在长期的社会生活中积淀而形成的、约定俗成的惯用形式，所有社会成员都能够看懂并理解。所以，掌握和运用幼儿教师礼仪，能够帮助幼儿教师准确地传递其想要传递的信息，达成与幼儿、家长、同事、领导以及其他社会人员和睦相处的美好愿望。

3. 有利于人际沟通与交流

在幼儿教育工作中，幼儿教师每时每刻都离不开与他人的沟通与交流。要使人际沟通与交流有效且高效，幼儿教师必须善于运用幼儿教师礼仪，建立起良好的沟通渠道。

心理学告诉我们，每个人都有获得尊重的意识和需要。重视和讲究幼儿教师礼仪，就是消除人际交往中的阻碍，把尊重、重视、真诚和友好传达给对方，与他人建立良好的沟通渠道，这有助于幼儿教师成为幼儿喜爱、家长夸赞、同事愿意与之合作、领导支持、社会认可的优秀教师。

4. 有利于维护所在幼教机构的形象

幼儿教师在其工作岗位上，不仅展现着个人的学识、才智与专业素养，而且展示着其所在幼教机构的文明程度、管理水平和服务质量。

幼儿教师礼仪绝非一家幼教机构可有可无的点缀与装饰，它已经成为幼教机构的组织文化和现代管理制度的重要组成部分。在一个幼教机构的大家庭里，幼儿教师的个体形象，往往代表着整个幼儿教师队伍的职业水准、幼教机构的品牌形象，甚至是所有幼儿教师的整体形象，乃至一个国家的教育工作者的整体形象。此时，个体是组织的典型形象，每一位幼儿教师都是其所在幼教机构的形象代表。社会公众对该幼教机构每一位幼儿教师的评价，直接关系到社会公众对该幼教机构的评价和取舍。

若违反幼儿教师礼仪，往往会带来严重的后果。因为当一个人处在幼儿教师这个特殊的职业状态时，其功能往往会被成倍地放大。重视和讲究幼儿教师礼仪，有利于维护教师所在幼教机构的形象，提高该幼教机构的知名度和美誉度，从而获得更多的社会支持与帮助。

二、注重礼仪修养

所谓修养,是指一个人在道德、学问、技艺等方面,通过刻苦的学习、艰苦的磨炼、不断的陶冶,逐渐使自己具备某一方面的素质和能力。幼儿教师的礼仪修养则是指幼儿教师在言行举止、待人接物方面的素质和能力。

英国教育家约翰·洛克说:"没有良好的礼仪,其余的一切成就都会被人看成骄傲、自负、无用和愚蠢。"幼儿教师只有具备良好的礼仪修养,才能在从事的幼儿教育活动中亲和大方、举止得体、谈吐有礼、行事有度,才能真正展现良好的自我形象,给人留下美好的印象。幼儿教师礼仪绝非只体现为一种外在的形式,而是完整地体现了一个人对社会的认知水平和对他人的尊重程度,是一个人学识、才智、修养和价值观的外在表现。

幼儿教师具有良好的礼仪修养,是顺利开展幼儿教育活动的保障。幼儿教师礼仪修养的形成,有一个"学习、磨炼"—"内化、反省"—"外显、熟练"的培养过程,绝非一蹴而就或自然而成的。从形式上看,礼仪规范只是些穿着打扮、举手投足、表情达意的"小问题",好像并不是什么复杂高深的学问和技能。但幼儿教师若要做到规范大气,对礼仪问题能够应付自如,展示优美形象和交往艺术的境界,就需要长期的知识积累和言行举止训练。

幼儿教师要想提高自己的礼仪修养,需要从以下五点做起。

(一)知晓礼仪修养

"礼之用,和为贵。"幼儿教师礼仪修养包括幼儿教师的行为规范与待人处事的准则,既是个人仪表、仪容、言谈、举止、待人接物等方面具体规定的体现,又是个人道德品质、文化素养、教养良知、审美情趣等精神内涵的外在表现。幼儿教师要表里如一、内外一致、尊重他人、与人友善。

细节决定成败。幼儿教育活动中,任何一个微小的礼仪细节的疏忽,都有可能影响幼儿的健康成长,造成幼儿教育失误,导致家长或社会公众的不满,危及幼儿教师的形象以及所代表的幼教机构的形象,甚至引发一场危机。

强调幼儿教师的礼仪修养,旨在提高其礼仪素养。强化优质服务意识,展现良好的礼仪风范,保持出众的形象风采,是幼儿教师自尊、敬人之本,亦是立足立业之本。同时，幼儿教师的礼仪修养还是幼儿教育精神的象征，代表着幼教机构的形象和服务水平，影响着幼教机构的信誉、社会效益和经济效益。幼教机构要想树立良好的社会形象，就必须要求幼儿教师注重礼仪修养，使其言谈、举止、仪表、仪容、待人接物等合乎规范、自然得体，并认真落实在幼儿教育服务的每件事上、每个细节上，充分展示一种良好的专业形象，从而取得与幼儿和家长沟通的成功，达到最佳的工作效果。

（二）掌握礼仪规范

所谓"知，而后行；不知则行乱"。有些幼儿教师在对待幼儿和家长时失礼，并不是因为他不想讲礼貌，而是因为他不懂得该怎样来表现自己的礼貌，显得心有余而力不足，无法让自己和他人满意。甚至有些幼儿教师已经对幼儿和家长失礼了，自己却毫无察觉，这实在是非常可悲和遗憾的事情。

礼仪是一门专门研究人的交际行为规范的科学，是一门融理论性与实践性为一体的学科。幼儿教师要培养和提升自己的礼仪修养，必须掌握一定的礼仪理论知识，并且不断地加强自身的道德修养，接受专门的礼仪技能指导。

（三）提升内在修为

真正的美，是心灵美、行为美和形式美的统一。如果缺乏礼仪修养，礼仪的外在形式就只是一种"花架子"，只能用来掩盖内心的无知或虚伪，而不可能给人以真诚友好之感。

有德才会有礼，缺德必定无礼。道德是人们共同生活和工作的行为准则与规范，也是礼仪的基础。一个人思想美、心灵美，才能成就外在美。

同时，文化修养的提高，能够有效地推动礼仪修养的提高。文化知识水平与个人的素质息息相关。有教养的人，大多是有知识、懂科学、有文化的人。他们自信稳重、举止文雅、谈吐大方，而且思考问题周密，分析问题透彻，处理问题有方，在社会交往中更具有吸引力。

此外，加强艺术修养，可以培养人高雅的气质，也有助于礼仪修养的提高。艺术作品中包含着丰厚的民族文化素养，更凝聚着艺术家的思想、道德和人生态度。幼儿教师在欣赏艺术作品时，必然会受到民族文化的熏陶，获得审美的愉悦和感情的升华，从而学会欣赏美、鉴赏美、创造美。

简而言之，礼仪绝不仅仅是一种外在的表现形式，它体现了一个人的学识、修养、才智和价值观等，是一个人的内外在素质的综合反映和自然流露。

"其身正，不令而行；其身不正，虽令不从。"作为一名幼儿教师，如果自己达不到一定的内在修为，怎么能正确地教育和引导孩子们并传承优秀的中华民族礼仪文化？

（四）强化礼仪规范的实践

幼儿教师内秀外美，方能让人刮目相看。内在美决定外在美，但这并不等于说一个人思想品德高尚、文化水平高，就自然具有了良好的仪表、大方的举止、礼貌的谈吐、优雅的风度。内在美，并不等于外在美。认为有了心灵美，就必然具有美丽的仪表、风度，这显然不符合客观实际。

人们的内在素质和外在表现，还会受到某些中间介质和审美观的制约。因此，二者并不总是一致的。幼儿教师必须花大力气进行礼仪规范实践——训练良好的体态、规范的姿势，刻意纠正不雅观的举止等，反复运用礼仪规范且重复实践，只有这样才能真正掌握礼仪规范，做到内秀外美。

塑造外在美的形象，使动作更优雅、行为更规范、气质更迷人，就更能凸显幼儿教师的专业气质和专业精神这些内在美的形象。

（五）形成良好的行为习惯

幼儿教师要在不断实践中做到学以致用，养成良好的行为习惯。

礼仪就如同空气一样，在生活中、工作中无处不在。礼仪修养的提升，是一个自我学习、自我磨炼、自我培养的过程。幼儿教师每天都有许多人际交往机会，应该有意识地把每一次人际交往都作为锻炼自己和提高自己能力的机会，并不断地学习；还要善于向他人学习，善于观察和发现身边的模范。只有不断地总结、不断地实践，才能不断提高自己的礼仪修养，最终成为一位优秀的幼儿教师。

总之，培养良好礼仪修养的过程，实际上是在高度自觉的前提下，使自己的整体素质提高的过程。它不是一朝一夕的事，而需要幼儿教师从点滴礼仪细节入手，从举手投足做起。只要有恒心，幼儿教师就一定能从内到外提升自我的礼仪素养和能力，打造出专业而练达的幼儿教师亮丽形象，施展良好的人际沟通与交流能力，从而实现自己的人生价值。

三、明晰八项原则

幼儿教师礼仪的原则,是指关于幼儿教师礼仪的具有共同性和指导性的规律。了解和掌握幼儿教师礼仪的原则,有利于更好地学习和运用幼儿教师礼仪。

(一)敬人原则

孔子云:"礼者,敬人也"。尊敬他人的原则是礼仪的重点与核心内容。掌握了这一原则,就掌握了幼儿教师礼仪的灵魂。

在幼儿教育工作中,幼儿教师要与交往对象(幼儿、家长、同事、领导和其他社会人员等)和睦共处,更要尊重他们的尊严和人格,尊重他们的情感和喜好,尊重他们的权利。幼儿教师要将对交往对象的重视、恭敬、友好放在第一位。在与他人交往的过程中,自己首先要尊敬对方,唯有如此,才能让对方感受到自己的重视和友好,才能展示出自己良好的职业素质,也才能得到对方的真诚回报。古语有云:"敬人者,人恒敬之;爱人者,人恒爱之。"

(二)自律原则

孔子云:"非礼勿视,非礼勿听,非礼勿言,非礼勿动。"礼仪的规范包括两个部分:一个是对待自己的要求,另一个是自己对待他人的做法。在这两大部分中,对待自己的要求是礼仪的基础和出发点。孔子云:"己所不欲,勿施于人。"在人际交往中,最重要的就是自我要求、自我控制、自我约束、自我对照、自我反省、自我检点,这就是自律原则。

幼儿教师在人际交往中,应自我认知、认同、服从与内化幼儿教师礼仪,自觉遵守礼仪原则,运用礼仪规范,展示幼儿教师的良好素质、教养和能力,塑造良好的职业形象,并且加强自我约束。反之,幼儿教师如果不遵守礼仪原则和规范,只要求别人,而放任自己,就会受到他人的质疑、指责或轻视,其人际交往就难以成功。如果幼儿教师只遵守自己适应的部分原则而不遵守自己不适应的部分原则,或者想另搞一套,区别于他人,那么他就难以被交往对象理解,就无法被他们接受。

（三）真诚原则

在人际交往中，幼儿教师必须对他人诚心诚意、以诚相待，做到言行一致、表里如一。唯有如此，幼儿教师所表达的尊重和友好，才会被交往对象理解和接受，才能进行愉快的交流与合作。

《韩非子》中说："巧诈不如拙诚。"如果幼儿教师对他人虚情假意，只是把礼仪当作道具，心口不一、投机取巧、言行相背，或者人前人后各行一套、不讲真诚，那么讲究礼仪就无从谈起。

（四）平等原则

古人云："勿以身贵而贱人。"幼儿教师在人际交往中应坚持平等原则，对任何交往对象都必须一视同仁，尊重对方，给予同等程度的礼遇。不能因为交往对象在身份、地位、财富、种族、性别、文化、职业、年龄，以及与自己的关系亲疏远近等方面有所不同而区别对待——厚此薄彼，给予他们不同的待遇。

幼儿教师如果希望与他人友好地沟通与交流，与他人和谐相处，就必须遵守人际交往中的平等原则。

（五）适度原则

适度是指运用礼仪时必须合乎规范、注意技巧，特别要注意针对不同的场合和不同的对象把握分寸、适当得体，只有这样，才能保证运用礼仪取得良好成效。适度，即恰如其分，注意感情适度、谈吐适度、举止适度、用礼适度、关心适度。只有这样，才能真正赢得对方的好评，达到沟通与交流的目的。运用礼仪时，假如做得过了头，或者做得不到位，都不能正确地表达自己的自尊敬人之意。

有人认为"礼多人不怪"，在任何时候、任何情况下，都是正确的。实际上，这种看法是有失客观的。有时过分的言行往往会引起交往对象的不适甚至反感，会被人认为是虚伪的表现。例如，在与人交谈时，向对方说过多的奉承话，过分夸赞对方，会让理性的对方从高兴，到不好意思，到心生疑虑，再到不舒服、防备、排斥，甚至反感。

如果幼儿教师说话做事恰到好处，那么问题往往就会迎刃而解。遵循适度原则，幼儿教师应该既彬彬有礼，又不卑不亢；既热情亲切，又不虚情假意。

（六）从俗原则

常言道："十里不同风，百里不同俗。"由于国家、民族、地域文化、风俗、宗教信仰等背景的不同，客观上存在礼仪做法不完全一致的现象。在人际交往中，为表达对交往对象的尊重、友好，我们应该遵守从俗原则。

一般而言，应坚持入乡随俗的原则，与绝大多数人的习惯做法保持一致。这是个人教养和礼貌的表现，更是赢得对方尊重、友情的好办法。

幼儿教师要正确地认识客观现实，切不可唯我独尊、自高自大，或者以自我为中心，简单否定他人不同于自己的做法。否则，将无法与他人和谐相处，更无法与他人愉快地合作。

（七）谦和原则

谦和，是指为人谦虚与和善、随和。谦和是中国人的一种传统美德，更是幼儿教师赢得人际交往成功的重要原则。谦和，在人际交往中表现为平易近人、热情大方、善于与他人相处、乐于听取他人的意见，能显示出虚怀若谷的胸襟，因而对周围的人具有很强的吸引力，有着较强的协调人际关系的作用。

《荀子·劝学》中说："礼恭，而后可与言道之方；辞顺，而后可与言道之理；色从，而后可言道之致。"意思是说，只有举止、言谈、态度都谦恭有礼时，才能从对方那里得到宝贵的东西。

当然，我们在此强调的谦和并不是指过分的谦虚、无原则的妥协和退让，更不是妄自菲薄。幼儿教师应当认识到过分的谦虚、不自信的表现会让交往对象怀疑你的能力，反而会成为社交的障碍。

（八）宽容原则

宽容的基本含义，是要求幼儿教师在运用礼仪时，既要严于律己，又要宽以待人。不要斤斤计较、求全责备，更不要过分苛求、咄咄逼人，而应该多容忍他人、体谅他人、理解他人。在人际交往过程中，要允许他人有独立进行自我判断和个人行动的自由，能够容纳不同的观点、看法和行为，应该宽以待人，求同存异。此所谓"有容乃大"。

幼儿教师应心胸开阔一点、眼光放远一点，在工作中体谅他人、善解人意、宽待容忍，这样才能够正确地对待和处理好各种关系与纷争，争取到更长远的合作与利益。

总之，幼儿教师应掌握并遵循礼仪的原则。在人际交往中，务必礼待他人、诚待他人、谦和平等、表里如一；同时要适时有度、容忍他人、体谅他人。唯有如此，幼儿教师方能彬彬有礼、受人尊敬，所表达的对交往对象的尊敬与友好，才会更好地被对方理解和接受，才能有效地进行人际沟通与交流。

四、强化服务理念

理念即观念、思想，思想是行为的导向。在人际交往中，幼儿教师的思维方式往往决定着其行为方式。幼儿教育是为幼儿服务，为家长服务。正确的服务理念，会引导事态向我们希望的方向发展；错误的服务理念，往往会导致事与愿违、徒劳无益。因此，在具体运用礼仪时，幼儿教师必须坚持正确的服务理念。

（一）准确定位角色

人际交往是双向的、互动的。幼儿教师如何体现对对方的尊重与友好，达到最佳的交际效果？首先需要的是相互了解，需要幼儿教师准确地定位角色。

1. 准确定位自我角色

每个人在日常生活中都分别扮演着各种各样的角色，而且在不同的场合里，人们往往需要扮演不同的角色。幼儿教师在工作时，必须弄清楚自己此时此地所扮演的角色，这是非常重要且必要的。只有明确自己所处的时间、地点、场合和身份，调整好自己的心态，摆正自己的位置，才能正确选择行为方式。如果角色错位，必将导致交往的失败。

2. 准确设计自我角色形象

为自己进行形象设计，就是让自己的角色定位具体化、明确化、形象化。俗话说："干什么，就要像什么。"幼儿教师应按自己所承担的社会角色，从发式、妆容、服饰、仪态等方面设计自己的职业形象，这样才能获得一致的认同和好评。

3. 为对方进行必要的定位

尊重他人，就要了解他人。在当今社会，人们的交往范围不断扩大，交往对象日趋复杂。由于职业、性别、年龄、职务、文化程度、身体状况、个人喜好、宗教信仰的不同，不同交往对象的交往心态也不同。在开始交往之前，幼儿教师必须对他人有所了解，才能表达得当、友好交往。

4. 遵守惯例，注意角色间的调整

按惯例交往，更容易让交往对象了解和接受我们对他的尊重和友好。交往中，还要注意因双方关系的发展导致的双方角色的变化，以及在各种交往对象眼中的角色转换。

（二）重视有效表达

尊重他人，不只是了解其内涵，更重要的是实际操作。想让交往对象感受到尊重、友好，可是如果我们不善于表达或者表达不到位，那么我们就达不到尊重交往对象的实际效果，这样的交往就只能是无效交往或低效交往。

1. 要善于表达

对对方尊重、友好，就应该让对方知道。人际交往的内容与形式是相辅相成的。形式表达内容，而内容要借助于一定的形式来表现。在幼儿教育工作中，幼儿教师要通过一定的具体形式，同时结合环境、氛围、风俗习惯等因素，把对对方的尊重表现出来，让对方了解和感受到。

热爱幼儿教育、热爱孩子，幼儿教师就要注意平时向每一个孩子表达出来。幼儿教师不表达或不会表达，年幼的孩子就无从体会到老师的爱，就可能惧怕老师，甚至不愿意上幼儿园。

2. 表达形式要规范

有礼貌，尊重他人，但不善表达或表达不规范也不行。幼儿教师礼仪的核心是教育行为规范，是人际交往准则。幼儿教师要善于表达，就必须遵守约定俗成的规范。否则，对方就无法理解，或产生理解的偏差，最终导致交往的失败。

讲不讲规矩，首先是幼儿教师素质和能力的体现；其次是幼教机构管理是否完善的标志。有规矩而不讲规矩，说明该机构的规矩是做给外人看的，教师是缺乏职业素养的，是不专业的。

（三）以对方为中心

要想获得成功的人际交往，就必须坚持以对方为中心去考虑和处理问题。以对方为中心，是"白金法则"的要旨。"白金法则"，是美国学者托尼·亚历山德拉（Tony Alessandra）博士与迈克尔·奥康纳（Michael O'Connor）博士研究的成果。它有三大要点：

- 行为合法。要自觉知法、懂法、守法，行为合法。做人、做事都需要"合法"的底线。
- 交往应以对方为中心。对方需要什么，我们就要尽量满足对方什么。
- 对方的需要是基本的标准，而不是你想什么，就是什么。

"白金法则"的精髓在于"别人希望你怎样对待他们，你就怎样对待他们"。幼儿教师要从研究别人的需要出发，然后调整自己的行为，运用自己的智慧和才能，带给他人轻松和愉快。

（四）用"三A"敬人

"三A原则"是由美国学者布吉尼教授提出的，重在处理好人际关系，是向交往对象表达尊重和友善的三大途径。它的主要含义如下。

1. 接受对方（Accept）

在与他人交往时，如果不是原则问题，就要平等待人，宽以待人。坚持对方没有错，不轻易对对方的言行进行是非判断，更不要寻衅滋事，找别人的毛病，而要主动地采取行动，努力去适应对方。

在日常教育工作中，幼儿教师要平等对待每一个孩子，要关心和呵护每一个孩子。对言行有异样的孩子，教师不要只是批评教育，要通过观察和了解查找问题的源头，努力帮助孩子主动转变。

2. 重视对方（Appreciate）

Appreciate 意为欣赏。对于自己的任何交往对象，都要无一例外地用欣赏的眼光给予重视。高度的关注、认真的对待、主动的照顾，能使对方感受到我们的尊重和友好，并且切实体会到他们在我们心目中的重要位置。

幼儿教师应该给予孩子们高度的关注，认真对待、主动照顾好每一个孩子。对每一个孩子都要无一例外地用欣赏的眼光给予重视，这样才能让孩子们都感受到老师的关爱和在幼儿园学习的快乐。

3. 赞美对方（Admire）

在人际交往中，要善于发现交往对象的长处，并恰到好处地、及时地给予肯定，表达钦佩或称赞。美国管理学家乔治·埃尔顿·梅奥（George Elton Mayo）说："尊重别人就是尊重自己，发现别人的优点，实际上就等于肯定自我，那说明你宽容，说明你谦虚，说明你好学。"还有专家说，懂得欣赏别人长处的人，也就是在欣赏自己，展示了宽以待人的美德；不懂得欣赏，不善于发现，甚至否定别人的长处的人，往往是目中无人的人。

幼儿教师要善于发现孩子们的良好表现，并及时给予充分、恰当的赞扬，这样孩子们就会更加努力地学习，从而有更好的表现。

幼儿教师在实际工作中应高度重视"三A原则"的表达途径，善用"三A"敬人，正确地向交往对象表达尊重和友善，处理好各种人际关系，与大家愉快和睦地相处。

（五）善始善终

对人际交往过程中的每一个细节都不可轻视，每一个细节都关系着交往的成败。但就过程而言，开始和结束是两个更为关键的环节。交往要尽善尽美，就必须善始善终。

1. 善始，即要重视首轮效应

首轮效应，也称首因效应、第一印象效应，其要点在于：人们对于某一个人或者某一事物的第一印象的好坏，往往会在自己与对方的交往过程中发挥决定性的作用，往往会决定人际交往是继续还是停止，是接受还是排斥。

作为幼儿教师，"初次亮相"能使幼儿及家长对自己的良好形象先入为主，萌生好感，这将对幼儿教育教学活动起到积极的推进作用。

当幼儿教师给幼儿及家长留下良好的第一印象时，幼儿会变得比较听话和乐于配合，而且幼儿及家长往往能包容幼儿教师的负面因素。相反，若幼儿教师给幼儿及家长留下的是不好的第一印象，幼儿及家长往往会对幼儿教师的正面因素也持排斥态度。

高度重视第一印象，在幼儿教育活动中至关重要。一位幼儿教师或一个幼教机构，给人的初次印象不好，以后就很难获得好评。

2. 善终，即要重视末轮效应

在人际交往中，人们留给交往对象的最后印象通常非常重要。最后的印象，甚至直接决定着一位幼儿教师的形象或一个幼教机构的整体形象。

幼儿教育活动理应有始有终，始终如一。幼儿教师应努力做好最后的工作环节，幼教机构应做好幼教配套服务、完善后续服务。

礼仪是一门综合的行为科学，是一种立体的人际交往艺术。幼儿教师学习礼仪，从礼仪规范的细节入手，适当地加以运用，才能为顺利开展幼儿教育活动铺好路、架好桥。幼儿教师礼仪一定会成为幼儿教师获得成功的有力助推器。

"博闻强识而让，敦善行而不怠，谓之君子。"

——《礼记·曲礼》

"为人子者，父母存，冠衣不纯素。孤子当室，冠衣不纯采。"

——《礼记·曲礼》

第二章

专业美化塑形象——幼儿教师职业形象的礼仪规范

如何展现幼儿教师的礼貌修养，展示其良好的专业素质？如何展现一家幼教机构组织管理的精细与完善？这必须从每一位幼儿教师的职业形象塑造做起。在人际交往中，职业形象是一个不容忽视的交际因素，因为良好的职业形象如同一份介绍我们自己的说明书。

一流的幼教机构，一定拥有一流的幼儿教师队伍；一流的幼儿教师，一定具有一流的职业形象。可以说，每一位幼儿教师都是其所在幼教机构的形象代表。社会公众对该幼教机构中每一位教师的评价，都直接关系到社会公众对该幼教机构的评价和取舍。

专业化的仪表、温文尔雅的举止、亲切文明的言谈，会给人留下完美的第一印象，会帮助我们赢得幼儿和家长的青睐，赢得社会公众的好评。因为他们更愿意与尊重他们，并使他们感到放心、愉快的专业的幼教机构合作。

幼儿教师的职业形象是否专业，是影响社会公众对幼儿教师形象评价和定位的重要因素。仪容修饰、服饰装扮等既能直观地反映幼儿教师的形象，以及幼儿教师的工作态度、工作作风和综合素质，也会影响到幼儿教育工作中涉及的所有人对幼儿教师与幼教机构的判断和褒贬。

幼儿教师的礼仪知识、礼仪素养，以及幼儿教师个人的穿着打扮、言谈举止等细节，会直接影响到幼儿的向师性和对美的认知。要做一名优秀的幼儿教师，就应既博学多艺，又优雅大方，时时处处都能做幼儿学习、仿效的榜样，真正达到教书育人的教育境界。

一、仪容常规

英国形象设计师罗伯特·庞德说："这是一个两分钟的世界,你只有一分钟向人们展示你是谁,另一分钟让他们喜欢你。"

仪容修饰是幼儿教师"亮相"的重要一环,能够反映幼儿教师的工作态度、能力,是幼儿教师个人素质的综合表现,同时,也是其所在幼教机构实力和管理完善的重要反映。

想要成为一名优秀的幼儿教师,首先要塑造良好的职业形象。得体的仪容修饰,是塑造良好职业形象的重要内容。

（一）注重仪容修饰的必要性

仪容,即个人的容貌,是个人职业形象的重要组成部分,主要包括头部、肢体、颈部等可视的人体肌肤、毛发以及可感的体味。仪容端庄、美丽,不仅源于先天造化之神功,更来自得体的仪容修饰、适度的保养和良好的学识修养等后天习得之伟力。得体的仪容修饰不但是构成第一印象的主要因素,而且体现了一个人追求美、欣赏美、创造美的学养与修为,体现了幼儿教师真诚友善、敬业乐业、值得尊重和信赖的专业精神风貌。

懂得尊敬他人、热爱本职工作的幼儿教师,一定会在工作时注重自己的仪容修饰。而其展现出来的整洁、得体的仪容修饰,能给人以工作有条理、认真负责、值得信赖的感觉,也能反映其所在教育机构良好的管理水平、教学质量和发展态势。

（二）仪容修饰的五个原则

仪容修饰礼仪的原则主要包括美化、自然、协调、礼貌、健康五项基本内容。它既是指导人们如何在实践中正确修饰仪容的关键,也是衡量一个人是否具备良好文化水平及审美意识等综合修养的标尺。因此,每一位幼儿教师在不断完善自身仪容之时,都应该遵循这些基本原则,以达到礼敬于人、和谐沟通的目的。

1. 美化原则

美化原则就是要求幼儿教师在了解自己容貌的基本特征和规律的情况下,通过修饰、化妆、保养等手段对容貌进行适度的修饰、矫正，达到美的效果。切忌过分修饰和前卫。美化要符合大众审美标准。

美化原则就是要通过各种方式使自己的形象变得美丽、健康、精神。

2．自然原则

自然原则要求仪容修饰不仅要美丽、生动、有神采，更要真实、和谐、不矫揉造作。自然，才是仪容修饰最高境界的美。妆成有却无，没有明显的痕迹，会给人一种浑然天成的感觉。

具体而言，就是要求幼儿教师在职场中做到淡妆上岗。浓妆和彩妆在幼儿教师工作中是不合时宜的。

3．协调原则

协调原则是强调整体美，要求包括头部、颈部、肢体等一系列修饰细节的综合协调搭配。协调原则不仅要求仪容的修饰达到整体协调，还要求身份协调、场合协调、色彩协调、体味协调等，从而达到良好的个人形象整体效果。

幼儿教师在个人修饰时要力求达到各部分的协调，任何一个细节的失败将导致整体的失败。

4．礼貌原则

幼儿教师在进行仪容修饰、个人整理时，应注意场合，切勿当众化妆。修饰用品专人专用，讲究卫生。对于家长或其他人的个人修饰，不当场议论。若发现他人有明显的修饰瑕疵，如脸上有口红印、拉链未拉好等，可善意地私下提醒。

5．健康原则

健康原则强调在完善自身仪容时注重健康、内外兼修。具体要求是：平衡饮食，睡眠充足，养成良好的生活习惯，保持平和的心态。

幼儿教师拥有健康的身体和心理，才会拥有神采奕奕的职业形象。

二、发部修饰

发部修饰，是指幼儿教师按照职业要求、自身特点、审美习惯及社会风尚等对自己的头发进行清洁、修剪、护理和美化。

（一）正确护发

秀美、亮泽、健康的头发，是幼儿教师仪容美的标志之一。这需要平时的悉心保养和护理来实现。

【正确做法】

- ☑ 经常清洗。要保持头发没有异物、没有异味。应根据自己的发质，选用适合自己的洗发水和护发素，定期对头发进行清洗。对于不同的发质，清洗的频率应是不同的：一般发质三四天洗一次，油性发质一两天洗一次。
- ☑ 适时修剪。应定期对头发进行修剪。因季节、自身特点等具体情况各异，每位幼儿教师修剪头发的频率也不相同。
- ☑ 勤于梳理。勤于梳头，就是要养成良好的养护头发的习惯。梳头可以使头发保持整洁，也有利于头发的健康生长。

【不当做法】

- ☒ 没有定期清洗头发，头发有异物或异味。
- ☒ 没有定期修剪头发，导致头发过长。
- ☒ 没有养成每天正确梳理头发的习惯。

（二）发型的选择

发型是指头发经过一定修剪、修饰后表现出来的整体形状。它是一种独特的语言，能直观地体现一个人的身份、年龄、个性、气质等特征。发型的选择，应综合考虑自身特点和工作性质，而不宜过度彰显个性、标新立异。

【正确做法】

- ☑ 男教师：发型要符合教师形象、个人气质，不夸张。要求前不覆额、侧不覆耳，后不触领（如图2-1、图2-2）。
- ☑ 女教师：前发不遮眼，后发不披肩。发型不夸张，不过于前卫或怪异，不剃光头。不及肩的短发较为职业化。头发过肩的女教师可以束发、绾发或盘发（如图2-3、图2-4），既可避免遮挡视线，也可避免幼儿抓扯。

图2-1　男教师正确发型1

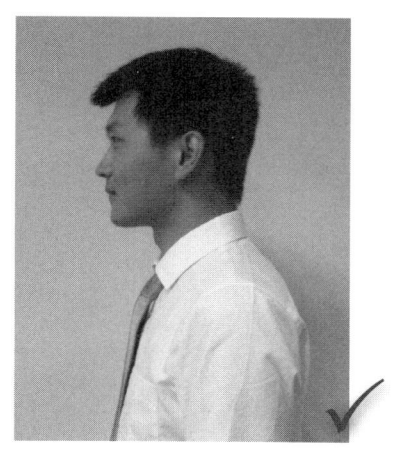

图2-2　男教师正确发型2

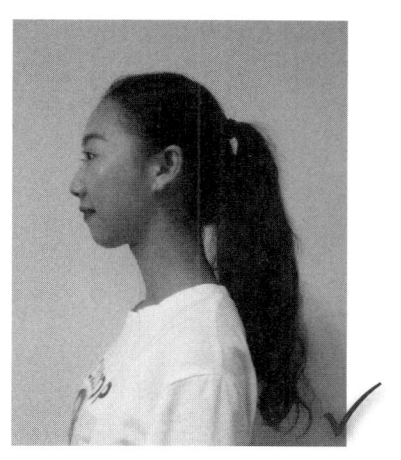

图2-3　女教师正确发型1

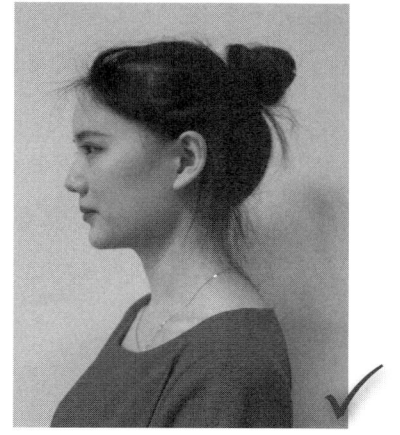

图2-4　女教师正确发型2

【不当做法】

- ❌ 男教师：留长发、大鬓角、光头，或其他夸张、过于前卫或怪异的发型。
- ❌ 女教师：前发遮眼，后发披肩（如图2-5）；发型夸张，过于前卫或怪异；剃光头。

图2-5 女教师不当发型

（三）注重美发

【正确做法】

- ☑ 正确护发。头发健康，贵在日常护理。主要方法有梳头、按摩、洗发、修剪等。一般来说，需要注意三点：选择适当的护发用品，采用正确的护发方法，长期坚持。
- ☑ 修剪协调。根据不同的脸型，以及不同的身高、体型、颈部、肩宽等个人特点，选择、搭配合适的发型，不但可以掩饰脸型的缺陷，还可使脸型、体型与发型相得益彰。只有关注各个细节的完美协调和配合，才能彰显完美的教师形象。
- ☑ 染发适当。黑眼睛、黑头发、黄皮肤是中国人的标志。如果由于早生白发或有一头杂色的头发，将其染黑是必要的，也是符合礼仪规范的。但是，如果是为了追求时尚而将头发染成其他颜色，就应该慎重为之。应自觉避免过分夸张的发色。
- ☑ 慎用发饰。女教师要慎用发饰。为了束发或美化需要而戴发饰时，所戴发饰的颜色和花饰应该大方得体。

【不当做法】

- ☒ 使用护发用品不当，不符合个人的发质需要。
- ☒ 发型与个人的脸型、体型等不协调。
- ☒ 为了追求时尚，将头发染成非黑色系列的鲜亮的颜色。

☒ 用卡通、动物等较大型的装饰,给人幼稚、不专业的印象。

三、面部修饰

幼儿教师面部修饰的基本要求有三个:洁净、健康、自然。

(一)眉部修饰

幼儿教师要注意进行眉部修饰。

【正确做法】

☑ 眉形的美观。不仅眉形要正常而优美,而且眉色应与发色协调一致。对于那些不够美观的眉形,必要时应进行修剪与修饰。

☑ 眉部的清洁。要注意每天对眉部进行清洗,保持清洁。

【不当做法】

☒ 眉毛杂乱,不注意修剪;眉色与发色差距大。

☒ 眉部出现灰尘、死皮等异物。

(二)眼部修饰

眼睛是心灵的"窗户",是他人关注的焦点。眼部的修饰至关重要,好的眼部修饰可以使人感觉精神抖擞、神采飞扬;失败的眼部修饰则可能造成慵懒、没精打采的形象。

【正确做法】

☑ 眼部的保洁。要时刻注意眼部的洁净,尤其要注意去除眼角的分泌物。

☑ 用眼的卫生。注意养成良好的用眼习惯,注意保持眼部卫生。

☑ 眼镜的佩戴。为了矫正视力、保护眼睛或追求时尚而佩戴眼镜,除了考虑眼镜的使用价值外,还要考虑其质料是否精良、款式是否适合自己。工作时,宜选择无色镜片。

【不当做法】

☒ 没有注意去除眼角的分泌物。

☒ 不注意休息,让眼睛充满血丝。

☒ 工作室内佩戴墨镜等有色眼镜。

（三）耳部修饰

应该定期进行耳部除垢。若耳朵里堆积分泌物或尘土过多，是极不雅观和不卫生的。此外，切忌在工作场合或当着他人的面掏挖耳垢。

（四）鼻部修饰

【正确做法】

- ☑ 清除鼻涕。清除鼻涕时应避人，宜用手帕或纸巾，同时要注意不要太大声。
- ☑ 清理"黑头"。为了避免"黑头"的生成，平时应认真清洗。清理"黑头"时，可用"鼻贴"等将其除掉。
- ☑ 修剪鼻毛。鼻毛长到一定的程度会露到鼻孔外。这样既不美观也有失风雅，应注意定期检查，及时修剪。

【不当做法】

- ☒ 当众以手去擤鼻涕、挖鼻孔、乱弹或乱抹鼻垢，甚至用力回吸。
- ☒ 清理"黑头"时，乱挤乱抠，造成局部感染。
- ☒ 没有定期进行检查，任由鼻毛露到鼻孔外而没有及时修剪。

（五）口部修饰

口部是面部的关键部位，是人体兼职最多的器官。口部的清洁和卫生至关重要，应该引起充分重视。

【正确做法】

- ☑ 保持牙齿的清洁卫生。基本要求：勤于刷牙；保持牙齿表面及缝隙无异物；定期洁牙。
- ☑ 保持口腔洁净、气味清新。讲究礼仪的重要标准之一，是要注意经常漱口，保持口腔洁净，没有他物。同时，保持口腔无异味、气味清新。
- ☑ 注意嘴唇修饰。应注意避免嘴唇开裂、掉皮、嘴角起泡等状况发生，更要避免嘴唇上出现残留物。应注意适当喝水，保持嘴唇润泽。

【不当做法】

- ☒ 工作期间，吃大蒜、大葱、韭菜、蒜薹等有刺激性气味的食物。若已经食用，宜在开始工作前刷牙或使用专用漱口水、口香糖等清理口腔，排除异味。

☒ 嘴唇上、牙齿缝隙有残留食物。

四、淡妆技巧

俗话说："三分人才，七分打扮。"美容化妆，就是通过丰富的化妆品和工具，采用合乎规则的步骤和技巧，对脸部及其他部位进行预想的描画、渲染和整理，以强调和突出个人所具有的自然美，遮盖或弥补面部存在的缺陷和不足，达到美容的目的。

（一）工作要求

1. 男教师要定期修面

每天清洁面部，保持面部干净、清爽。要注意定期修剪胡子、长鼻毛等，养成每天修面剃须的好习惯。

2. 女教师要淡妆修饰

淡妆上岗，可以使女教师显得更年轻、健康，更有精神与活力，是一种自信的表现，能够展示幼儿教师自尊敬人的良好职业素质，也符合出席正式场合的礼仪要求。

幼儿教师都能够淡妆上岗，也展现了所在幼教机构的组织管理水平和实力，是组织管理完善的表现。

（二）两项标准

1. 淡雅

化妆修饰时，用笔要轻、淡，追求与自然肤色的协调。不宜浓妆艳抹，要讲究"度"，不使用气味过浓的化妆品。

"淡"是手段，"雅"是结果。

2. 避短

淡妆的底线是避短。化妆如果不能有效避短，就达不到化妆的目的。

需要注意的是，扬长避短是化妆的目的，职场淡妆更重在避短。避短是为了不使自己贻笑于人。

化妆品的选择标准是适合自己。

化妆品种类繁多，主要有两大类，即基础性化妆品和修饰性化妆品。

选用化妆品，除了根据用途选择外，还要注意：选用与自己肤色相近色彩的化妆品；根据自己的皮肤性质选用化妆品；根据化妆品的质量选用，切忌使用假冒伪劣产品，以免损害皮肤。

（三）基本程序和技法

【正确做法】

- ☑ 清洁皮肤。用选好的洗面奶或清洁霜清洗面部和颈部肌肤。水温不要过高。洗脸时动作要轻柔，手的动作应是顺着面部肌肉的方向，从里向外，从下向上。
- ☑ 拍化妆水。清洁完面部之后，在面部涂拍化妆水，补充水分，收缩毛孔。
- ☑ 护肤。均匀涂抹乳液或营养霜，滋养肌肤。
- ☑ 打粉底。粉底的颜色宜与自己的肤色相匹配。同时，打粉底时不要忘了脖子与耳部的修饰。
- ☑ 画眼线。应该先上后下，上重下淡，紧贴眼睑边缘描画。

  先画上眼线，从睫毛底部，用黑色或褐色眼线笔由内眼角画到外眼角。注意把镜子放低，眼睛向下看，在眼睑最边缘处画上眼线。

  画下眼线时，由外眼角画到内眼角的三分之二处，避免全画上，将眼睛包围。注意把镜子抬高，眼睛向上看，沿着下睫毛根部画上细细的眼线。
- ☑ 施眼影。选择颜色合适的眼影，选择的颜色不宜过分鲜艳。宜选择咖啡色系、粉色系等淡雅的色彩来修饰。注意眼影要有层次感。
- ☑ 描眉。眉毛的化妆需注意以下几点。

  第一，在描眉之前要先进行修眉。用眉刷把眉毛整理好，然后用专用的镊子把多余的眉毛拔去，最后要对过长的眉毛进行修剪。

  第二，描绘的眉形应该综合考虑自己的年龄、性格、脸型和眼睛大小。

  第三，用眉笔画眉时，不要画成一条线，要一根一根地画，表现眉的质感。眉毛要中间浓、两头淡，这样所描之眉才更富有立体感。

  第四，要注意眉毛的对称美。描好之后，要用眉刷轻轻刷匀，并检查是否对称。

- ☑ 刷腮红。面颊红润会给人留下生气勃勃、精神焕发的良好印象。要显得自然红润，可以给面颊上些腮红。涂腮红时，应以颧骨部位为中心向四周扫匀，越来越淡，直到与底色自然衔接。

  涂抹腮红可以用来矫正脸型：圆形的脸腮红的形状应该是长条形的，刷子竖扫，以减弱肥胖之感；长脸应该涂得宽一些，刷子横扫，以增加横向感觉，减弱瘦的感觉。

  要注意腮红的颜色选择：皮肤白皙的人，可以选择淡一些、明快的颜色；皮肤深一些的人应该选择深一些、暗一些的颜色。同时，腮红的颜色要与口红、眼影属于同一色系，相互协调。

- ☑ 涂唇彩。理想的唇形唇线清楚，下唇略厚于上唇，大小与脸型协调，嘴角微翘，富于立体感。涂唇彩，既可以矫正不理想的唇型，也可以让双唇更加美丽迷人。唇彩可以是口红，也可以是唇膏等。应注意：用唇刷或唇笔按照从上唇到下唇，从嘴角向唇中央涂抹口红或唇膏等。唇彩应该涂抹在唇线以内，在唇彩的用色上不应过于鲜艳或古怪。还可根据需要涂上光亮剂，以增加透明感。

- ☑ 修妆。化妆完成以后，应该隔镜子远一点，观察妆面的整体效果。主要看：妆形、妆色是否协调；左右是否对称，尤其是双眉和双眼；底色是否匀称。如果有不足的地方再加以改进。

【不当做法】

- ☒ 不分场合，随意化妆。不宜当众化妆，这是公共道德问题；不宜在工作场所化妆，这是职业道德问题；不宜当着异性的面化妆，这是个人修养问题。

- ☒ 不重维护，残妆示人。应努力维护妆面的完整，养成随时维护妆面的习惯，不要出现残妆。这既是对自己的尊重，也是对他人的尊重。

- ☒ 技法错误，胡涂乱抹。化妆的目的是美化自己，同时化妆还体现着一个人的审美情趣、修养、气质和职业素养。幼儿教师要多学习化妆技法、提高自己的修养，切不可胡涂乱抹，不懂装懂。

五、肢体修饰

肢体,是幼儿教师在开展幼儿教育活动过程中动作最多的部位,所以对肢体的修饰不容忽视。

(一)颈部修饰

颈部紧邻面部,是最重要的审美中心之一,也是最容易显现一个人年龄的地方。平时要和对待脸部一样进行清洁和保养,注意保持颈部的洁净和美观。

(二)手部修饰

在日常工作和交际活动中,手往往充当着"先行官"的角色。

【正确做法】

☑ 要勤洗手,定期修剪指甲,随时注意保持手和手臂的洁净;要重视手臂的保养与修饰。

【不当做法】

☒ 留长指甲。要及时修剪与洗刷指甲,做到"三天一修剪,每天一检查"。

☒ 涂画指甲。养护指甲,但工作时不可涂染指甲油(如图2-6)。由于幼儿教师的职责所在,涂染指甲可能会带来食品安全、卫生等隐患。

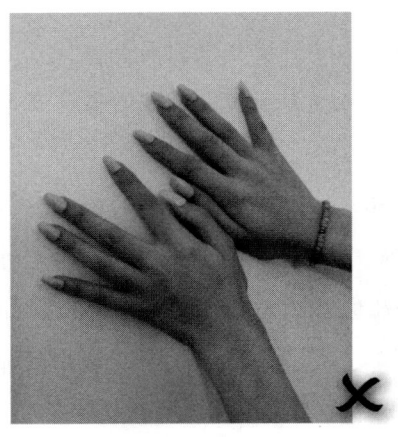

图2-6　涂染指甲油

- ❌ 涂画手臂。工作时，不允许幼儿教师在手臂上刺字、贴画、文身等。
- ❌ 让腋毛外露。一般情况下，幼儿教师不应穿无袖外衣，避免露出腋窝。在某些特殊情况下必须穿无袖外衣时，应注意剃去腋毛。

（三）腿脚修饰

有言道："远看头，近看脚。"幼儿教师要注意进行腿脚修饰。

【正确做法】

- ☑ 注意下肢清洁。勤洗脚，勤换袜子、鞋子。
- ☑ 不光腿、不光脚。除夏天穿凉鞋外，一般应做到不光腿、不光脚。在重要场合，还应不露脚趾、不露脚跟。
- ☑ 适当美化。为整体协调，对下肢进行常规的美化处理是非常必要的。应注意定期修剪腿毛和趾甲，忌画脚部彩妆。

【不当做法】

- ❌ 不勤洗脚，不勤换袜子、鞋子，导致脚部有异味。
- ❌ 除夏天穿凉鞋外，在工作场合光腿、光脚，在重要场合露脚趾、露脚跟。
- ❌ 不注意修剪腿毛和趾甲，在脚部画鲜亮的彩妆。

（四）控制体味

俗语说："闻香识人。"体味影响对人的判断。体味无形中影响了幼儿教师的形象，而这正是仪容礼仪中容易被忽视的问题。

【正确做法】

- ☑ 洁净身体。在职场中保持身体的洁净是基本的礼仪规范。只有长期保持洁净的身体，才能拥有清新的体味。
- ☑ 注意防病。有些人的体臭是由于遗传或患病的原因，比如腋臭、脚臭等，应该立即就医，以免耽误治疗时机。同时，要勤于清洁，勤于更换服饰、鞋袜，不使臭味聚集。
- ☑ 合理运用香水。香水是很好的修饰体味的化妆品，香水芬芳的气味具有提神醒脑、控制体味等功效。在人际交往中，正确使用香水控制自身体味，能使一个人魅力倍增、风度迷人。但是，如果使用不当，则会给人俗不可耐、难以忍受的感觉。在日常工作中，建议使用淡香型的香水，喷洒数滴即可。

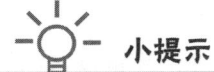 小提示

职场中如何正确使用香水?

使用香水的目的是用来控制体味,不是为了香气扰人的。

日间运用淡香型香水,气味应该清新高雅,不要使用气味浓烈的香水。

香水应该喷洒或涂抹在适当的地方。香水一般应洒在耳后或手腕的脉搏上、手臂内侧和膝盖内侧。除了直接涂抹在皮肤上,也可以喷洒在衣服上,一般在内衣或外衣内侧、裙下摆及衣领的后面。面部、腋下的汗腺、易被太阳晒到的暴露部位、易过敏的皮肤部位以及伤口和发炎的部位都不适合喷洒香水。

【不当做法】

☒ 不注意保持身体的洁净,让人敬而远之、退避三舍。

☒ 因身体疾病不及时就医,导致腋臭、脚臭等。

☒ 使用香水不当,给人俗不可耐、难以忍受的感觉。

六、着装常规

英国文学家威廉·莎士比亚(William Shakespeare)说:"一个人的穿着打扮是他自身修养的最形象的说明。"

服饰是一种无声的语言,它传递着一个人的身份、修养、文化、性格、心理状态等多种信息。幼儿教师应该谨记,注重着装礼仪,既能维护个人形象,也能维护所在幼教机构的形象,还能维护教师队伍的整体形象。因此,每一位幼儿教师都应该了解着装的基本常识,把握着装的基本原则。

(一)TPOR 原则

着装是一门艺术。幼儿教师的个人着装要庄重、得体,应首先遵循国际上公认的着装原则——TPOR 原则。

T 即 Time——时间,指着装要考虑时代、季节、早晚等因素。

P 即 Place——场合,指着装要考虑空间环境因素。

O 即 Occasion——地点,指着装要考虑场景的气氛、规格等因素。

R 即 Role——角色，指着装要考虑个人角色定位的问题。

只有遵循以上原则，着装才礼貌。着装不当，则意味着无礼。如幼儿教师在工作中身着居家服、在正式场合身着便服等，就好像与人见面对其不理不睬一样，会被人视为有失礼仪。

（二）日常着装三要点

根据 TPOR 原则，幼儿教师日常着装应注意三个要点。

1. 符合身份

工作着装应与幼儿教师的职业身份相协调。例如，幼儿教师穿着超低空、短透漏的服装或过分前卫、怪异的服装，会严重降低教师职业的可信度，分散幼儿的注意，且容易给幼儿形成错误的导向。

2. 遵守惯例

注意区分参加活动的场合、类别，着装应与环境协调，与活动目的协调。

幼儿教师要注意区分三类场合。

- 公务场合。着装要求：庄重、正统、理性、端庄。着装选择：西装、套装、制服。忌穿社交装、休闲装。
- 社交场合。着装要求：新颖、典雅、时尚、个性。着装选择：礼服、时装、民族服装。忌穿各类制服。
- 休闲场合（非正式场合）。着装要求：轻松、随意、舒适、自然。着装选择：休闲装、牛仔装、运动装等便装。忌穿制服、睡衣等。

3. 扬长避短

幼儿教师的着装应与个人的身材、体型、脸型、肤色、年龄、性格等条件协调，扬长避短，彰显美感。例如，大腿过粗或过细者，则不宜穿紧身裤。

（三）幼儿教师着装常规

幼儿教师的着装，既是其自身审美观、文化修养、职业水准与生活情趣的直接反映，又是其所在幼教机构形象的直接体现。因此幼儿教师要注意着装常规。

1. 职场宜着正装

根据国际公认的着装原则——TPOR 原则，依据幼儿教师的职业特点，幼儿教师的职场着装宜大方、端庄、柔和，且易于活动，易于照顾幼儿。最基本的要求是：穿有领有袖的上衣，不光腿、不光脚。

一般而言，幼儿教师可以选择职业套装（裤套装或裙套装，上衣配裙或裤等正装形式）、清爽款工作装（如图2-7）。

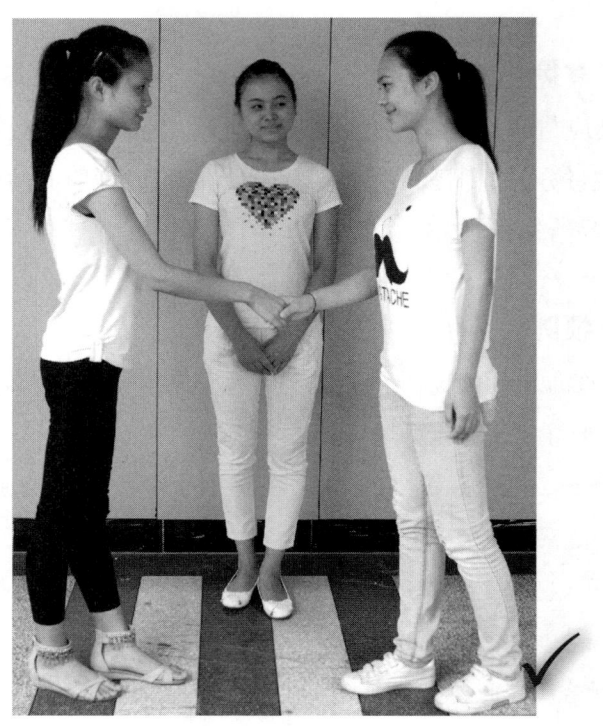

图2-7 教师着装

2. 不同场合的着装

- 在最隆重的场合，如参加庆典仪式、外事活动等，应穿着庄重大方的套装或礼服，表达重视与礼貌。
- 参加葬礼、悼念活动，应穿着黑色、白色或其他深色服装、素色服装，表达庄重、沉痛与怀念。
- 参加婚礼、寿礼、招待酒会等，或上门做客时，宜根据需要穿着时装或礼服，适当修饰打扮。

第二章 专业美化塑形象——幼儿教师职业形象的礼仪规范

- 逛街、旅行等，宜穿着便装。但登机、上车前，或下机、下车后有迎送仪式时，则应换上正装或礼服。

3．着装提示

参加各种活动，进入室内应摘帽，取下墨镜，脱去大衣、风雨衣。男教师在室内不戴帽子和手套。女教师佩戴的装饰性帽子、手套可以例外。

需要解开衣扣或脱衣时，宜避人而行。

在正式场合一般不穿休闲装、运动装、牛仔装、居家服、睡袍等。

【不当做法】

- ☒ 工作时选择背心、吊带衫、透视装、超短裙或超短裤、拖鞋等。
- ☒ 着装不分场合、不合场景，显得不自尊、不礼貌。
- ☒ 进入室内，不摘帽，不取下墨镜，不脱去大衣、风雨衣。
- ☒ 不避人，当众即解开衣扣或脱衣。
- ☒ 在公共场合穿居家服、睡袍等。
- ☒ 穿着正装西服、礼服或制服时，随意遛街或做运动等。

七、着装技巧

（一）男教师着装技巧

1．男装的选择

- 款式。男教师职业装一般有制服、西装、中山装、夹克配长裤等。在正式场合的着装首选是西装套装。日常工作中的着装以休闲西装、夹克、衬衫配长裤居多。
- 面料。男装面料常用的有毛料、棉质、麻质、丝绸、化纤混纺等。职业装的面料宜挺括、有质感。西装首选的是毛料，且最好是100%的毛料，或至少70%的毛料或毛与丝的合成材料等。
- 色彩。色彩应庄重、正统，给人可信任感。男教师的外套多使用蓝、深蓝、灰、深灰等中性色，以纯色为主，也可用精致的条纹、暗纹等。衬衫多选择单一色彩的高支精纺的纯棉、纯毛制品或混纺衬衫，也有条纹、方格、暗纹等可选。白色衬衫配西装是男教师在正式场合的首选。
- 尺寸。穿着一定要合体，宽松适度。过大、过小、过紧、过松的衣服都会破坏男教师的形象。

2．穿着细节

- 整体。熨烫平整，整洁干净，搭配合理，系好纽扣，口袋少装东西，裤腿缝应拉直。若穿西装，看上去要美观而大方，首先是要使其显得平整而挺括，线条笔直。参加重要活动前，要避人自查。
- 衬衣。衣扣、袖扣应扣好，领扣可不扣。下摆应塞入裤腰内，不能露出一部分在外面。若穿西装时，内里必须穿长袖衬衣；打领带前应扣好衣领和袖口处所有的纽扣；在某些轻松的场合可不系领带，不扣领扣。衬衣、西装的袖口不要卷起，不要卷裤管，否则会给人粗俗之感。
- 鞋。一般选择盖式、系带式皮鞋或休闲鞋，鞋的颜色应与裤装同色或色深，以搭配黑色鞋或深色鞋居多。没有任何图案的、黑色的、光面的、系带的牛皮皮鞋，最适合于西装套装的配套。穿鞋时应做到：鞋内无味，鞋面无尘，鞋底无泥，完好无损，尺码恰当。
- 袜。穿皮鞋或休闲鞋时，袜色以深色、单色为宜，应与鞋色一致。最好是纯棉、纯毛制品，混纺袜子也可以选用。袜子要干净、完整、成双、合脚。一般而言，袜脖子的长度以坐下来不露出腿部皮肤为好。

3．西装穿着标准

若穿着西装，应遵循西装穿着的基本规范。

- 三色原则。即全身的颜色应限制在三个色系或三种颜色以内。颜色定位准确，代表档次。
- 三一定律。即全身有三个部位——鞋、腰带、公文包——应保持一致的颜色。三位一色，以黑色系为主，既庄重，又易于搭配。

【不当做法】

☒ 穿着西装，没有拆袖口上的商标。

☒ 乱穿袜子。正规场合配深色西装，不穿白袜、花袜、浅色袜、艳色袜、破袜、脏袜。

- ☒ 错用领带。忌用拉链领带；除非是制服，忌夹克配领带、短袖配领带。

4. 领带的选择、打法和配饰

- 领带的选择：宜选择质地好、色彩雅的领带。适用于公务活动之中佩戴的领带，主要是单色无图案的领带，或者是以条纹、圆点、方格等规则的几何形状为主要图案的领带。最保险的选择是暗红色、灰色、蓝色、黑色等单色领带。在正式场合中，切勿使自己佩戴的领带多于三种颜色。最好的领带，应当是用真丝或者羊毛制作而成的。以涤丝制成的领带售价较低，有时也可以选用。
- 领带的打法：打领带结的基本要求是挺括、端正，并且在外观上呈倒三角形。领带结的具体大小，最好与衬衫衣领的大小成正比。打领带时，最忌讳领带结不端正，松松垮垮的。标准的长度，是领带打好之后，下端的大箭头正好抵达皮带扣的上端。应将领带置于西装上衣与衬衫之间，并令其自然下垂。
- 领带的配饰：依照惯例，打领带时可不用任何领带的配饰。若使用领带夹，宜将其夹在衬衫自上而下的第四粒至第五粒纽扣之间。使用领带针，应插在领带打好后偏上方的正中央，领带棒则只能用在衬衫衣领上。应当强调的一点是，使用领带的配饰，数量上应以一件为限。

（二）女教师着装技巧

1. 女装的选择

职业化的装扮，可以彰显女教师与众不同的气质，能够恰如其分地展示她们认真的工作态度和温婉大方的女性美。

- 款式。多选择西服套裙、款式多样的两件套裙、裤套装、连衣裙、上衣配裙或长裤等。在正式场合，西服套裙是首选。
- 面料。常用毛料、丝绸、棉质、麻质、化纤混纺等。基本要求：不起皱，不起球，不起毛。
- 色彩。一般选择的颜色以冷色调为主，宜运用三色原则。基础色黑色、白色、灰色、咖啡色、米白色、暗红色、蓝色等，显得典雅、端庄。现代女装色彩丰富，女教师宜根据场合、角色等需要精心搭配。

- 造型。女装的造型千变万化。常见的造型有H形、X形、A形和Y形这四种,且在上衣领、扣和裙的式样上多变化。女教师应根据场合和身份等要素,并兼顾个人的体型、脸型和喜好等选出最佳的造型。

女教师在日常工作中的着装,可选择符合幼儿教育职业特点的、活泼大方、颜色鲜艳且便于活动的休闲款型。

2. 穿着与搭配

- 整体。熨烫平整,整洁干净,搭配合理,系好纽扣。
- 衬衣。以单色与套装匹配最常见。花色衬衫应注意与色彩协调的外套搭配。穿着时,应衣扣整齐。除最上面的一粒纽扣外,其他纽扣应系好。不要随便挽袖挽裤。
- 丝巾。女性常用丝巾做装饰或点缀。丝巾不同的颜色、款式和结法,可使女装增加几分俏丽、时尚和活力。
- 袜子。穿裙装时,宜选用中性色(肉色、灰褐色、浅灰色、骨色或黑色等)的单色袜,较肤色略深,应避免露出袜口,宜用连裤袜。穿裤装时,宜选择与裤子的颜色相协调的短袜,最好是纯棉、纯毛制品,混纺袜子也可以选用。袜子要干净、完整、成双、合脚。
- 鞋。鞋的颜色宜与上衣或裙、裤同色或色深。一般套装、裙装,以半高跟、高跟的船式或盖式皮鞋搭配为宜。女教师带班时,宜穿平底鞋、坡跟鞋等较舒适的鞋(如图2-8),忌穿拖鞋、响底鞋,忌赤脚或趿拉着鞋(如图2-9)。同时应做到:鞋面无尘,鞋内无味,鞋底无泥,完好无损,尺码恰当。

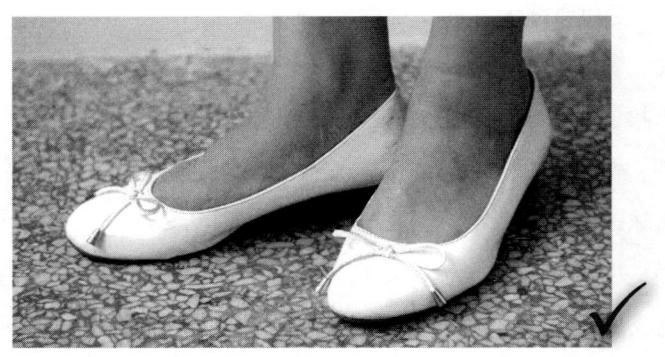

图2-8 上班时正确穿鞋

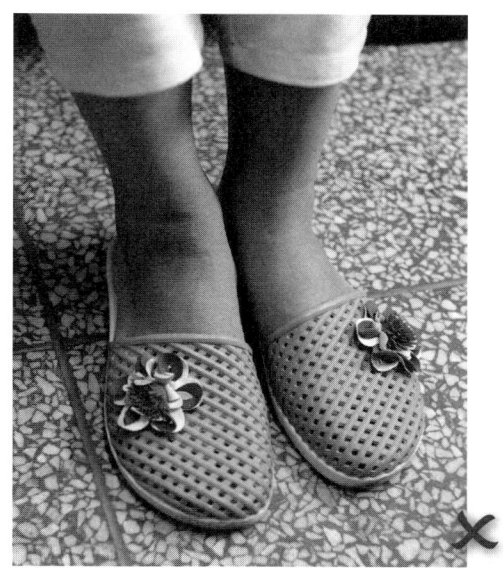

图2-9 上班时不当穿鞋

【不当做法】

- ❌ 露。忌讳身体的某些部位（如胸沟、腋窝、大腿）过于暴露，这样很不雅观。
- ❌ 透。忌讳内衣、内裤等若隐若现甚至让人一目了然，给人轻佻感。
- ❌ 短。忌讳着装过分短小，这样既会使身体有所裸露，也会给活动带来不便，还不雅观。
- ❌ 紧。忌讳着装过于紧身，这样会使自己"原形毕露"，线条突出，未免有故意展示自己性感之嫌。
- ❌ 当众脱下鞋袜，随意乱穿。

（三）制服的着装规范

若所在幼教机构规定了统一的工作装——制服，则幼儿教师应按规范认真着装。

制服是指由所在幼教机构统一制作并下发的面料、色彩、款式整齐划一的服装。制服是塑造幼儿教师所在幼教机构整体形象的道具，可以体现幼教机构的特点和幼儿教师的职业特征，使幼儿教师更具有责任感、荣誉感和社会监督意识。

【正确做法】

- ☑ 穿着制服，必须努力使之保持干净而整洁的状态。除制服之外，与之同时配套穿着的内衣、衬衫、鞋袜等，亦应定期进行换洗。

- ☑ 穿着制服要整整齐齐、外观完好整洁。
- ☑ 在一般情况下，制服一旦在外观上发生明显的破损，如掉扣、开线或有破洞等，就不宜在工作场合继续穿着。
- ☑ 如果幼教机构规定全体员工着制服上班，那么每一位幼儿教师都必须认真地依照着装规范行事，不得随便乱穿、混穿，不得搭配非配套的衬衣、鞋袜、饰物等。若佩戴工作卡，应佩戴到位，完整无缺。

【不当做法】

- ☒ 脏。穿着的制服不干净、不整洁。制服有异味、异物、异色或异迹。
- ☒ 皱。穿着的制服皱皱巴巴、折痕遍布。
- ☒ 破。制服在外观上发生明显的破损，如掉扣、开线或有破洞等。
- ☒ 乱。着制服上班，不依照着装规范行事，随便乱穿、混穿，或搭配非配套的衬衣、鞋袜、饰物等。佩戴工作卡不到位或工作卡有缺损。

八、巧搭首饰

首饰泛指各类没有任何实际用途的饰物，其功能是点缀、美化整体形象。虽然饰品的体积小，但其装饰效果明显。同时，如果饰品与服饰搭配合理，则锦上添花；如果搭配不当，则画蛇添足、不伦不类。

（一）首饰佩戴规则

- 身份规则——符合幼儿教师的身份。日常佩戴的首饰宜精致、小巧。搭配时装、礼服等，则应注意装饰的效果。
- 数量规则——以少为佳。幼儿教师带班时，可以一件首饰也不佩戴。日常若同时佩戴多种首饰，一般不应当超过3种。
- 色彩规则——力求同色。若同时佩戴两件或两件以上的首饰，应使其色彩一致。
- 质地规则——力求同质。若同时佩戴两件或两件以上的首饰，应使其质地相同。高档首饰，多适用于隆重的社交场合，不适合在工作、休闲时佩戴。

- 体型规则——扬长避短。选择首饰时,应充分正视自身的形体特点,努力使首饰的佩戴为自己扬长避短。
- 搭配规则——整体协调。佩戴首饰,应兼顾同时穿着的服装的质地、色彩、款式,并努力使之在搭配风格上相互协调。
- 习俗规则——遵守习俗。不同的地区、不同的民族佩戴首饰的习惯做法多有不同,我们既要了解,也要尊重。

(二)佩戴方法

- 戒指。戒指一般戴在左手。最好戴一枚,最多可戴两枚。戴两枚戒指时,可戴在一只手的两根相邻的手指上,也可以戴在两只手对应的手指上。

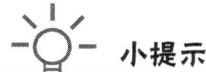 小提示

戒指的语言

戒指的佩戴有其约定俗成的意义,随所戴的手指不同而不同。

戴在左手食指上,表示无偶而寻求恋爱对象或者求婚之意。

戴在左手中指上,表示已在恋爱中。

戴在左手无名指上,表示已经订婚或结婚。

戴在左手小指上,表示独身,或者表示终身不嫁或不娶。

在部分西方国家,未婚女子的戒指戴在右手上。修女的戒指总是戴在右手的无名指上,意味着已经把她的爱献给了上帝。

- 项链。男女均可佩戴项链。通常所戴的项链不应多于1条。但男教师所戴的项链一般不应外露。
- 耳环。具体可分为耳环、耳钉、耳坠等。在一般情况下,它仅为女教师所用,并且讲究成对使用。不宜在一只耳朵上同时戴多只耳环。
- 手镯。手镯可以只戴一只,也可以同时戴上两只、多只。佩戴手镯,所强调的是手腕与手臂的美丽。男人一般不戴手镯。
- 手链。与手镯不同的是,男女均可佩戴手链,但一只手上仅限戴1条手链。
- 胸针。胸针多为女教师所用,别在左侧衣领上。穿无领上衣时,则应别

在左侧胸前，其具体高度应在从上往下数的第一粒、第二粒衬衫纽扣之间。女教师带班时，不宜佩戴胸针。

（三）幼儿教师佩戴首饰的注意事项

幼儿教师佩戴首饰应该注意场合，彰显个人的品位与修养。

【正确做法】

- ☑ 工作时，参加较庄重的会议以及体育活动等，宜不戴或少戴首饰。
- ☑ 在参加晚会或外出做客时，可佩戴宝石类项链、耳环、大型胸针等，但不宜过多。
- ☑ 在日常生活中，可以佩戴小型胸针、串珠、耳环、手镯、手链等。
- ☑ 外出旅游时，穿戴民族服饰时，可搭配有特色的饰品。

【不当做法】

- ☒ 工作时，佩戴宝石类项链、胸针、大型耳环耳坠等。
- ☒ 日常佩戴小型首饰超过3种。

【特别提示】

由于幼儿教师岗位的特殊性，在带班工作前，应自觉摘下装饰性的首饰，避免因佩戴首饰而妨碍工作，分散孩子们的注意，甚至带来安全、卫生等隐患。

（四）围巾和帽子

随着服饰审美品位的提高，人们对实用型饰物的装饰作用越来越重视。围巾和帽子，是幼儿教师日常选用最多的饰品，其对服装的整体美影响很大。

1. 选择

幼儿教师在选择围巾和帽子时应注意以下两点。

- 应与服装的风格一致，这样才能使整体形象更加和谐，彰显穿着者的气质与风度。现在流行的混搭风，比较适合一般休闲社交活动。
- 要与所处的时间、场合协调一致，要与个人的脸型、肤色等协调一致。例如：冬季里人们穿着的服装色彩较暗，可以选择颜色鲜艳的围巾和帽子点缀，使整个形象生动、活跃起来；长脸形的人可以选择高筒或宽边的帽子。

2．规则

在正式场合幼儿教师可以根据自己的着装风格等佩戴围巾和帽子。如果进入室内，应摘下帽子、保暖性的围巾等。

女教师在室内可以佩戴装饰性的帽子，但需要注意帽檐不能过宽，以免因遮挡他人的视线而失礼。

3．带班工作时的要求

【正确做法】

☑ 幼儿教师在带班工作时，一般只宜佩戴保暖性的小型帽子和围巾。

【不当做法】

☒ 幼儿教师在带班工作时，佩戴装饰性太强的大檐帽子、长围巾、大围巾，这样会影响教育活动的开展。

（五）手表

手表是一种常用的计时工具，又是一种重要的饰品。佩戴手表往往会给人时间观念强、遵守时间规定等积极的信号。幼儿教师在佩戴手表时应有一定的讲究。

【正确做法】

☑ 职场佩戴，选择手表的款式应考虑男女有别，风格庄重，重视外观。

☑ 手表的形状多为正圆形、正方形、椭圆形、长方形等。手表的色彩首选黑色、白色、金属色等。

【不当做法】

☒ 工作时戴广告表、时装表、珠宝表、特种表、劣质表、残损表。

☒ 与他人交流时，频繁看表、拨弄表等，给人以不耐烦、不耐心之感，有逐客之嫌。

（六）眼镜

眼镜是一种常见的医疗保健用品。它不仅具有调节光量、保护眼睛、改善视力等作用，而且是一种重要的装饰品。它是物质和艺术的结合体，体现着佩戴者的身份、修养、观念、兴趣和爱好等。一副精美的金边眼镜,会给人增添几分斯文;一副大框架的眼镜,能够散发出豪放的气派;而一副大墨镜,可以让人感觉到神秘而不可知。幼儿教师日常佩戴眼镜时应注意相应的规范要求。

【正确做法】

- ☑ 选择眼镜,应综合考虑佩戴的目的、时间、场合,以及个人的脸型、肤色、喜好等。选择镜片,要根据佩戴的目的,考虑材质的优良程度,镜片的大小、曲线、组合以及色彩、光泽等。
- ☑ 选择镜架时,应首先考虑镜架与镜片的相互影响。包括材料质量、外形、颜色、装饰的精美程度等。

【不当做法】

- ☒ 在室内或工作时戴墨镜或者有色眼镜。佩戴墨镜或太阳镜等有色眼镜者,在进入室内后,应自觉摘下。否则,会给人故作神秘、掩饰自己或不愿意与他人接触的印象。
- ☒ 工作时戴时尚类装饰眼镜、特种眼镜、劣质眼镜或残损眼镜。

(七)皮具

皮具在此特指以皮革制作的较高档次的工作与生活用品。它具有实用和装饰的双重功效。

1. 皮包

幼儿教师在选用皮包时应考虑以下几点。

- 用途。不同的皮包有不同的用途,旅行包用于差旅,公文包用于办公,电脑包用于放笔记本电脑,提包、肩包、坤包用于社交,腰包用于休闲。通常不能滥用。
- 搭配。在选用皮包时,应讲究与服饰的整体搭配。例如:个子不高者在夏季提的包应小巧一点,显得轻松凉快;冬季服装厚重,可以选择颜色鲜艳一些的提包。
- 有序。包内的皮夹,常用的有钱夹、钥匙夹、名片夹、护照夹等,应摆放有序。使用时应注意:内容专一,外形美观,放置到位。如,钱夹内不存放名片等。

2. 皮带

皮带即腰带。幼儿教师在选用时应考虑其颜色、图案、尺寸、环扣等内容。

- 用于正式场合的皮带,颜色宜为单色、深色,宜与皮鞋、皮包的颜色保持一致,且光面、无任何图案。
- 皮带的环扣应为金属制品,多为单色,环扣上除商标外,不宜出现其他任何文字、图案。
- 一般皮带宽度为男式宽3厘米、女式宽2.5厘米,长度应为系好之后长过皮带环扣10厘米左右。
- 在皮带上不宜挂放手机、钥匙、打火机等物品。

礼仪是一种无形的资本。一个人的礼仪行为表现,不仅可以有效地彰显一个人的教养、学识、风度和魅力,还可以体现出这个人对他人、对社会的认知能力与人际交往能力。

"修身践言,谓之善行。行修言道,礼之质也。"

——《礼记·曲礼》

"若夫坐如尸,立如齐,礼从宜,使从俗。"

——《礼记·曲礼》

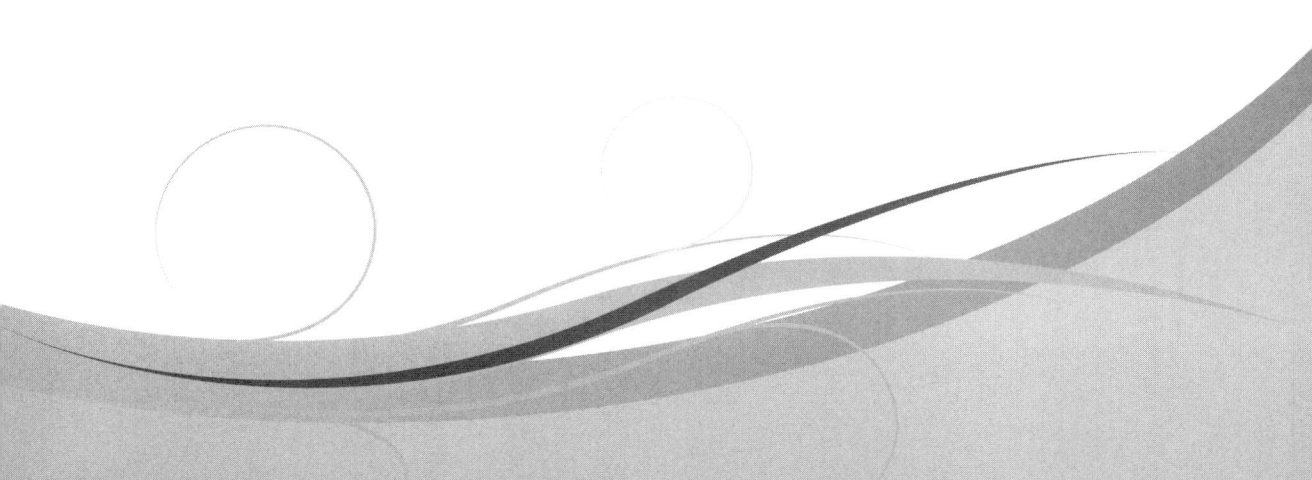

第三章

仪态规范显修养——幼儿教师仪态的礼仪规范

英国教育家弗朗西斯·培根（Francis Bacon）曾说："相貌的美高于色泽的美，而秀雅、合适的动作美高于相貌的美，这是美的精华。"

幼儿教师的仪态，是社会公众对幼儿教师及其所在幼教机构形成整体印象的主要因素。一流的幼儿教师，一定具有一流的专业仪态。

仪态是胜过有声语言的体态语言，它主要是通过人的面部和肢体的形态、活动，向其他社会公众传递信息。我们往往可以从一个人的仪态来判断他的品格、思想、学识、才智和修养程度等。

仪态塑造，对于幼儿教师的形象塑造具有举足轻重的意义。友善而热诚的表情、端庄而优雅的姿态、标准而礼貌的手势、大方而有教养的举止，一定会给人热情大方、真诚友善、自信而专业的积极印象。

一、动人的微笑

在体态语言中，面部表情是最丰富、最具有表现力的，它能够充分、迅速而又灵敏地表达人的各种思想、感觉和情绪。面部表情是由眉、眼、嘴和面部肌肉等综合运动形成的。在公共传播中，面部表情主要是通过目光和微笑传递信息的。

（一）微笑的内涵

微笑在人类各种文化背景中的含义是基本相同的，是真正的"世界语"。一个对你微笑的人，很容易体现出他的热情、修养和魅力，从而得到你的信任和尊重。你的微笑同样会让他人体验到幸福感，觉得自己是一个受别人欢迎的人、受人尊重的人。真诚的笑容是人际交往的一种轻松剂和润滑剂，可以缩短彼此之间的心理距离，为深入的沟通与交往创造和谐、温馨的良好氛围。

幼儿教师坚持微笑迎送与接待，是自信的反映，是个人礼宾修养的充分体现，是与人和睦相处的能力表现,是身心健康的标志。同时,幼儿教师的微笑也是热情大方、亲切友善、关爱孩子的有效表达方式,能够给对方留下美好印象,让家长放心、让孩子亲近、让公众赞赏、让领导和同事肯定。

(二)微笑的规范

1. 微笑适度

【正确做法】

☑ 初次见面时,应亲切微笑,面带笑意,笑不露齿(如图3-1);与他人交流时,应保持温馨的微笑,嘴角微微上扬,稍微露齿,让人感觉到尊重、友善、亲切与热情(如图3-2);与他人合作成功、送客时,应显露愉快的微笑,自然地露出牙齿(如图3-3)。

图3-1 微笑1

图3-2 微笑2

图3-3 微笑3

☑ 微笑应是面带笑容、不出声、热情而亲切,应是内心情感、修养的自然流露。

【不当做法】

☒ 傻笑、奸笑、抿笑、大笑、狂笑或假笑等。

2. 表里如一

【正确做法】

☑ 微笑要发自内心,做到表里如一。在工作中,应注意保持良好的心境和情绪。

【不当做法】

☒ 应付式微笑，表里不一，笑意只挂在脸上，"皮笑肉不笑"。

3. 整体配合

【正确做法】

☑ 面含微笑时，必须注意面部其他部位的相互配合。协调的微笑，应同时做到双眼睁大且目光柔和，眉头舒展，眉毛微微上扬，整体感觉应似"眉开眼笑"。

【不当做法】

☒ 面含微笑时，眼睛部位的肌肉配合不协调，整体感觉不明朗。

4. 重视场合

坚持微笑迎送与接待是对幼儿教师工作总体的要求。但在具体工作中，不能不顾交往情境的变化而一味地只是微笑。幼儿教师还必须重视当下的环境和交往对象的具体情况，表情要互动，才能达到良好的交往与沟通效果。

遇到以下这些情况，如果面露笑意，往往会使自己陷入十分不利、十分被动的处境：在进入气氛庄严、肃穆的场所时，在面对他人的不幸时，在因幼儿违反纪律而对其进行教育或处罚时，在看到对方因出了洋相而感到尴尬时，在看到对方有某种先天性的生理缺陷时，在对方满面哀愁时，在面对重伤病人及其家属时，在悼念场合或殡仪馆中时……

（三）笑的禁忌

在工作场合，应力戒不合适的笑。

【不当做法】

☒ 假笑。假笑即笑得虚假，皮笑肉不笑。它有悖于笑的真实性，让人感觉虚情假意，为人不真诚。

☒ 冷笑。冷笑是含有怒意、讽刺、不满、无可奈何、不屑、不以为然等意味的笑。这种笑非常容易使人产生敌意。

☒ 怪笑。怪笑即笑得怪里怪气，令人心里发麻。它多含有恐吓、嘲讽之意，令人十分反感。

- 媚笑。媚笑即有意讨好别人的笑。它亦非发自内心，而是来自一定的功利性目的。
- 窃笑。窃笑即偷偷地笑，多表示扬扬自得、幸灾乐祸或看他人的笑话。
- 大笑。在公共场合放声大笑或无节制地傻笑，非常不雅，容易影响、打扰他人，是缺乏自控力、缺乏教养的表现。没头没脑地边看别人边哈哈大笑，更是非常失礼。

在一般场合，假笑、傻笑、冷笑、抿笑、怪笑、媚笑、窃笑、大笑、狂笑、讥笑、嘲笑、奸笑、狞笑等，传递的都不是真诚友好、礼貌与尊重，都是应该努力避免的。

总之，微笑应该是个人素养、内心情感的自然展现。准备工作时，幼儿教师要调整好心态，排除一切不良心理因素和外界干扰，用真诚而自然的微笑展示幼儿教师的专业形象和良好沟通能力。

二、礼貌的目光

孟子云："存乎人者，莫良于眸子。眸子不能掩其恶。胸中正，则眸子瞭焉；胸中不正，则眸子眊焉。"正所谓"眼睛是心灵的窗户"。

眼睛在人的五种感觉器官中是最敏锐的，它能够传达出人们表达某种信息时最精细、最微妙的差异，而且人们对目光都具有一定的解读能力。

幼儿教师在与他人交往时，应始终保持友善、真诚的目光。对待幼儿，目光应该充满慈爱、和善、欣赏。

（一）注视方式

注视他人，在社交场合可以有多种方式的选择。最常见的有以下几种形式。

- 直视。直视指直接地注视交往对象，它表示认真、尊重，适用于各种情况。若直视他人的双眼，则称为对视。对视表明自己大方、坦诚，或是关注对方，但应注意礼貌地掌控好直视的时间和区域。
- 凝视。凝视是直视的一种特殊情况，即全神贯注地注视。它多用于表示专注、恭敬等。
- 盯视。盯视指目不转睛，长时间地凝视某人的某一部位。它表示挑衅或走神等，故宜慎用。

- 扫视。扫视指视线移来移去，注视时上下左右反复打量。它表示好奇、吃惊或挑剔等，故不宜多用。
- 环视。环视指有节奏地注视不同的人员或事物。它表示认真、重视等。适用于同时与多人打交道时表示自己"一视同仁"。

（二）注视时间

- 人们交谈时视线接触对方的时间通常占交谈时间的30%～70%，表示友善、尊重与重视。
- 如果视线接触对方的时间在70%左右，表示关注、感兴趣，或表示对尊者、长者的尊敬，或表示认真听讲。亲人之间的交流往往如此。
- 若视线接触对方的时间超过80%，甚至还要多，有时表示对对方的兴趣大于对所交谈内容的兴趣，还有可能是对对方抱有敌意，意图寻衅滋事。
- 若视线接触对方的时间低于30%，则表示对交谈的话题和对方都没有什么兴趣，往往意味着瞧不起对方，或者是疲倦、乏力、不适的表现。
- 视线接触时，一般连续注视对方眼睛的时间不宜过长，以6秒以内为宜。超过6秒时，会让对方感觉不适、尴尬，甚至反感。在许多文化背景中，长时间的凝视、盯视、直视、斜视或上下打量对方，都是失礼的行为，有冒犯、挑衅等意味。

（三）注视区域

一般而言，人们视线的接触主要在三个区域。

- 上三角区。它是指以双眼为底线，额中为顶点所构成的三角区，也叫公务型注视区。这一区域代表郑重严肃，能深刻地影响对方的情绪。在交谈过程中，如果你的目光总是落在对方的上三角区，就会显得严肃认真，就会把握住谈话的主动权。
- 中三角区。它是指以两眼为上线，唇心为下点所形成的倒三角区，也叫社交型注视区。这一区域代表尊重、坦诚、亲切、温和且自信，给人一种平等、轻松感。主要适用于友好交谈等。
- 下三角区。它是指唇心到胸部之间的亲密注视区域。这一区域代表亲近、友善，多用于关系密切的男女之间，往往带有亲昵、爱恋的感情色彩。主要适用于亲人、恋人之间。一般非亲密关系的人应避免这种注视，以免引起误解。

（四）注视角度

- 平视。平视指视线呈水平状态，也称正视（如图3-4）。代表平等、坦诚与尊重。它适用于一般场合的人际交往。
- 斜视。它是一种平视的特殊情况，即位居交往对象一侧，面向对方，平视着对方。它的关键在于面向对方，否则即为斜视对方（如图3-5），那是很失礼的。
- 仰视。仰视指主动居于低处，抬头向上注视他人（如图3-6）。通常表示尊重、敬畏之意，适用于面对尊者和长者之时。
- 俯视。俯视指抬眼向下注视他人，一般用于身居高处之时。它可对晚辈表示宽容、怜爱，也可对他人表示轻慢、歧视（如图3-7）。

图3-4　平视

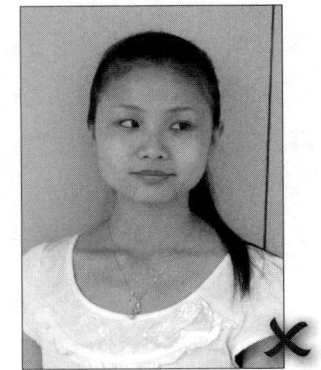

图3-5　斜视

图3-6　仰视

图3-7　俯视

（五）瞳孔变化

美国心理学家埃克哈特·赫斯（Eckhard Hess）经过长期研究得出如下结论：瞳孔的收缩与放大，与光线刺激的强弱有关，也与心理活动机制有关，而且瞳孔的变化是无法自觉地、有意识地加以控制的。

一般而言，当人们看到有趣的或心中喜爱的东西时，瞳孔就会放大；当看到不喜欢的或厌恶的东西时，瞳孔则会缩小。

（六）正确运用目光的技巧

在幼儿教育活动中，目光交流是极其重要的。在交流中不看对方，是不尊重、不重视对方的表现。看着对方，若不具备目光交流的技巧，不会看，也会使交际受挫或失败。

1. 控制好时间

【正确做法】

☑ 迎送幼儿，与家长、同事、朋友见面，或被介绍结识新朋友时，可以注视对方稍久一些，既展示自信，也表示对对方的尊重。

【不当做法】

☒ 对于那些不太熟悉的人，长时间地盯着对方的眼睛。这样易引起对方的局促和不安，或误以为是轻慢或挑衅。

2. 把握好区域

【正确做法】

☑ 与幼儿、家长、同事或领导谈话时，应注视对方的眼睛或面部，表示对对方的关注与尊重，以及对对方的话题感兴趣。同时，还可以获知对方真实的心态，并将自己的感受坦露给对方，以便真诚地交流。

☑ 当双方一时无话时，应将目光移开，以免加剧尴尬或不安；当有人说错话或显得拘谨时，更不要正视对方，否则对方会把你的目光误认为是对他的讽刺和嘲笑；当你在辩论中希望获胜时，就千万不要把目光移开，直到对方的视线移开为止。

【不当做法】

❌ 在交谈时，不正视对方。这容易让人感觉你心不在焉、不真诚或心中有鬼，或是由于紧张、羞怯而不敢正视，这就很难取得对方的信任和好感。

3. 掌握好角度

【正确做法】

☑ 交流中平视对方，易于表达平等、友好，而仰视则往往表示尊敬、敬畏、期待、服从。尤其在面对长辈、领导和贵宾时，站立或就座应选择较低的位置，自下而上地仰视对方，往往会赢得对方的好感。

☑ 幼儿教师在主动接近幼儿，或对幼儿进行引导教育时，采用低位角度会更有助于幼儿的接受和教育愿望的达成。

【不当做法】

❌ 与人交往时，站在高处，自上而下地俯视人。俯视带有权威感、优越感，展示爱护、宽容，有时有诲人之意。

❌ 幼儿教师在对幼儿进行引导教育时采用高位俯视角度。这样容易让幼儿产生压力，感到压抑并躲避，从而影响教育效果。

4. 照顾好全面

【正确做法】

☑ 与多位同事、家长、幼儿共处时，应全面照顾交往对象，既要顾此又要顾彼。要用愉快的眼神向那些没有来得及打招呼、交流的人致意，消除他们的冷漠感，营造一种愉悦的氛围。

☑ 即使是在接待尊卑有序的众多来宾时，在重点照顾好尊者的同时，也应适当地与其他随员和下属进行目光的交流。当面对的来宾有男有女时，对异性和同性要"一视同仁"，大方接待。

【不当做法】

❌ 只看着自己熟悉的人，只与自己谈得来的人交谈，而冷落、怠慢了其他人。当面对的来宾有男有女时，刻意回避对异性的目光交流，显得不够坦然大方。

5. 处理好欢送

【正确做法】

- ☑ 与他人告别、送对方离去时，应等待对方转身离去，不再回头张望，或者已经走出我们的视线范围之外后，才能移开视线。这样能充分显示我们对对方的尊重和重视。
- ☑ 幼儿教师在与幼儿及家长告别时，应该认真地目送其离开。若放学时面对多位家长和幼儿，应照顾好正在接待的这一位，并同时努力照顾全面，用愉快的眼神和语言"接一答二招呼三"，也可以同时目送多位离开。

【不当做法】

- ☒ 与他人告别、送对方离去时，不待对方离去就转身走开，或者转身回到房间，甚至关闭房门，这会显示出对对方不够尊重和重视。
- ☒ 在面对多位家长和幼儿时，眼睛长时间地只看向一两位，而不注意用目光去关照其他家长和幼儿。这样会让多数家长和幼儿感觉受到冷落、不被重视，从而产生不良情绪，影响后续的交往与沟通。

三、端庄的站姿

站立是人们生活中最基本的举止，是人体静态的造型动作，是优美仪态的基点，是表现举止动态美的基础。

幼儿教师正确规范的站姿，给人以挺拔端庄、舒展优美、自信大方的感觉，给人可靠诚信、脚踏实地、值得信赖的印象，能够展现出幼儿教师美好的个人气质与风度。同时，幼儿教师站姿端庄大方，易于给幼儿树立良好的榜样，有利于他们健康成长。

（一）站姿规范"十要点"

- 头正。抬头，头顶上悬。双目平视前方，面带微笑。嘴微闭，下颌微收。精神饱满，表情自然。
- 颈直。脖颈挺直，防止头位不正，偏左、偏右或偏前，防止没精打采。人体有向上的感觉。

- 肩平。双肩放平、放松,保持水平,并微微向后下压,自然呼吸。
- 胸挺。挺起胸部,自然舒展。防止缩肩含胸。
- 腹收。腹部向后压,微微收起。
- 腰立。脊椎、后背挺直。
- 臀收。臀大肌微收缩,向内夹,前后形成夹力,并向上提。
- 腿直。两腿并靠,膝关节用力挺直,髋部上提。
- 脚靠。两脚并靠,两脚的脚尖向前,或是呈"V"形,脚尖分开45°~60°。身体的重心落在双脚之中。
- 手垂。两手臂自然下垂于体侧,手指自然弯曲。亦可搭于腹前或置于背后。

(二)男教师常用站姿

- 基本站姿:身体直立,抬头挺胸。双目平视前方,面带微笑,嘴微闭,下颌微收。膝关节挺直,两腿、两脚微分开,呈"Ⅱ"形或"V"形。两手臂自然下垂于体侧,手指自然弯曲。(如图3-8)

图3-8 男教师基本站姿

- 握手站姿：身体直立，抬头挺胸。双目平视前方，面带微笑，嘴微闭，下颌微收。膝关节挺直，两脚间距离同于或小于肩宽，呈"Ⅱ"形或"V"形。右手搭在左手上，或右手握住左手，轻贴于腹前。（如图3-9）

图3-9　男教师握手站姿

- 背手站姿：身体直立，抬头挺胸。双目平视前方，面带微笑，嘴微闭，下颌微收。膝关节挺直，两脚间的距离等于或小于肩宽，呈"Ⅱ"形或"V"形。右手握住左手，轻贴于后背臀中位处。

【特别提示】

日常交往时，站久后可变换站姿。站累时，单腿可以后撤半脚，身体重心可前后移动，双腿保持直立。但不宜频繁地变换姿态，给人不稳定、缺乏耐心之感。

（三）女教师常用站姿

- 基本站姿：身体直立，抬头挺胸。双目平视前方，面带微笑，嘴微闭，下颌微收。两腿并拢，膝关节用力挺直。脚跟相靠，双脚呈"Ⅱ"形、"V"形或"丁"字形。两手臂自然下垂于体侧，手指自然弯曲。（如图3-10）

- 握手站姿：身体直立，抬头挺胸。双目平视前方，面带微笑，嘴微闭，下颌微收。两腿并拢，膝关节用力挺直。脚跟相靠，双脚呈"Ⅱ"形、"V"形或"丁"字形。右手搭在左手上，或右手握住左手，轻贴于腹前。（如图3-11）

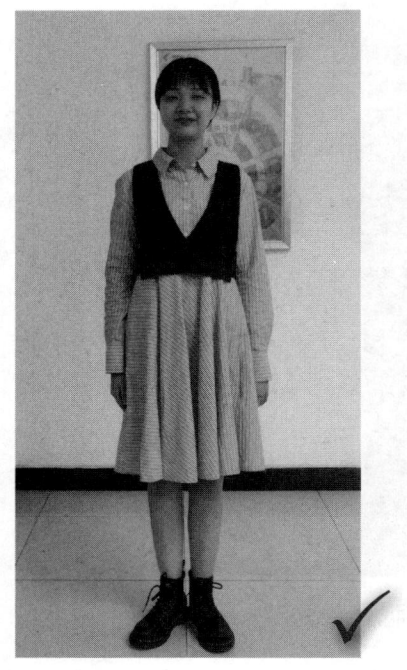 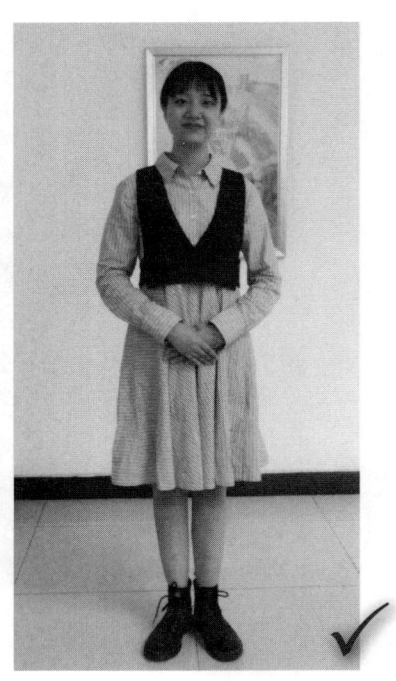

图3-10　女教师基本站姿　　　　图3-11　女教师握手站姿

【特别提示】

日常交往时，站久后可变换站姿。女教师可一脚斜或弯，一脚直立，但也不宜频繁地变换姿态，给人不稳定、缺乏耐心之感。

（四）常规要求

【正确做法】

☑ 站有站相。男教师的站姿应刚劲挺拔、潇洒大方，女教师的站姿应挺拔端庄、文静优雅。

☑ 幼儿教师的站相应给人优美、端庄、自信、大方之感，同时给幼儿树立良好的榜样形象。

【不当做法】

☒ 头歪、探脖、斜肩、弓背、收胸、含腰（如图3-12）；挺腹、撅臀、弯腿；双脚叉开或双手叉腰；两手抱胸（如图3-13）；搓脸、弄头发；没精打采，身体依靠物体歪斜站立（如图3-14、图3-15、图3-16、图3-17）；身体晃动、脚抖动等。总之，不要给他人姿态不美不雅、不自信、不自尊，或懒散无力，或不重视、不尊重他人，或不可靠、不可信，缺乏教养的印象。

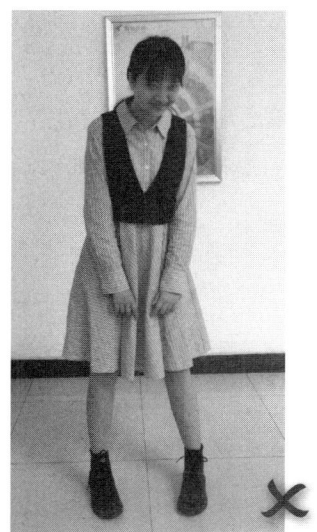

图3-12　不当站姿1

图3-13　不当站姿2

图3-14　不当站姿3

图3-15　不当站姿4

图3-16　不当站姿5

图3-17　不当站姿6

四、优雅的坐姿

幼儿教师庄重而优美的坐姿，能够有效地展示个人的行为美和姿态美，能给人优雅大方、自信练达、端庄稳重的感觉，传达出积极热情、尊重他人、有教养、可信任的良好风范，同时也给幼儿树立了模仿的榜样。

幼儿教师要养成良好的坐姿习惯，展示良好的修养和优雅的职业姿态，同时，以良好的坐姿给幼儿以示范。

幼儿教师要自觉杜绝不良姿态。不良的坐姿，给人以不文明、粗俗、没教养、低素质的印象，会让自身形象大打折扣，会直接引起交流对象的不悦，严重影响交际效果。同时，还会给幼儿错误的导向，影响幼儿的健康成长。

（一）坐姿规范"三正"

- 头正。头位放正，目光平视，面带微笑，嘴微闭，下颌微收。
- 身正。身体端正，肩头放平，腰不弓，背不驼。
- 腿正。双腿摆正，微挺胸收腹，四肢与脚位的摆放规范。

（二）坐的具体规范

1. 入座

【正确做法】

- ☑ 先以轻盈和缓的步履，从容自如地走到座位前，背向椅子做好入座的准备。然后右脚或左脚向后移半步，使腿肚贴在椅子边沿，上体微前倾，缓屈膝，再轻而稳地落座。
- ☑ 一般坐椅面的三分之二或二分之一。长时间就座，脊背可轻靠椅背。女教师着裙装时，在入座的同时宜以手抚裙，做到姿势文雅端庄。

【不当做法】

- ☒ 拖拽椅子，发出异响。弓背弯腰，低头寻找座位，翘臀入座。
- ☒ 满座宽幅座椅。
- ☒ 女教师裙装不整。

2. 端坐

【正确做法】

☑ 坐稳后，上体正直，自然挺胸收腹，双腿自然并拢。男教师的双腿可自然分开，但两腿间的距离宜小于或等于肩宽。

【不当做法】

☒ 上体不正，窝胸塌腰，没精打采。

☒ 坐沙发太靠里，呈后仰状等。

☒ 男教师分腿过肩。

☒ 女教师叉开两腿、两手夹在大腿之间，裙摆掀起露出大腿等（如图3-18、图3-19）。

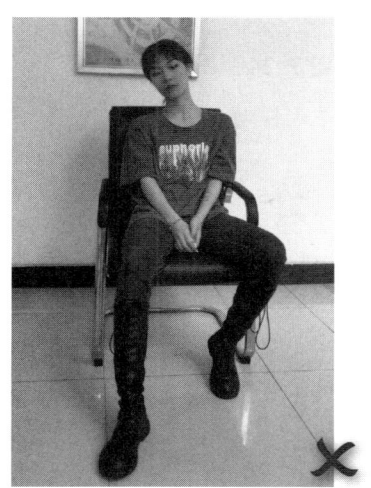

图3-18　女教师不当坐姿1

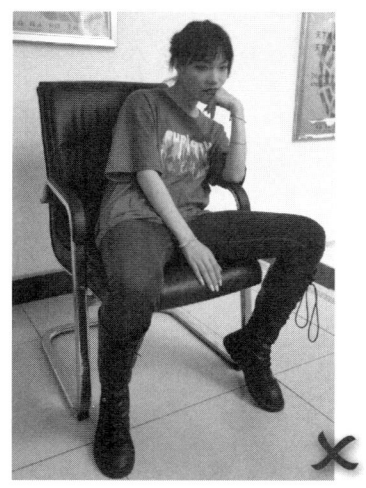

图3-19　女教师不当坐姿2

3. 手的摆放

【正确做法】

☑ 手臂自然弯曲，女教师的双手宜叠放在大腿上，男教师的双手可平行放或叠放于大腿或双膝上。

☑ 坐有扶手的椅子或沙发时，可将一只手放在椅子、沙发的扶手上，另一只手仍放在腿上，或者双手叠放在一侧的扶手上，掌心向下。

【不当做法】

☒ 双手抱头；抓挠身体部位等；女教师将手插于双腿之间。

4．腿脚的放置

【正确做法】

☑ 腿位放置的基本形式是：并列双腿，自然弯曲，垂放于地面，双脚并放。男教师的双腿之间可适度留有间隙，女教师应双腿相靠。此种放置方法适合于庄严、肃穆的场合。日常坐姿有多种放置形式。

【不当做法】

☒ 两膝分得很开，腿伸得很远（如图3-20）。

☒ "4"字形架腿，脚尖向外高高踢起（如图3-21、如图3-22）。

☒ 双脚藏在椅子下勾住椅子腿等（如图3-23）。

☒ 把脚跷起放在办公桌或椅子扶手上（如图3-24、图3-25）。

☒ 晃脚尖、脚不停地敲击地面，腿、脚不停地抖动。

图3-20　教师不当坐姿1

图3-21　教师不当坐姿2

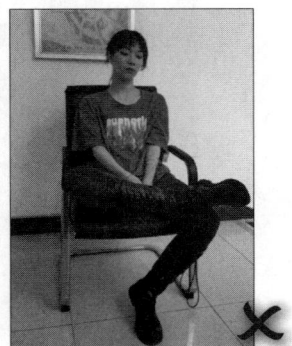
图3-22　教师不当坐姿3

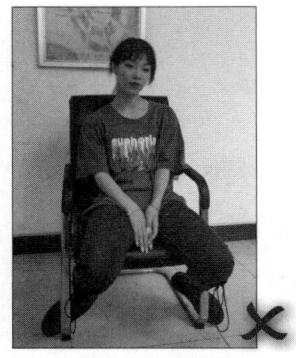
图3-23　教师不当坐姿4

图3-24　教师不当坐姿5

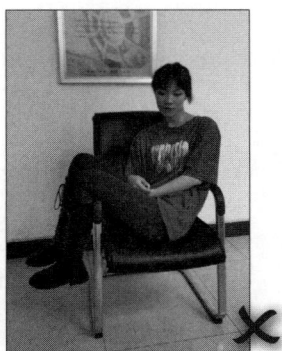
图3-25　教师不当坐姿6

5. 离座

【正确做法】

☑ 准备起身时，先以右脚或左脚向后移半步，上体微前倾，使后移的右脚或左脚的前脚掌蹬地，然后轻缓起立，站稳后再离开。

【不当做法】

☒ 弓背弯腰，翘臀，勾头而起。起身时，发出异响，或没有站稳，仓促离座。

（三）男教师常用的坐姿

- 平行步。双脚平行，两腿间的距离等于或小于肩宽（如图3-26）。
- 前后步。左脚前伸，右脚后撤。两腿间的距离等于或小于肩宽（如图3-27）。
- 八字步。两脚后跟分开，脚尖向外，呈"八"字形。两腿间的距离等于或小于肩宽（如图3-28）。

图3-26　男教师正确坐姿1

图3-27　男教师正确坐姿2

图3-28　男教师正确坐姿3

- 索步。两小腿稍向前，双脚在踝关节处交叉（如图3-29）。
- 重叠步。左小腿垂直于地面，右腿提起，架在左腿上重叠，右小腿置于身体左侧，脚尖向下（如图3-30）。反方向亦然。

图3-29　男教师正确坐姿4

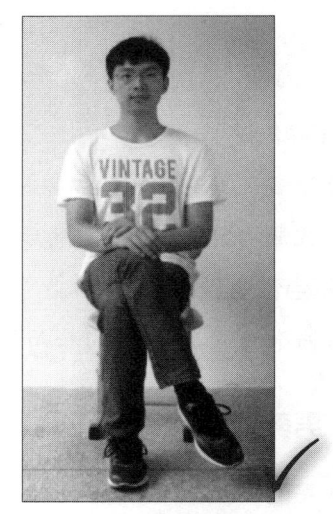
图3-30　男教师正确坐姿5

（四）女教师常用的坐姿

- "丁"字步。双膝并拢。左脚在左侧前，脚跟置于右脚脚弓处。反方向亦然。
- 八字步。双膝并拢。脚跟相靠，脚尖分开，呈"八"字形（如图3-31）。
- 前后步。双膝并拢。左脚向前伸，右脚向后撤。两脚一前一后近乎在一条直线上（如图3-32）。反方向亦然。
- 索步。双膝并拢。双脚在踝关节处交叉。
- 掖步。两小腿同时向左或向右斜放，双腿相靠（如图3-33）。

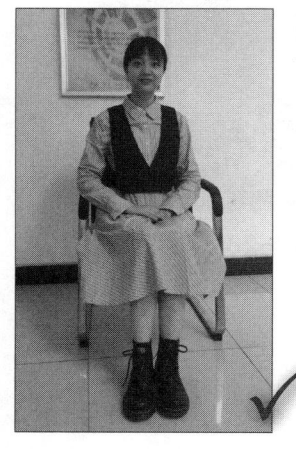
图3-31　女教师正确坐姿1

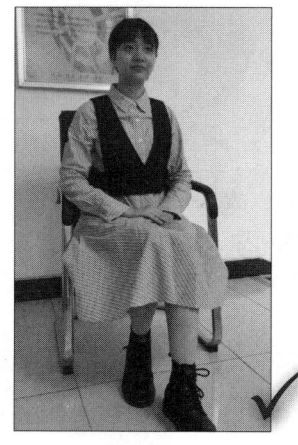
图3-32　女教师正确坐姿2

图3-33　女教师正确坐姿3

- 后点步。双膝并拢。两小腿后屈，前脚掌或脚尖着地。
- 侧挂步。两小腿向右斜出，左腿提起，架在右腿上，使左小腿贴在右小腿的外侧，右脚侧点地（如图3-34）。反方向亦然。
- 重叠步。左小腿稍向前，自然放于地面，右腿提起，架在左腿上，右小腿向里收，贴在左小腿的小腿外侧，脚尖向下。反方向亦然（如图3-35）。

图3-34　女教师正确坐姿4

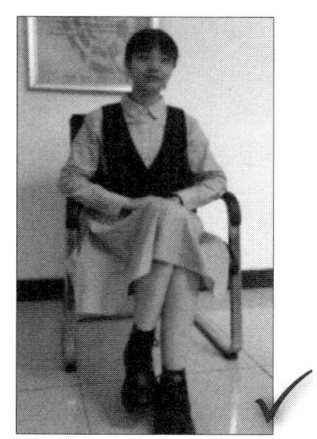
图3-35　女教师正确坐姿5

（五）入座礼仪

1. 讲究入座顺序，在别人之后入座

【正确做法】

☑ 优先尊长，以示尊重，平辈或同事之间可同时入座。尤其是在迎接长辈、领导、家长、来宾之时，宜礼让他人。在正式活动中，要注意看清座次安排，依序入座。

【不当做法】

☒ 不礼让，自己抢先入座；不观察座次安排，随意落座。

2. 讲究入座位置，在适当之处就座

【正确做法】

☑ 在公开场合入座，一定要坐在椅、凳等常规位置。若与幼儿一起开展活动

需要坐在地板上,则另当别论。

【不当做法】

☒ 在公开场合入座,随意坐在桌上、窗台上或地板上,或蹲于地面。

3. 讲究入座方位,从椅子左侧入座

【正确做法】

☑ 如果条件允许,一般应从椅子的左侧靠近座椅,这样易于就座且表示礼貌。

【不当做法】

☒ 在条件允许的情况下,不遵守常规,任意从椅子的右侧靠近座椅。这样易产生拥挤或不便。

4. 宜先向周围的人致意后再入座

【正确做法】

☑ 就座时,若附近坐着认识的人,宜先主动与对方打招呼;若附近是不认识的人,宜先向对方点头致意。

☑ 在公共场合,要想坐在别人的身旁,宜先征得对方的同意,以示礼貌。

【不当做法】

☒ 就座时,不管附近坐着什么人,都不先打招呼,不先致意。

☒ 在公共场合争抢座位。

☒ 想坐在别人的身旁时,不管不问,不征求对方的同意就随意入座。

5. 宜悄无声息地就座

【正确做法】

☑ 入座时,宜放慢速度,谨慎动作,尽量避免发出噪声,骚扰他人。若想就座更舒服,可以在坐下之后再调整体位或整理自己。

【不当做法】

☒ 入座时的动作不加控制,发出噪声,骚扰他人。

(六)离座礼仪

1. 事先说明

【正确做法】

☑ 离开座椅时,如果身旁有相识之人,宜先用语言或动作向对方示意,随后再站起身来。

【不当做法】

☒ 离开座椅时,不管身旁相识的其他人,自顾自起身就走。

2. 注意先后

【正确做法】

☑ 与他人同时离座时,应注意起身的先后顺序。宜在尊长起身后起身,在尊长离座后离座。双方身份相似时,可以同时起身离座。若接待来宾,宜在来宾起身后再起身。若主方先起身,则有不耐烦或逐客之嫌。

【不当做法】

☒ 在尊长起身前起身,在尊长离座前离座。

☒ 来宾告别时,在来宾起身前起身。

3. 起身缓慢

【正确做法】

☑ 起身离座时,宜放缓动作,避免弄响座椅,或将坐垫等弄乱或者掉在地上。

【不当做法】

☒ 起身离座时,动作过大过猛,弄响座椅,或将坐垫等弄乱或者掉在地上。

4. 站稳再走

【正确做法】

☑ 离开座椅后,先用基本站姿站好、站稳,然后在条件允许的情况下从椅子的左侧离开。

【不当做法】

☒ 还未站定就起身走或跑,会给人过分匆忙的感觉,不够礼貌。

五、自信的行姿

良好的行姿是人体的一种动态美,能够表现出一个人的气质、风度和风采。走路时稳健协调、从容自然,能有效地展现幼儿教师自信稳重、精明干练的处世能力和工作作风。

对行姿的基本要求是,整体上要给人以步态轻盈、稳健、有韵律的感觉。

(一)行姿规范

1. 上体正直

抬头,挺胸,收腹,立腰,两肩平稳。上身挺直,精神饱满。两眼平视前方,表情自然。

2. 步位规范

步位,是指脚落地时应放置的位置。在行走时,必须保持明确的行进方向,尽可能地使自己犹如在一条直线上行走。这样行走的姿态才能给人以稳重感。

女教师迈步时,两脚的内侧宜踩在一条线上,即所谓"一"字步(如图3-36)。女教师穿裙子或旗袍时,宜走成一条直线,且富有弹性,显示出优美的韵律感。

男教师可两脚分别踩在平行的两条线上,即所谓的"平行步"。

图3-36 女教师步位

3. 步幅适度

步幅是指跨步时两脚之间的距离。步幅往往因人而异,因性别、身高、年龄、场所、着装和情境等的不同而有所不同。一个人的步幅,也会由于环境和心情等的不同而有所不同。

标准的步幅是自己的脚的长度。幼儿教师在工作时使用标准的步幅可以使自己的姿态优美。

4．步速平稳

行走时，应保持速度均匀、平稳，不要忽快忽慢或过快过慢。一般情况下，人们的步速是每分钟80～110步。在不同场合，步速也要有所区别。

5．手动自然

两肩放平，两臂放松，以肩关节为轴，两手应前后自然、轻松地协调摆动。手臂与身体的夹角一般为10°～30°。

（二）变向行走

1．侧行

行进中，当与同行者交谈时，上身应转向交谈对象，使自己侧身行进，身体与对方保持一定的距离。当与他人狭路相逢时，应身体侧转，两肩一前一后，面向对方，而不应背向对方。

2．后退

扭头就走是很失礼的表现。

与对方距离较近时转身离开，尤其是对方处于就座状态时，宜采用先面向对方后退步，再转身离去的做法。如果条件允许，通常面对他人至少后退两三步，再转身离开。一般而言，对对方越尊重，后退的步子则越多。

（三）常规要求

1．行姿要自信、稳健

幼儿教师要养成良好的行路习惯。一般而言，走路时步幅稍大、步子有弹性、方向感强、摆动手臂，能显示一个人自信、快乐、富有能力。

要注意克服不良的行姿习惯。不良的行姿，会给人不稳重、缺乏能力和教养、素质低的印象。

【不当做法】

☒ 身体乱摇乱摆，摇头、晃肩、扭臀；方向不定，忽左忽右，东张西望；"外八字"或"内八字"迈步；重心向后，脚步拖拉；横冲直撞，悍然抢行；双手插入裤兜中；双手背在背后；叼着香烟在人群中，边走边乱弹烟灰；多人同行时，勾肩搭背，或指手画脚，或大呼小叫，或蹦跳奔跑。

2. 一般常规

【正确做法】

☑ 在狭窄通道（如走廊、楼道、自动扶梯等）上行走，一般应靠右行。

☑ 与他人同行，原则是以前为上，以中间为上，以内侧为上。

☑ 同向行走，遇领导、长辈、客人、女士时，宜主动站立一旁，让其先行。不得已而要超过时，须先致歉意，再加紧步伐从左侧超越。

☑ 相向行走，对面遇熟人时，要微笑点头致意或问好，主动让道。若相距较远，可微笑点头致意或举手致意。尽量避免从谈话的人群中间通过。

☑ 在人多的路上，要控制行走的速度，不要挡住后面的人。

☑ 向人告辞时，应先向后退步（如图3-37），再转身离开（如图3-38），如有必要则把门关上（如图3-39）。

☑ 一般情况下，在室内行走应轻而稳，不要跑动。如遇急事，宜快步行走。在悼念活动场合，步履应稍沉重、缓慢。身处庆典、喜宴等场合，则应轻松、愉快。

图3-37 退步

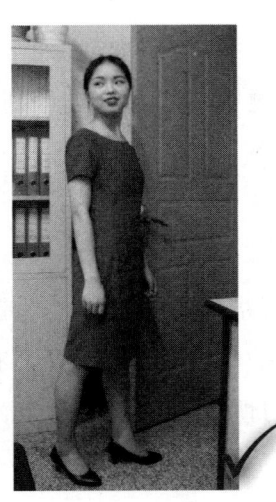
图3-38 转身离开

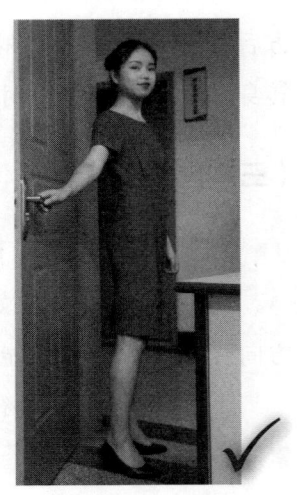
图3-39 把门关上

【不当做法】

- ❌ 在狭窄通道（如走廊、楼道、自动扶梯等）上行走，大摇大摆走在中间，不靠右行，不自觉让行。
- ❌ 与他人同行，不懂得表达尊重。与熟人相距较远时，就高声叫喊，惊扰他人。
- ❌ 不重场合，任意从谈话的人群中间穿过；横冲直撞超越他人。
- ❌ 多人行走时排列成横排，妨碍后面的行人；勾肩搭背，嘻嘻哈哈，边走边摇晃身体。
- ❌ 在人多的路上，不注意控制自己行走的速度和位置，挡住前后的行人。
- ❌ 边吃边走。
- ❌ 遇到装扮特别的人，盯视对方，指指点点，随意大声议论。

六、得体的蹲姿

蹲姿，在幼儿教育工作中的使用频率较高。因为幼儿教师教育、服务的对象是幼小的儿童，所以幼儿教师常常需要蹲下身子，与幼儿彼此"平等"相待。这样才能赢得孩子们的信任与好感，使其乐于与教师配合，共同完成幼儿教育任务，从而让孩子们快乐、健康地成长。比如，当教师见到一个哭泣的幼儿并想帮助他时，教师蹲下来与他交谈，和教师站着与他交谈，从幼儿的角度来看，感受是完全不一样的，幼儿对教师的接受程度也是完全不一样的。

此外，一个人的蹲姿是否文雅、美观，会直接影响到他人对自己的看法和评价，也会影响到与他人交往的效果。例如，在公共场合，当一位先生或女士的东西掉到地上时，他（她）很随意地分开两腿，弯腰，撅臀，躬身把东西拾了起来时，我们不会感觉到美观、优雅与礼貌。若女性是身着短裙，还可能走光露底，甚是不雅。

幼儿教师要想让蹲姿大方得体且便于工作，就必须了解关于蹲的基本礼仪。

（一）适用情况

在工作中，幼儿教师通常在以下情况下采用蹲姿。

- 工作的需要。幼儿教师在与幼儿、家长或其他社会人士交流的过程中，为方便工作、礼敬于人，可以采用姿态文雅的蹲姿，如：引导单个幼儿时,在需要从低处拿起物品的时候;在对自己的工作台进行准备、整理的时候;当客人坐处较低,又需要为其递送物品的时候。
- 捡拾地面上的物品。当自己或他人的物品落到地面上,不宜弯腰躬身去拾取时,宜采用下蹲的姿态。
- 照顾自己。当需要照顾一下自己,比如要整理一下自己的鞋袜时,可以采用蹲的姿态。

(二)蹲姿规范"三要点"

1. 上体正

【正确做法】

☑ 下蹲时,上体尽量保持正直,两腿合力支撑上体。蹲下后,做拾物等动作时,上体宜稍向一侧(如图3-40)。

图3-40 正确蹲姿

【不当做法】

☒ 下蹲时,上体左摇右晃;蹲下后,弓腰驼背。

2. 屈膝下蹲

【正确做法】

☑ 下蹲时,双膝弯曲,逐渐放低身体,这样方显大方优雅。

【不当做法】

☒ 下蹲时,采取弯腰、躬身的姿态,而不双膝弯曲。

3. 臀位向下

【正确做法】

☑ 下蹲时不低头、不翘臀,臀部保持向下的状态,这样可给人文明、礼貌之感。

【不当做法】

☒ 一边低头,一边翘臀,弓腰驼背蹲下(如图3-41)。

图3-41　不当蹲姿1

(三)常用蹲姿

1. 高低式

高低式蹲姿的要求是:下蹲时,左脚在前,右脚靠后。左脚完全着地,右脚则前脚掌着地,脚跟提起。左膝高于右膝,右膝内侧可靠于左小腿内侧,呈左高右低的姿态。臀部向下,上体微前倾,基本上用左腿支撑身体。女教师应双腿紧靠,男教师则可适度地分开双腿。倘若拾取左侧的物品,则姿态相反(如图3-42)。

此方式是平常使用最多的一种蹲姿,易操作且姿势优美。男教师和身穿裤装的女教师使用时往往更为方便。

图3-42 高低式蹲姿

2. 交叉式

交叉式蹲姿的要求是：下蹲时，右脚在前，左脚靠后。右腿在上，左脚在下，交叉重叠。右小腿垂直于地面，全脚着地；左膝由右腿后下方伸向右侧，左脚脚掌着地，脚跟抬起。两腿前后紧靠，呈双腿交叉的姿态，合力支撑身体。臀部向下，上体微前倾。倘若拾取左侧的物品，则姿态相反（如图3-43）。

此方式主要适用于女性，尤其适合穿着短裙的女性。它姿势优雅，但操作难度稍大。

图3-43 交叉式蹲姿

3. 半蹲式

半蹲式蹲姿的要求是：下蹲时，双膝略微弯曲，身体稍许前倾，臀部向下。身体呈半立半蹲的姿态。身体的重心放在一条腿上，两腿之间不宜分开过大。

此方式主要适用于行进之中，多为临时采用。

4. 半跪式

半跪式蹲姿的要求是，下蹲后，一腿单膝点地，脚尖着地，臀部坐在其脚跟上。另一条腿则全脚着地，小腿垂直于地面。两腿呈一蹲一跪的姿态。双膝向外，双腿宜尽力靠拢。

此方式与半蹲式一样，属于一种非正式的蹲姿，主要适用于下蹲时间较长或为了用力方便之时。

（四）注意事项

- 不要突然下蹲。下蹲时，切勿速度过快。当行进中需要下蹲时，应记住这一点。
- 不要方位失当。在他人身边下蹲时，最好是与之侧身相向。正面面对他人或背部对着他人，都是不礼貌的。
- 不要距人过近。在下蹲时，应与身边的人保持一定的距离。与他人同时下蹲时，更应注意双方的距离，以防迎头相撞。
- 不要随意滥用蹲姿。工作中，在毫无需要的情况下采用下蹲的姿态，会给人以造作虚假之感。在公共场合，不要蹲在椅子上、台子上，不要蹲着休息。
- 不宜动作过大。身穿短裙、短衫或低胸装的女教师下蹲时一定要有所遮掩，避免春光乍泄，给人轻浮、卖弄、缺乏教养之感（如图3-44）。

图3-44　不当蹲姿2

七、友善的手势

手势是通过手和手指活动传递信息的一种体态语言。手势的表现力很强,在传递信息、表达意图、表现感情方面发挥着重要作用。人们常常借助各种手势表达个人的思想和情感。

幼儿教师适当地运用手势语,既可以增加表达的形象性,又能增强情感的表达;既有助于与幼儿进行交流,又可以辅助指导幼儿的活动。

(一)手势规范"三要点"

1. 表达尊重

每一个手势都有其约定俗成的含义,不能乱用,以免产生误解,引起麻烦。

一般认为,掌心向上的手势有一种诚恳、尊重他人的意义。掌心向下的手势意味着不够坦率、缺乏诚意等。在工作中,幼儿教师应自觉规范自己的手势动作。

【正确做法】

☑ 在指示方向、引导或递接物品时,应采用掌心向上、五指并拢、摊开手掌的手势(如图3-45)。

图3-45 正确手势

【不当做法】

☒ 在指示方向、引导时乱点下颌，或单用食指指点。在递接物品时，采用扔的方式或伸手就抓。

2．运用准确

为避免因手势运用不当而引发交际双方的沟通障碍，甚至产生误会，幼儿教师在运用手势时必须重视手势运用的准确。

不同的手势表达不同的意思，使用的手势与语言表达的意思要一致。如，鼓掌一般与表达欢迎、鼓励、喝彩、祝贺等语言含义相配合，但若鼓掌时用力过猛，或缓慢地长鼓不停，则有起哄、捣乱或故意挑逗之嫌。

有时同样一种手势，在不同的国家、不同的地区、不同的民族，其含义也不相同。这是由于文化、习俗的不同导致了手势含义的差异。因此，幼儿教师在使用手势时一定要注意其含义的差异，千万不能乱用。

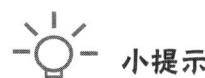 小提示

不同手势的含义

"O"形手势。即圆圈手势，19世纪流行于美国。"OK"的含义在所有讲英语的国家是众所周知的，但在法国"O"形手势代表"零"或"没有"，在日本代表"钱"，在一些地中海国家用来暗示一个男人是同性恋者，在中国这个手势用来表示"零"。

竖大拇指手势。在英国、澳大利亚、新西兰等国，竖大拇指代表搭车，但如果大拇指急剧竖起，则是侮辱人的信号。在表示数字时，上述国家用大拇指表示"5"。在中国，竖大拇指是积极的信号，通常是指高度的赞扬。

"V"形手势。第二次世界大战期间，英国首相温斯顿·丘吉尔推广了这个手势，表示胜利，在非洲的大多数国家也是如此。但如果手心向内，在澳大利亚、新西兰、英国则是一种侮辱人的信号，代表"up yours"（去你的）。在欧洲各地也可以表示数字"2"。

塔尖式手势。这一手势具有独特的表现风格，自信者、高傲者往往使用它，主要用来传达"万事皆知"的心理状态，是一种消极的人体信号。

背手。英国皇家的几位主要人物以走路时昂首挺胸、手背身后的习惯而著称于世。显然这是一种拥有至高无上的权威、自信或狂妄态度的人体信号。将手背在身后还可起到一定的"镇定"作用，使人感到坦然自若，还会赋予使用者一种胆量和权威。

3. 使用适度

与人交流时，可以根据谈话的内容辅以一定的手势，以帮助表情达意。

【正确做法】

- ☑ 手势的动作幅度应控制，一般高度应不超过头部，低位不下腰部，横向不超过80厘米。手势使用准确、规范、适度，才能给人优雅大方、彬彬有礼的感觉，才会让人体会到我们的尊重与礼貌。

【不当做法】

- ☒ 手势的动作幅度过大，使用的频率过高，手舞足蹈，滥用手势，会给人眼花缭乱、粗俗、无教养的印象，让人产生反感。
- ☒ 手势与语言、表情、身体动作不协调，会给人一种装腔作势的感觉。

（二）手势的种类

手势一般分为情绪性手势、象形性手势、象征性手势和示意性手势。

- 情绪性手势。幼儿教师在教育活动中会使用一些情绪性手势，来传递思想感情，流露情感和态度。如：拍手，表示欢迎、鼓励或赞赏。
- 象形性手势。幼儿教师在教育活动中也会使用一些象形性手势来辅助教学。如：双手合成一个圆圈来描述圆形。这样的表述生动、形象，易于幼儿认知。
- 象征性手势。幼儿教师在教育活动中还会使用一些象征性手势，来表达一些抽象的事物和概念。如：紧握拳头，用力上举，表示"我们一定会成功"；伸开双臂向上向前，代表"迎接未来"等。
- 示意性手势。除了上述手势的运用，幼儿教师在人际交往中使用频率最高的是示意性手势。如：竖起拇指，表示"你真棒"；摊开双手，表示真诚与坦率，或示意某种无奈等。

（三）指示手势的规范

在与人交往中，常用示意性手势表达具体的内容、方位等。其中，使用频繁的指示手势的具体规范如下。

- 手的姿态。摊开手掌，五指伸直并拢。掌心斜向上方，手掌与地面成

45°左右的角。腕关节伸直,手与前臂成直线。
- 手的位置。一般而言,手位在头位与腰位之间,手势的高低随示意距离的远近而变化。
- 身体姿态。身体挺直,且稍前倾,肩不上提。
- 面部表情。目视来宾,面带微笑,体现出对宾客的尊重、友好和欢迎。
- 在指示方向时,面部要兼顾指示的方向和引导的对象。在指示的方向明确后,宜面向交流的对方,以了解指示的内容是否让对方明了,对方还有何需要帮助。

(四)几种常用手势

1. 请进

迎接他人时,应站立一旁,先鞠躬或握手问候,再抬手横摆到身体的侧前方,向对方示意"请进"(如图3-46)。微笑友好地目视对方,直到其走过,再放下手臂。

2. 引导

为他人引路时,宜走在其左前方2～3步前,用规范的手势引路(如图3-47)。让对方走在路的中央,并与其步伐保持一致,适当地做些介绍。

图3-46 示意"请进"

图3-47 为他人引路

若指引方向，应先礼貌地回答来宾的询问，并用手势指引方向。尽可能地将客人带到适当的地方，再用手势指引方向，眼睛应兼顾指的方向和来宾，直到来宾表示清楚了，再放下手臂。

3．请坐

请他人入座时，面带微笑，目视对方，用一只手摆动到腰位线下，使手与手臂向下形成一条斜线，指向座位，表示请入座（如图3-48）。

图3-48　请他人入座

4．递接物品

递送物品与他人时，应手掌向上，用双手举至胸位线以上，并使用礼貌的言辞；接收他人物品时，也应手掌向上，用双手轻而稳地接过，并使用礼貌的言辞。若一手无空，则宜用右手接、送。

八、专业的举止

培根说，行为举止是心灵的外衣。幼儿教师的一举一动都是其自身修养、学识、才智的最明显的表征。规范、得体的行为举止，不仅能展示幼儿教师良好的外在美，也是幼儿教师心灵美的最自然的流露，更是幼儿模仿、学习的好榜样。

（一）上下楼梯

- 上下楼梯时，靠右行走，注意让出左侧通道。
- 头正、背直，一步步上下，轻声慢行。不弯腰弓背，手撑大腿，也不宜一步两三级。
- 遇尊长、客人、女士、幼儿时，应主动以扶手一边相让。上楼时，走在其后；下楼时，可先在前面一两级。若是上下旋转型楼梯，身穿短裙的女性应注意避免走光的风险，上楼梯时宜走在后面，下楼梯时宜先行一步。
- 不要在楼梯上催促他人，而应绕过去。

（二）搭乘自动扶梯

- 搭乘自动扶梯时要注意安全，一般应遵守左行右立的规则，尽量不妨碍他人。
- 不要让幼儿单独搭乘自动扶梯。若与幼儿同行，应告诉幼儿搭乘自动扶梯的安全常识，注意协助幼儿的行动，确保其安全搭乘。

（三）使用电梯

- 等候电梯。等电梯时，不要站在电梯门正前方，应视具体情况站立于电梯门两侧，避免妨碍他人走出电梯。进电梯后，应往里走，靠边站。出电梯时，应礼让长者、尊者、客人、女士或幼儿。
- 乘坐无人驾驶的电梯。引导者或陪同人员宜先进入电梯，并一手按住"开"键，一手挡住电梯门，护佑尊者、长者、客人、女士或幼儿进入后，再负责按楼层数字。当电梯抵达时，应请尊者、长者、客人、女士或幼儿先走出电梯，自己留在电梯内，一手按住"开"键，一手挡住电梯门，以示尊重和保护。当大家离开电梯后，自己再快步跟上。
- 乘坐有人驾驶的电梯。当有人驾驶电梯时，引导者或陪同人员则应后入后出。电梯抵达时，自己若挡道，也可先出，站立门旁，以手扶电梯门，等待尊者、长者、客人、女士或幼儿出来后再行。

（四）进出房间

- 欲进入他人房间，房门关闭时，需要先轻叩房门，或有节奏地按门铃，或喊"报告"，得到允许后方可进入；若房门呈打开状，也应门外站立，轻叩房门，得到允许后才能进入（如图3-49）。
- 进入房间，走向主人，主动问候对方，或随引领前往。勿随意触碰、翻动室内物件。
- 适时告别。告别主人时，宜后退两步，再转身离开，方显礼貌与尊重。
- 走出房门时，应随手轻轻地将门关好。
- 若引领客人进出房间，应主动为其开关房门，让其先进先出，并为其引路、做介绍。

图3-49　轻叩房门

（五）递接物品

1．递送物品

【正确做法】

☑ 递交文件、图书、报纸、名片、商品等有文字或图片的物品时，应将其正面朝向对方，双手递上（如图3-50）；递剪刀、美工刀、签字笔等尖利物品时，应将尖头朝向自己，双手递上（如图3-51、图3-52、图3-53）。要方便对方使用，同时防止意外，以示尊重和照顾。

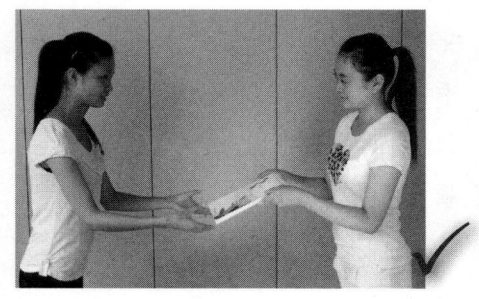

图3-50　递交图书正确姿势

图3-51　递剪刀正确姿势

第三章 仪态规范显修养——幼儿教师仪态的礼仪规范

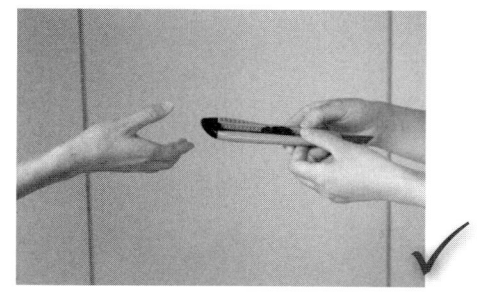

图3-52 递美工刀正确姿势

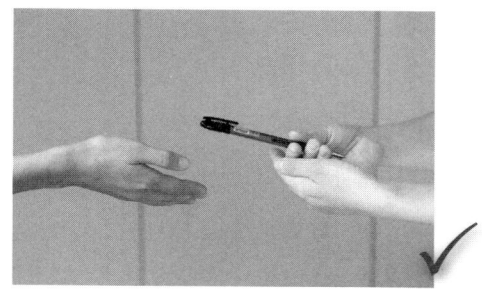

图3-53 递签字笔正确姿势

【不当做法】

☒ 随意递送，没有考虑方便对方，尊重对方。可以用双手时，采用单手递送。递剪刀、美工刀、签字笔等尖利物品时，将尖头朝向对方递上，没有考虑对方的安全或照顾对方（如图3-54、图3-55、图3-56）。

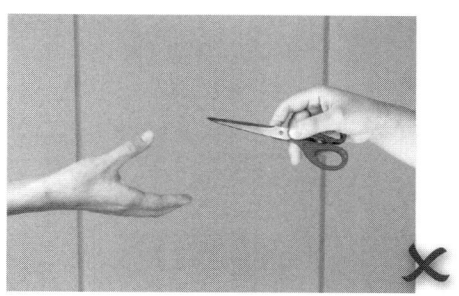

图3-54 递剪刀不当姿势

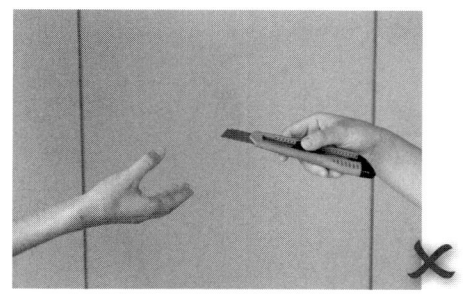

图3-55 递美工刀不当姿势

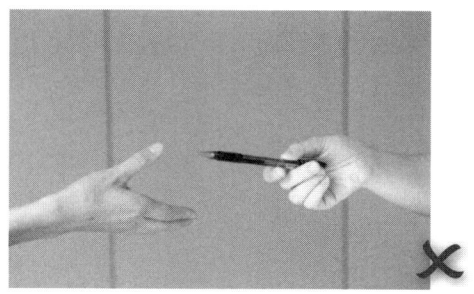

图3-56 递签字笔不当姿势

2. 接收物品

【正确做法】

☑ 应将对方递过来的物品恭敬地用双手接过，并点头示意或致谢。若一手无空，则宜用右手接过。

【不当做法】

☒ 接收对方递过来的物品时随意单手接过，不表达谢意。

（六）接待与引领

【正确做法】

☑ 接待客人或家长时，注意"三轻"：走路轻、说话轻、动作轻。

☑ 引导客人或家长时，一般应保持130°左右的角度，侧身向着对方，尽量让对方走在道路中间或内侧方（如图3-57）。若引导人数较多，则宜保持两三步的距离。在转角处应稍停，以手示意方向。在有障碍处，用语言和手势给对方友好的提示。

图3-57 引导客人或家长

【不当做法】

☒ 接待客人或家长时，走路声响，说话声大，动作过大，发出异响；躬身时，用臀部对着他人；用身体挡在谈话者之间。

☒ 引导客人或家长时，背对客人或家长，自顾自往前走，不注意引导对方；在转角处不停留，不用手势示意方向；在有障碍处，不用语言和手势给对方提示。

（七）保持距离

交际者之间以空间距离传递信息，也称界域语。它是人际交往的一种特殊的无声语言。在与他人交往的过程中，保持适当距离，保证私人空间不受干扰，这一点非常重要。研究表明，人体周围都有一个属于自己的个人空间，犹如其身体的延伸，人际交往只有在这个空间允许的限度内才会显得自然。否则，一旦冲破这个限度，就会使交往双方或某一方感到不自在或不安全，进而做出本能的反应。

【正确做法】

☑ 在人际交往中，不要与不熟悉的人靠得太近。让人感到舒服的距离，是约一臂的间隔。

☑ 为表达尊重，未经许可绝不随便触碰他人及其轮椅、手杖、提包等私人物品。帮助残疾人、老年人、幼儿时，征得其同意后再行帮助。

【不当做法】

☒ 与不熟悉的人一起时，距离太近，挤占他人空间；距离太远，迫使对方抬高嗓门，这样既费力，又不方便。

☒ 出于好意，强行帮助残疾人、老年人或幼儿，这样可能会招致其不悦、反感或不满。

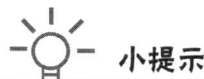 小提示

距离的正确表达式

（1）私人距离。小于50厘米至无距，以示亲密。这个距离允许存在身体的接触，只有夫妻、情侣、父母与子女之间或非常亲密的朋友之间才会产生。

（2）交际距离。50～100厘米，既有安全感，又方便交流。在日常交谈中，常用此距离。

（3）礼仪距离。1.5～3.5米，既表示尊重，又较为独立、自在。常用于一般社交、展示物品、介绍物品、引导他人或谈判等场合。

（4）公共距离。在公共交往中，站在3.5米之外，不会被人误会。对于不认识的人而言，你不会被其怀疑窃听、窥视等。在接待、服务中它属于待命距离。

（八）工作或公共场合忌用的仪态

在工作或公共场合，幼儿教师的仪态应力图做到大方、文明、端庄、优雅，不能出现以下仪态：指手画脚，拉拉扯扯，手舞足蹈，评头论足；当着别人的面抠牙（如图3-58）、挖鼻孔（如图3-59）、打哈欠（如图3-60）、伸懒腰（如图3-61）或嚼口香糖；当着别人的面搔痒、抓挠身体的任何部位；当着别人的面脱鞋、脱衣裤；把纸、笔或其他物品弄响，如敲桌子、玩手、碰膝、玩笔等；不加控制的狂笑、傻笑等。对于从事部分定岗工作的幼儿教师而言，不可随意走动，或挤在一起闲聊，不得擅自离开岗位。

图3-58 抠牙

图3-59 挖鼻孔

图3-60 打哈欠

图3-61 伸懒腰

"夫礼者,自卑而尊人。"

——《礼记·曲礼》

"谋于长者,必操几杖以从之。长者问,不辞让而对,非礼也。"

——《礼记·曲礼》

第四章

礼节周到喜相见——幼儿教师见面礼宾的礼仪规范

人们常说，良好的开端是成功的一半。见面是人与人之间交往的第一步，这时给对方留下的印象，会直接影响到与对方交往的深度和广度。为了给他人留下美好的第一印象，取得人际交往的成功，就必须注意与他人见面时要遵循的礼节规范和行为准则，即见面礼仪。

幼儿教师运用见面礼仪，绝不只是一种外在的表现形式，它具体而真实地体现了幼儿教师的礼宾修养、对他人的尊重程度、与他人交往的能力，是幼儿教师学识、才智、素质和价值观的外在表现。

问候致意、鞠躬握手等见面礼仪，是打开人际交往通道的重要环节，是幼儿教师与幼儿、家长以及所有见面者的最美的礼遇。礼貌的开端，会让幼儿教师赢得尊重与信任。

一、恰当的称呼

与人交谈，称谓当先，方显尊重。

称呼不可随意。幼儿教师在工作中与他人见面时，应该面带微笑；与之交流前，应及时、主动、热情地称呼对方，然后再开始交谈。无称呼或称呼不当，都是失礼的表现。正确使用合乎礼仪的称呼，可以体现自己的修养和风度，架起愉快交流的桥梁。

（一）称呼的作用

要正确使用称呼语，我们应该首先了解称呼在人际交往中的重要作用。

- 称呼能够反映出个人与他人的亲疏关系。人际交往中，称呼能够很明显地体现出人与人之间的关系和感情。若双方关系很亲近时，往往会采用亲属性称呼，有时称呼会比较随便。若双方关系比较疏远，则称呼往往比较谨慎，显得郑重其事。
- 称呼能够体现出个人对他人的基本评价。称呼实际具有鲜明的褒贬性。尊重对方，多使用尊称。轻视对方，则多使用有失敬意的蔑称。
- 称呼能够反映出个人自身情感的变化。当一个人心情愉快时，称呼他人往往充满友善和亲近；当一个人情绪低落时，对于他人的称呼则会有意无意地表现出距离或冷漠。
- 称呼能够展示出个人与他人的地位差异。在正式场合称呼他人时，往往会按照职务、辈分等使用称呼，这样就会显现出自己与对方的地位的差异。

（二）正确选用称呼

称呼必须符合对方身份、年龄、性别、职业等具体情况。例如，对长辈、尊者、教师或初次见面者，最好用"您"而不用"你"，以示礼貌。

1. 生活中常用的称呼

- 使用尊称。为表示尊敬，通常对长辈称"您""某老""您老"等，对尊者、平辈称"您"，对晚辈称"你"。
- 姓名称谓。一般用于长辈对晚辈、平辈之间，或年龄、职务相仿的交往对象，如同事或好友、熟人之间。通常采用直呼姓名或称呼"老+姓""大+姓""小+姓"，如"武丽""老武""大武""小武"。只称其名，不呼其姓，通常限于同性之间，尤其是上司称呼下级、长辈称呼晚辈，在亲友、同学、邻里之间，也可使用这种称呼。不要随便拿别人的姓名开玩笑，要尊重一个人，必须学会从尊重他的姓名开始。戴尔·卡耐基曾说："一个人的姓名是他自己最熟悉、最甜美、最妙不可言的一种声音。"在人际交往过程中，特别是在接待幼儿及家长的工作中，幼儿教师能记住幼儿及家长的姓名，不仅是一种优质服务的体现，更是其社交魅力的展示。
- 亲属称谓。采用亲属类称呼，以辈分、小名等相称，这样称呼显得很亲切、亲近，易于联络感情，建立良好关系，如"爷爷""奶奶""叔叔""阿姨""大哥""小妹""豆豆"，等等。

- 性别称谓。对成年的男性均可称为"先生"。对于女性,已婚者且有一定政治地位或经济地位的可称为"夫人",戴有结婚戒指者亦可称为"太太";对不了解其婚姻状况的女性,可称为"女士";对未婚女性,可称为"小姐"。具体称呼时,宜在前面冠以姓氏或职业。

2. 工作中常用的称呼

工作中的称呼是指在正式场合中常采用的正规的称呼语,主要适用于初次交往、因公交往和对外交往的场景。采用正规的称呼语,可表示对被称呼者的敬意,表现郑重、正式的氛围。

- 行政职务性称呼。只采用职务称呼或者称呼"姓+职务""姓名+职务",如"园长""张园长""张芳园长"。
- 专业技术职称性称呼。只采用职称称呼或者称呼"姓+职称""姓名+职称",如"教授""李教授""李远明教授"。
- 职业性称呼。只采用职业称呼,或者称呼"姓+职业""姓名+职业",如"老师""黄老师""黄佳老师"。
- 学术性称呼。只称呼"学衔"或者称呼"姓+学衔""姓名+学衔",如"博士""吴博士""吴航博士"。
- 组织生活中的称呼。一般采用"姓+同志""名字+同志""姓名+同志",如"李同志""小明同志""李小明同志"。

(三)选用称呼的规则

- 考虑双方关系。称呼他人时,幼儿教师必须考虑清楚自己与对方的关系。关系不同,则使用的称呼语也应该有所区别。
- 考虑所处场合。称呼他人时,一定要兼顾双方所处的具体场合。在不同的场合里,同样的关系,彼此所使用的称呼语往往会有所不同。在正式场合或者在外人面前,应该采用正规的称呼;在非正式场合或者在自己人面前,则往往采用生活中的称呼。

(四)称呼的禁忌

幼儿教师在人际交往中,为了使自己对他人的称呼不失敬意,应当避免以下情况。

- 无称呼。发话之前，应称呼在先，以示尊敬。
- 使用绰号称呼他人。在公共场合，以绰号相称，既显得过于随便，也是不尊重他人的表现。带侮辱性质的，更应该杜绝使用。
- 地方性称呼。有的称呼具有地域性的限制，在一定区域内它具有约定俗成的含义，而在其他地区使用时，常常会招致不同的理解。如："爱人"一词，在中国常用于对配偶的称呼，但在境外常被理解为"情人"。
- 替代性的称呼。有人为图方便，常常用数字或某些个人特征来称呼他人，这是一种轻慢、不礼貌的表现，如"五号""眼镜""胖子"等。
- 滥用行业性的称呼。"师傅""伙计""老板"等，只适用于某个特殊的行业。如果超出了这个行业却这样称呼，则显得不伦不类。
- 误读姓名。一般表现为念错被称呼者的姓或名，如多音字"单""查"。在第一次接触交往对象中，若有不能确认的字，一定要做好前期准备，必要时虚心准备、不耻下问，以达到尊敬他人的目的。

二、问候与致意

问候致意礼是人际交往中使用最频繁、最广泛的一种礼仪。

（一）问候致意礼的顺序

谁先施礼？这体现了尊重的态度。

一般讲究的顺序是：问候对方，位低者先行。

晚辈、下级、学生、主人、男士，宜先行问候致意于长辈、上级、老师、客人、女士。问候多人时，应由尊而卑，依次问候或者统一问候，如"同学们好""各位好"。这样做能够体现处于较低地位的一方对对方足够的尊重与重视。当然，双方见面时都应主动问候对方，而不必一定要对方问候了自己之后才致以问候。

幼儿教师作为幼儿园的工作人员，应该首先向幼儿家长及幼儿或来宾问候致意，以示欢迎与尊重。

（二）有声语言——问候与寒暄

问候，就是人们在相逢之际打招呼；寒暄，即应酬之语。在多数情况下，二者应用的情景都比较相似，都是作为交谈的"开场白"来使用的。从这个意义上讲，二者之间的界限往往难以确定。与对方问候致意，应根据不同的情况选择不同的方式。

1. 问候

问候，多见于熟人之间打招呼。使用频率最高的是："您好！""你好！""上午好！""晚上好！""去哪儿？""忙什么？""身体怎么样？""家人都好吧？"

牵涉个人私生活、个人禁忌等方面的话语，最好别随意作为问候。例如，一见面就问候人家——"跟朋友吹了没有？"或者"现在还吃不吃中药？"，这样会令对方反感、不悦。

2. 寒暄

双方近距离相遇而又无须深谈时，可以驻足寒暄。寒暄的主要用途，是在人际交往中打破僵局，缩短人际距离，向交谈对象表示自己的敬意，或借以向对方表示乐于结交之意。

- 寒暄语与生活中的吃、喝、睡等有关，比如，中国人见面习惯问对方："你吃过了吗？""你还没有歇着呀？"
- 寒暄语与对方正在进行的活动有关，比如，"你正看书啊！"
- 寒暄语与想要了解对方的内容有关，比如，"上班去吗？"
- 寒暄语与夸耀对方有关，比如，"你的发型真棒！"
- 寒暄语没有具体的内容，常以天气等作为话题，比如，"今天的风真大。"

3. 将寒暄与问候合二为一

随着生活节奏的加快，为了节省时间，人们往往将问候与寒暄合二为一，以一句"您好"或"你好"来代替。

（三）无声语言——致意

有时，我们会用无声的姿态、动作传递问候的情谊。其表达方式有：微笑致意、起立致意、举手致意、点头致意、欠身致意、脱帽致意等。

常用形式有：看见他人时，常以微笑致意；客人临门，常以起立致意；距离稍远，常以举手致意；表示相识，常以点头致意；宴请中来人，常以欠身致意；路遇交谈，男士常以脱帽致意……

无声致意的方式常常同时使用。如举手致意，既可用手势表示，也可伴以起立、微笑，还可以同时使用相关的言辞。看见熟识的家长、幼儿、同事、朋友，而自己正在忙碌，无暇分身相迎时，向较远处的熟人打招呼时，接待来宾，表示准备好为其服务等意时，往往都会举手致意。举手致意的正确做法是：面带微笑，目视对方；手臂向体侧上方伸出，手臂弯曲；致意时伸开手掌，掌心向外对着对方，指尖指向上方；手臂不要向左右两侧来回摆动。

三、鞠躬与握手

鞠躬与握手，是现代生活中人们见面时，表达对对方尊敬的最常使用的两种礼仪形式。

（一）鞠躬礼

鞠躬是人们用来表示对人恭敬而普遍使用的一种礼节，常用来表达致敬、问候、迎送、致谢、道歉、悼念等。既适用于庄严肃穆、喜庆欢乐的仪式，又适用于一般的社交场合、服务场合。随着社会文明程度的提高，鞠躬礼在社交、服务中的使用越来越频繁，常用来表达对他人的敬意或深深的感激之情。

1．鞠躬礼的顺序

一般讲究的顺序是：位低者先行。一般由接待人员、晚辈、下级、学生、服务人员等施行。晚辈、下级、学生、主人、男士，宜先行向长辈、上级、老师、客人、女士鞠躬问候，对方可适当回应。这样做，能够体现处于较低地位的一方对对方足够的尊重与重视，是问候者个人修养的体现。

幼儿教师作为幼儿园的工作人员，应该首先向幼儿家长或来宾鞠躬问候或鞠躬相送，以示热情与尊重（如图4-1）。此外，还应教导幼儿向家长和老师施礼问候或告别。

2. 鞠躬的规范

- 准备鞠躬时，距受礼者2～3步。双脚并拢，呈端庄的站姿，保持身体端正、挺直。面带微笑，目视对方。手指自然并拢，双手放在身体两侧或在体前搭好。

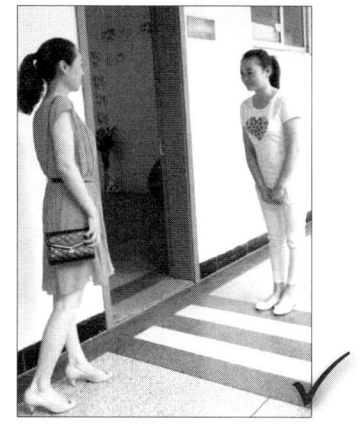

图4-1 向家长或来宾鞠躬问候

- 鞠躬时，脖子及背部挺直，以腰部带动上体向前倾斜，视线随身体自然下移，双手自然向膝头慢慢滑下。还应同时致以问候"您好"等敬语。声音要热情、亲切、甜美，并且与动作相协调。
- 鞠躬完毕时，恢复端庄的站姿，目光要回到对方的脸上。

3. 鞠躬的种类

鞠躬礼的角度大小有所讲究，一般而言，上身倾斜程度越大，表示越谦恭。鞠躬的深度、时间和次数要视彼此身份、地位、相识程度具体而定。

鞠躬礼一般分为90°、45°、30°和15°。

- 90°鞠躬礼。它也叫大鞠躬，身体弯曲度大约90°，属最高礼节。一般适用于比较特殊的场合，如婚礼、悼念、谢幕等，又如三鞠躬或悔过、谢罪等特殊情况。
- 30°～45°鞠躬礼。施礼时以腰部带动上体前倾30°～45°，表示郑重、谦恭、欢迎、致谢等含义。通常为下级向上级，学生向老师，晚辈向长辈，以及服务人员对来宾表示致意时所用。
- 15°鞠躬礼。即上体前倾至15°左右，视线下移不明显，表示问候和致谢等。运用于一般的应酬，常与问候、介绍、握手、递物、让座、让路等同步施行。幼儿教师在迎送家长及幼儿时，通常采用15°鞠躬礼，以示礼貌。

4. 注意事项

- 鞠躬时应先脱帽，用右手握住帽檐中央，将帽取下，左手自然下垂。
- 鞠躬时应倾身，不能只点头，上体要向前直弯下去。
- 鞠躬时视线应随身体下移，不能翻起来看着对方。
- 鞠躬前后应正视受礼对象。
- 鞠躬时，应正确地呼吸。宜随着上体下弯时吸气，躬身到位后数"一、二"吐气，接着一边吸气一边抬起上体。如果起身过快，就会显得草率。
- 鞠躬时嘴里不能吃东西，应嘴唇微闭。
- 鞠躬时忌扭扭捏捏、装腔作势。
- 一般应站着行鞠躬礼。如果坐着时见到客人、领导、长辈到来，应立即起立，鞠躬行礼。如在办公室里见到一般来客，而手上的工作离不开时，可坐着点头致意。

（二）握手礼

握手是世界上最流行、最常见的见面礼仪，常用以表示友好、和善、应酬、寒暄、欢迎、道别、感谢、祝贺、慰问和安慰等。幼儿教师可通过握手向家长、来宾及其他社会人员表达问候、欢迎等。

1. 握手的顺序

握手的顺序要遵循尊者为先、长者为先、女士为先的优先原则。

- 一般来说，见面握手时，职位高者、年长者、女性、早到者和主人先伸手。职位低者、年轻者、男性、晚到者和客人应见面先问候，待对方伸手后再伸手相握。如对方不伸手，点头微笑示意即可。
- 若身份、年龄相仿的男士或女士之间，则谁先伸手为有礼。若双方身份是交叉的，在职场和公务场合，身份明确，上级先伸手；双方身份不明确，则应按女士优先原则由女士先伸手。接待来访者，应由主人首先伸出手来与客人相握，表示"欢迎"；在客人告辞时，则应由客人首先伸出手来与主人相握，表示"再见"。
- 若一个人要与许多人握手，那么有礼貌的顺序是：先上级后下级，先长辈后晚辈，先主人后客人，也可由近及远，或按顺时针方向从身体的右侧方开始，逐一握手。

2. 握手的规范

- 握手时，双目应微笑着目视对方，神情专注，姿态自然，微笑点头，然后相互握手。通常同时打招呼，相互问候"你好""很高兴认识你""久仰"等。

- 握手时，两足立正，距对方约一步，上身微微前倾，右臂自然向前伸出右手，四指并拢自然伸直，虎口约张开20°（如图4-2）。掌心相对时，握住对方的右手（如图4-3）。力度适度，上下微动，3～5秒钟为宜（如图4-4），礼毕即松开。

- 握手时，一般握力以2千克左右为宜。在手部触摸时我们能够感受到对方的态度。有一定力度且时间较长的握手，表示的是热情和真诚；而轻轻一握即分开，则表示应付、敷衍、冷淡。在与异性以及初次相识者握手时，不可用力过猛。

图4-2　伸出右手

图4-3　掌心相对而握

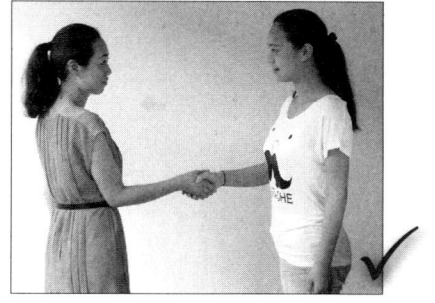

图4-4　把控好力度和时间

3. 握手的方式

- "平等式握手"：与人握手时以手掌垂直于地面最为适当。它表示自己不卑不亢。
- "友善式握手"：与人握手时掌心向上。它表示自己谦恭、谨慎。
- "控制式握手"：与人握手时掌心向下。它表示自己感觉甚佳、自高自大。一般不宜使用。
- "手套式握手"：年轻者对长者、尊者或上级应稍微向前欠身，双手握住对方的手以示尊敬。此种方式的握手不适用于初识者或异性，因为它有可能被理解为讨好或失态。
- "死鱼手"：在与人握手时，毫不用力，没有什么反应。它表示爱搭不理，会使对方感到缺乏诚意、怠慢无礼。

4. 握手的注意事项

- 不跨门槛握手。不能一只脚站在门里，一只脚跨在门外握手。
- 向他人行握手礼时，只要有可能，就应起身站立。除非自己是长辈或女士。
- 握手时双目不能斜视或环视其他、东张西望，而应注视对方。让两手相握时，通过双方的目光形成一个情感的"闭合回路"。
- 不要在握手时戴着墨镜，只有着晚礼服、婚礼服等套装戴纱手套时例外，或将另外一只手插在衣袋里，也不能在握手时另外一只手依旧拿着东西而不肯放下。
- 不要用左手与他人握手，尤其是在与少数民族人士或外国人士打交道时更要牢记此点。
- 不要在握手时面无表情，不置一词，好像根本无视对方的存在，而纯粹是为了应付。
- 不要在握手时长篇大论，点头哈腰，显得过分客套。
- 不要在握手时仅仅握住对方的手指尖，好像有意与对方保持距离。即使对异性，也不要这么做。
- 不要以不清洁或患有传染性疾病的手与他人相握，更不能在与人握手之后，立即揩拭自己的手掌。
- 与多人握手，不要争先恐后，而应当依次而行，切忌交叉握手。
- 不要拒绝与他人握手。无论对方是否应该先伸手，都应马上伸手相握，拒绝他人的握手是失礼的。

四、其他礼节

除以上问候致意、鞠躬与握手等使用最多的礼节外，我国和世界上的其他国家还有多种形式的见面礼节。幼儿教师应了解其中使用频率较高、运用面较广的部分礼节，以便在需要时大方应对，而不至于失礼于人或让人见笑。

（一）揖礼

揖礼是中国人传统的见面行礼方式。躬身一揖，体现了中国人自谦而敬人的品格特质。

在古代，揖礼通常是官员以及贵族常用的见面礼节，比如敬天祈福、敬拜尊长等，是诚厚、庄重之礼。近年来，为弘扬我国优秀的传统礼仪文化，揖礼被广泛运用在各种仪式活动（如成人礼、拜师礼、中式婚礼等）中。

"见面不握手，作揖更有礼"，是2020年以来为阻挡新冠病毒传播掀起的又一股"新国潮"。与会者见面施揖礼，日常问候施揖礼，引领着健康文明的新风尚，成为现时最健康、最卫生、最安全的中国式见面礼仪。

1. 施礼的方式

- 行揖礼时，身体挺直，肩平背立。眼神自然，目视对方，面带微笑。
- 男士双脚自然分开，约一拳的距离，不过肩宽。女士以并腿为宜，夹臀收腹。
- 双手置于胸前，五指并拢，平掌相叠，大拇指相对。所有手指不能翘起。肘部微屈，两个手臂犹如环抱。
- 一般情况下，男子左手在外，右手在内；女子右手在外，左手在内。若遇丧事行礼，则正好相反。
- 施礼时，腰部带动身体自然前倾，头、眼随身体自然前倾，双手往前推。

- 起身时，双手收回，面带微笑，眼神自然地注视对方，礼毕。

2. 常见的揖礼形式

- 共立。适用于平辈之间的行礼。行礼者，手向前推，腰部带动身体和头部，身体前倾15°。
- 肃立。适用于晚辈对尊者、晚辈对长辈、低职位者对高职位者行礼。行礼者，手向前推，腰部带动身体和头部，身体前倾45°。
- 迎立。迎立是长辈在晚辈对自己行礼后的一种回礼。双臂往胸前内拉，颔首致意，用于表达对晚辈的喜爱。
- 卑立。卑立也称垂佩。适用于正式隆重的场合，如祭孔仪式、祭拜祖先等。行礼者，手向前推，腰部带动身体和头部，身体前倾90°，表情庄重。

（二）拱手礼

拱手礼和揖礼相近，都是我国传统的见面礼仪。在古代，拱手礼一般为庶民多用的生活礼节，后来成为我国独具特色的民间传统见面礼节，多用以表达对他人的尊敬、问候、感谢和祝福等。

1. 施礼的方式

拱手礼的正确做法是：行礼时，双腿站直，上身直立或微俯，左手在上，右手握拳在下，两手合抱于胸前，双目注视对方，同时用相拱的手向对方有节奏地晃动两三下，并微笑着说出问候、祝福等，如"过年好""恭喜恭喜""久仰久仰""请多多关照""后会有期"，等等。

值得注意的是：行拱手礼时，男子是用左手扶抱右手，而不是右手扶抱左手；而对女子而言，则是右手在上，左手握拳在下。若遇丧事行礼，则正好相反。

2. 施礼的场合

在我国，拱手礼通常用于以下场合：每逢春节等重大节日，邻居、朋友、同事见面时，常拱手以表祝愿；团拜会上，大家欢聚一堂，互相祝愿，常以拱手致意；婚礼、生日、庆功等喜庆场合，来宾也可以拱手致意的方式向当事人表示祝贺；双方告别，互道珍重时可用拱手礼；有时向对方表示歉意，也可用拱手礼表示。

【特别提示】

平辈之间施拱手礼,或在朋友相见、参加公司活动、参加民间活动等场合施拱手礼,显得自然而贴近生活。

拜访长辈、参加重大仪式或在其他正式场合宜施揖礼,以示尊敬、隆重。

(三)拥抱礼

拥抱礼流行于西方,是欧美等国家的一种十分常见的见面礼节与道别礼节。拥抱礼还可以表示慰问、祝贺以及欣喜等。在一些国家和地区,人们相见时先行握手礼,再行拥抱礼,以示热情和友好。

行礼时,两人相对而立,上身稍稍前倾,各自右臂偏上,左臂偏下,右手环拥对方左肩部位,左手环拥对方右腰部位,彼此头部及上身向右相互拥抱,最后再向左拥抱一次。拥抱时还可以用右手掌轻拍对方的左肩,以示亲热。

【特别提示】

施行拥抱礼这种见面礼之前,必须了解对方的习俗,如在阿拉伯国家男女之间是不能施行拥抱礼的,在非洲的部分国家也不能施行拥抱礼。

(四)亲吻礼

亲吻,是源于古代罗马的一种常见的西方礼节。人们常用此礼来表达爱情、友情、尊敬或爱护。行此礼时,往往与一定程度的拥抱相结合。

不同身份的人,相互亲吻的部位有所不同。

- 长辈与晚辈之间,宜吻脸、额头或下颌;平辈之间,宜贴面;夫妻、恋人或情人之间,宜吻唇。
- 在公开场合,关系亲密的女子之间可吻脸,男女之间可贴面,长辈对晚辈可吻额头,晚辈则吻长辈的下颌。
- 行吻手礼,一般在室内,男子对尊贵的女子可吻手指或手背,主要是男士向已婚女士表示的一种敬意。
- 在许多国家的迎宾场合,宾主往往以握手、拥抱、左右吻脸、贴面颊的连续动作,表示最真诚的热情和敬意。

（五）合十礼

合十礼又称合掌礼，即双手十指相合为礼，属佛教礼节，通行于印度和东南亚信奉佛教的国家与地区，我国傣族聚居区也用合十礼。

合十礼的具体做法为：双腿直立，头略低，神情安详、严肃；双掌十指在胸前相对合，十指并拢向上，指尖与鼻尖基本持平，手掌向外侧倾斜。行合十礼时，可以问候对方或口颂祝词。

一般来说，行礼时，合十的双手举得越高，越体现对对方的尊重，但原则上不可高于额头。

日常生活中，人们常常双手合十，用来祈祷、祝福，或表示感谢、感恩等。僧侣见到佛像时，双手合十表示对佛祖的尊敬，僧侣间也常用双手合十来问候对方。如遇僧侣问候时，人们也要用双手合十来表示对对方的尊敬，十指相合，手心相对，且合于心口。

（六）脱帽礼

出于对他人的尊重，见面时男士如戴有帽子，应摘下帽子或举一举帽子，向对方致意或问好。若与同一人在同一场合前后多次相遇，则不必反复脱帽。女士戴的装饰性帽子则例外。

除适用于见面问候之外，脱帽礼还适合于其他场合，如升挂国旗、演奏国歌，进入他人居所或办公室，步入宴会厅、娱乐场所等地时，都应该施行脱帽礼，以示郑重、尊敬。

（七）举手注目礼

举手礼起源于中世纪的欧洲。当时，骑士们常常在公主和贵妇面前比武，在经过公主的座席时，他们还要唱歌来赞美公主，歌词往往把公主比作光芒四射、美丽绝伦的太阳。因此，武士们看到公主时总要把手举起来做挡住太阳的姿势。久而久之，就演变成举手到眉的"敬礼"了。

现在，举手礼已经演变成一种常见的见面礼仪，在学校、军队中使用频繁，如升旗仪式和阅兵仪式等。此外，在公共场合遇到熟人但彼此相距较远，或在急促行走时对面相遇，也可举起右手向对方招呼致意。

值得注意的是，举手和注目应该同步进行，否则是一种严重的失礼行为。

五、自我介绍

在社交活动中，如欲结识某些人或某个人，而又无人引见，如有可能，即可向对方自报家门，自己将自己介绍给对方。如果有介绍人在场，自我介绍则被视为不礼貌。

（一）自我介绍的方式

自我介绍时应先向对方点头致意，得到回应后再向对方介绍自己的姓名、身份、单位等。

- 应酬式。适用于某些公共场合和一般性的社交场合，这种自我介绍最为简洁，往往只包括姓名一项即可。
- 工作式。适用于工作场合，介绍的内容包括本人姓名、供职单位及其部门、职务或从事的具体工作等。幼儿教师在与家长的初次见面时，可用此方式介绍自己。
- 交流式。适用于社交活动中希望与交往对象进一步沟通与交流。介绍的内容大体应包括本人姓名、工作、籍贯、学历、兴趣及与交往对象的某些熟人的关系。幼儿教师需要与家长进一步交流时，可用此方式介绍自己。
- 礼仪式。适用于讲座、报告、演出、庆典、仪式等一些正规而隆重的场合。介绍的内容包括本人姓名、单位、职务等，同时还应加入一些适当的谦辞、敬辞。
- 问答式。适用于应试、应聘和公务交往。问答式的自我介绍，应该是有问必答，别人问什么就答什么。

（二）自我介绍的语言

进行自我介绍的常用语言是："我叫×××，是××幼儿园小一班的老师。""恕我冒昧，我是××幼儿园的×××。""您就叫我×××好了。"

在非正式场合，自我介绍要注意一些细小的礼仪环节。比如，甲与乙正在交谈，你想加入，而你们彼此又不认识，你就应该选择甲和乙谈话出现停顿的时候再去自我介绍："对不起，打扰一下，我是×××。""很抱歉，可以打扰一下吗？我是×××。""你们好，请允许我自己介绍一下……"如果你参加一个集体性质的活动迟到了，你又想让大家对你有所了解，你就应当说："女士们，先生们，你们好！对不起，我来晚了，我是×××，是××幼儿园的老师，很高兴和大家在此见面。请多关照。"

（三）自我介绍的礼节要求

- 注意把握好介绍的时机。要抓住时机，在适当的场合进行自我介绍。当对方有空闲，情绪较好，又有兴趣时，就不会打扰对方。
- 控制好时间。自我介绍要简洁，尽可能地节省时间，以半分钟左右为佳。为了节省时间，做自我介绍时，还可利用名片、介绍信加以辅助。
- 讲究态度。进行自我介绍时，态度一定要自然、友善、亲切、随和。应做到大方得体、彬彬有礼。语气要自然，语速要正常，语音要清晰。
- 善于利用好自己的身体语言。表情应自然、亲切，眼睛应注视对方，要善于用眼神、微笑和亲切的面部表情来表达渴望结识对方的愿望。
- 诚实与诚恳。进行自我介绍要实事求是，真实可信，不可自吹自擂，夸大其词。

六、为他人介绍

介绍是人与人之间增进沟通、增进了解、建立联系的基本方式，介绍能够有效地缩短人与人之间的距离，还能帮助个人扩大社交圈子，结交新朋友并加快彼此之间的了解。在公众场合，当不认识的双方见面后，宾主就应相互介绍。

为他人介绍，是经第三者为彼此不相识的双方引见、介绍的一种方式。为他人介绍通常是双向的，要将双方均做一番介绍。

（一）为他人介绍的时机

在下列情况下，幼儿教师应主动为他人做介绍。

- 在幼儿园或家里，接待彼此不相识的客人或访客。

- 本人的接待对象遇见了其他不相识的人士，而对方又与自己打了招呼。
- 与家人外出，遇到家人不相识的同事、朋友，而对方又与自己打了招呼。
- 打算推荐某人加入某一方面的交际圈。
- 受到为他人做介绍的邀请。
- 陪同上司、长者、来宾时，遇见了其不相识者，而对方又与自己打了招呼。
- 陪同亲友去拜访亲友不相识者。

（二）介绍的顺序

在正式场合，介绍的一般顺序是：尊者居后被介绍。

- 先把地位低者介绍给地位高者，再把地位高者介绍给地位低者。这种介绍顺序适用于正式的介绍场合，特别是职业相同的人士之间。
- 先把年轻人介绍给年长者，再把年长者介绍给年轻人。这种介绍顺序适用于同性之间，或者年龄差别较大的人士之间。
- 先把男士介绍给女士，再把女士介绍给男士。这种介绍顺序通常适用于社交场合，或正式场合中同年龄、同地位的人士之间。
- 先把主人介绍给客人，再把客人介绍给主人。宜将内部人员先介绍给来宾。如，应先向家长介绍自己的同事。这种介绍顺序也适用于来宾众多的场合。当主客身份、地位差距过大时可例外。
- 先把未婚者介绍给已婚者，再把已婚者介绍给未婚者。值得注意的是，如果介绍人对双方的情况不够清楚，千万不要贸然行事，以免失礼。
- 先把个人介绍给集体。当有新人加入集体时，在初次见面的时候，负责人可以采取这种介绍方式。当老师把新同学介绍给班级的孩子们时，宜先把新同学介绍给大家，再为新同学逐一介绍班级的孩子们。有时，因为时间限制，只向大家介绍新同学。在特殊场合，由于双方的身份地位差距较大，可以先把大家介绍给职位高的一方。

【特别提示】

为他人介绍，要先了解双方是否有结识的愿望，不要贸然行事。为他人介绍时还可说明与自己的关系，便于新结识的人相互了解与信任。

（三）介绍的语言

1. 有声语言

在介绍中，先称呼谁的名字，谁就是尊者。如："××女士，您好！请允许我为您介绍一下，这位是天使幼儿园的唐浩老师。""唐老师，这位是××公司的××女士。"

2. 身体语言

【正确做法】

☑ 作为介绍人，向谁介绍，眼睛就要注视着谁；保持端庄的站姿，站在被介绍人之间；要有礼貌地以手示意，手心斜向上，五指伸直并拢，胳膊向外微伸，斜向被介绍者（如图4-5、图4-6）。

图4-5　介绍他人

图4-6　被介绍双方握手

【不当做法】

☒ 作为介绍人，介绍时眼睛不注视着交流的对方，且用手指指点点、拍拍打打，而不是以手势示意。

3. 注意事项

● 介绍前。介绍者一定要征求一下被介绍双方的意见，切勿开口就介绍，显得唐突，让被介绍者感到措手不及、心情不悦。当被询问时，一般不应拒绝。若实在不愿意时，则应说明理由。

- 介绍时。介绍人和被介绍人都应起立，以示尊重和礼貌。待介绍人介绍完毕后，被介绍双方应微笑点头示意或握手致意。在社交场合，妇女和年长者可以不起身。在宴会、会议桌、谈判桌上，视情况，介绍人和被介绍人可不必起立，被介绍双方可点头微笑致意。
- 介绍完毕后。被介绍者双方应依照合乎礼仪的顺序握手，并且彼此问候对方。问候语有"你好，很高兴认识你""久仰大名""幸会幸会"，必要时还可以进一步做自我介绍。

七、递接名片

交换名片体现了双方感情的沟通，表达了愿意友好交往下去的意愿。在人际交往中，名片发挥着各种用途，如：方便自我介绍，这是名片的基本功能；便于结识新友，保持联系等。

（一）名片递交的顺序

- 一般由地位低者先向地位高者递交名片，年轻人先向长辈递交名片，男士先向女士递交名片，客人先向主人递交名片。
- 若同时与多人交换名片要讲究顺序，由尊到卑，或由近到远，不可跳跃进行。在圆桌上应按顺时针方向进行。

（二）交换名片的方法

交换名片，宜在与人初识之时进行，也可以在交流愉快，双方希望进一步沟通或者告别时进行。

- 递送名片时，应起身站立，双手的大拇指和食指捏住名片下端，注意文字的正面正对对方，将名片递交与人，同时还应口称："请指教"或"多多关照"。
- 接收他人名片时，应毕恭毕敬，起立，双手向上接收，并要说声"谢谢"。如有可能，则接过名片后，首先要从头至尾将它通读一遍，以示敬重之心。之后放入衣袋或名片夹内。

（三）递交名片的注意事项

1. 存放合理

在外出前将名片放在容易拿出的地方，以便需要时迅速掏出。一般男士可将名片放在西装上衣内的口袋里或公文包里，女士可将名片置于手提包内。

2. 讲究场合

一般而言，在商业性质的横向联系和交际中，在社交的礼节性拜访中，以及在表达交往愿望的场所，可以递交名片。

3. 掌握时机

如果是初次见面，相互介绍之后可递上名片；若是比较熟识的朋友，可在告辞时递交。

4. 双手递接

为表达对对方的尊敬，一般应双手递上名片，特别是下级递给上级、晚辈递给长辈、男士递给女士时更应如此（如图4-7）。

5. 递出名片要大方得体

递名片时，动作要洒脱、大方，态度要从容、自然，表情要亲切、谦恭，要面带微笑，同时还要说些友好、客气的话语（如图4-8）。

图4-7　递名片正确姿势1

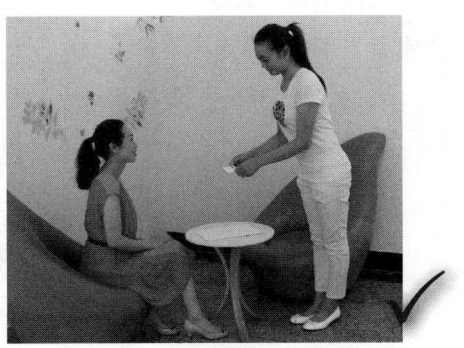

图4-8　递名片正确姿势2

6. 接受名片要体现重视

接受名片时，应双手接过，认真观看。如果是初识，不妨将名片上的重要内容读出，以表示对递交名片者的尊重，同时便于加深印象。看完名片后要郑重地将其放在名片夹里，并表示谢意。如果是暂放在桌子上，切忌在名片上放其他物品，也不可漫不经心地放置一旁，告别时千万不要忘记带走。

7. 礼貌应对

在对方递给你名片之后，如果自己没有名片或没带名片，应当首先向对方表示歉意，再如实说明理由。如："很抱歉，我没有名片。""对不起，今天我带的名片用完了，过几天我会亲自寄一张给您。"

如对方向你索要名片，可礼貌地递上自己的名片。倘若你实在不想满足对方的要求，也不要直言相告，为了让对方不失面子，你可以表达得委婉一点。通常可以这样说："对不起，我忘了带名片。""不好意思，我的名片刚才用完了。"

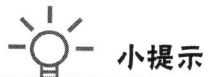 小提示

索 取 名 片

向他人索要名片最好不要直来直去，可委婉索要。

方法之一，是"积极进取"。可主动提议——"×先生，我们交换一下名片吧"，而不是单要别人的。

方法之二，是"投石问路"。即先将自己的名片递给对方，以求得其"呼应"。

方法之三，是虚心请教。例如，可以说"今后怎样向您求教"，以暗示对方拿出自己的名片来交换。

方法之四，是呼吁"合作"。例如，可以说："以后如何与您联系？"这也是希望对方留下名片。

"君子以仁存心,以礼存心。仁者爱人,有礼者敬人。爱人者人恒爱之,敬人者人恒敬之。"

——《孟子·离娄下》

"礼不妄说人,不辞费。礼不逾节,不侵侮,不好狎。"

——《礼记·曲礼》

第五章

讲究用语畅交流——幼儿教师进行语言交流的礼仪规范

语言交流是人与人之间传递信息的主要手段，也是幼儿教师与幼儿及家长、领导及同事、家人和社会人员增进了解、交流思想和培养情感的重要手段。同时，它还是一种增长见识、获取间接经验的常规形式。

成功的人际交往活动往往依赖于成功的语言交流。而要进行成功的语言交流，幼儿教师就必须遵循语言交流的礼仪，讲究语言交流的艺术。

一、礼貌的用语

语言交流是幼儿教师传递信息、建立和改善人际关系的一个重要通道。"良言一句三冬暖，恶语伤人六月寒。"若要把握好语言交流艺术，幼儿教师首先就应该熟练地掌握基本礼貌用语的运用形式。

所谓礼貌用语，是指人们约定俗成的表示谦虚、恭敬的专门用语。运用好基本的礼貌用语可以使我们显得更加彬彬有礼、文雅大度。

幼儿教师在交谈中多使用礼貌用语，是赢得他人好感、获得他人尊敬和理解的最为简单易行的好方法。

另外，我们要知道，与任何人进行面对面的交谈，都是一种对等关系。以礼待人，才能显示出自身的人格尊严，又能够满足对方的自尊需要。因此，在交谈中要随时随地有意识地使用礼貌用语，这是文明人应当具备的基本素养，也是以敬人之心表达尊重的基本方式。

（一）嘴边常挂H.P.T.S

语言交流中，最常用的、使用频率最高的中英文礼貌用语是：

● "你好"——"Hello"。

- "请"——"Please"。
- "谢谢"——"Thank you"。
- "对不起"——"Sorry"。

1．你好——Hello

"你好",是一句表示问候的简洁通行的礼貌用语。

遇到相识者或不相识者,不论是深入交谈,还是打个招呼,都应该主动地向对方先问候一声"你好"。如果对方先问候了自己,我们也要以此来回应对方。

为了表示对家长、长辈、领导、宾客等的礼遇,用"您好"能够表示更加尊敬。但在使用时需要注意的是:"您好"表示的往往是对一个人的问候。如果对方是一人以上,要一起打招呼时,应该使用"你们好",而非"您们好"。

2．请——Please

在礼貌用语中,使用频率最高的是"请"字。在任何需要麻烦他人的时候,"请"都是一定要放在语言开头的礼貌用语。

善用"请",是能够比较自然地把自己的位置降低,而把对方的位置抬高,从而满足对方求尊意识的最好方法。比如"请进""请问""请讲""请坐""请留步""请用茶""请稍候""请转告""请慢走"等。这些用语中的"请"字并不是多余的,而是必需的。有了这个"请"字,话语瞬间变得委婉而礼貌。

在幼教工作或活动中,当需要提出某项要求或需要使用命令式的话语时,如果使用这个"请"字,就表明你主观上没有凌驾于他人之上的意思,而只是出于工作或活动的需要而为之,同时,这样做会使你显得分外有教养,可使对方乐意听从你的要求或命令。

3．谢谢——Thank you

"谢谢"是个很有魔力的礼貌用语。它能够带给他人愉悦,也能够彰显自我的修养。

在与幼儿和家长以及其他人的交往中,能够正确地运用这两个字,就会使你的语言充满魅力。因为人们都愿意生活在洋溢着亲切和尊重他人的气氛里。无论别人——哪怕是我们的亲人——为我们做了什么,道一声"谢谢",都会温暖人心。

应当注意的是,感谢必须是真诚的。道谢时,应面带微笑注视着对方,还要及时注意对方的反应。当对方对你的感谢感到茫然时,你要用简洁的语言向他道出致谢的原因,这样才能使你的道谢达到目的。出乎意料的道谢,当别人没想到或者感到未必值得感谢时,一句"谢谢",会使对方倍感温馨。

当你得到别人的道谢时,要礼貌地及时回应。应面带微笑注视着对方,并礼貌地回应。你可以这样说:"您客气了。""不用客气。""没什么,别客气。""谢谢您夸奖。""您过奖了。""我很乐意帮您的忙。""为您服务是我的荣幸。""您的满意是我最大的幸福。"

4. 对不起——Sorry

"对不起"是化解问题,调和双方可能产生的紧张关系的一帖灵药。

凡事稍有打扰,应先说一声"对不起";不小心出了错,应先说一声"对不起";有偶发情况影响到他人,应先说一声"对不起";需要借道先行,应先说一声"对不起"……说声"对不起",对方的自尊心得到了满足,自然就不会计较什么了。

无论是在日常生活中,还是在幼儿教育工作中,"对不起"三个字的用途都很多,作用也很大。不忘记使用这三个字,我们的生活将会减少很多不愉快。

【特别提示】

使用"对不起"时,切忌缺乏诚意。道歉最重要的是诚意,是如何把道歉的心意向对方表达清楚。

 小提示

我国公民素质教育大力推行的"十字礼貌用语"

——与人见面时用"您好";

——请人帮忙时用"请……";

——接受他人帮助时用"谢谢";

——有过失向人表达歉意时用"对不起";

——与人告别时用"再见"。

（二）合理使用客套话

在人际交往中为了表达对对方的尊敬，我们常常运用一些应酬的套语，即所谓的客套话。客套话往往是人际交往中的润滑剂，能够减少摩擦和噪声。礼敬他人的话大家都爱听，而且在必要的场合，客套话不是可有可无的，而是重视、尊重对方，展示自我修养的必要方式。

请人帮忙，说一声"劳驾"；迎接贵客，讲一句"恭候光临"。这些都能够显示你的礼貌周到、谈吐文雅、气度不凡。正如培根所说，得体的客套同美好的仪容一样，是永久的荐书。

在幼儿教师的日常工作中，"客套"有时是应酬需要，有时是工作常用语言，用于表达对家长和宾客等的尊重、理解与体谅。例如："欢迎光临。""谢谢您的高见。""让您久等了。""欢迎您常来坐坐。"彬彬有礼、热情洋溢的话语，一定会让对方感到如沐春风、温暖无比。

客套话绝不是套话。能否根据不同场合、不同对象把客套话说好，取决于你能否注意观察各种情况的细微差别，调整自己的客套用语。幼儿教师学习和运用好客套话，对平时的人际交往和从事的幼儿教育工作都会大有帮助。

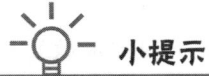 **小提示**

常用的客套话

初次见面说"久仰"；好久不见说"久违"；等候客人用"恭候"；宾客来到称"光临"；未及欢迎说"失迎"；起身作别称"告辞"；看望别人用"拜访"；请人别送用"留步"；陪伴朋友用"奉陪"；中途告辞用"失陪"；请人原谅说"包涵"；请人批评说"指教"；求人解答用"请教"；盼人指点用"赐教"。

欢迎购买说"惠顾"；请人受礼称"笑纳"；请人帮助说"劳驾"；求给方便说"借光"；麻烦别人说"打扰"；托人办事用"拜托"；向人祝贺说"恭喜"；赞人见解称"高见"；对方来信称"惠书"；赠人书画题"惠存"；尊称老师为"惠师"；称人学生为"高足"；请人休息说"节劳"；对方不适说"欠安"。

老人年龄说"高寿"；女士年龄称"芳龄"；平辈年龄问"贵庚"；打听姓名问"贵姓"；称人夫妇为"伉俪"；称人女儿为"千金"。

二、声音的讲究

传播学界认为,在一个人给公众的第一印象中,视觉因素占55%,声音因素占38%,语言因素占7%。由此可见一个人声音形象的重要。

(一)声音就是形象

声音的表现力非常强。一个人的魅力有相当一部分是通过声音体现的,悦耳的声音形象能够为幼儿教师增添光彩。好的声音是一种氛围,能感染他人;也是幼儿教师风度、修养的展现,是幼儿教师形象的修饰,是幼儿教师人际交往成功的关键。

交谈是沟通与交流最普遍的形式。西方学者把声音称为"沟通中最强有力的乐器"。一个动听的声音应该是饱满而充满活力的。既能充分传递自己的思想、感情,又能调动他人的认知、情绪。音质宽厚醇美、语调抑扬顿挫,可以散发出独特的性格魅力,美化幼儿教师的形象,并且能够保持幼儿及其他交往对象对幼儿教师的积极的注意,从而提高沟通与交流的效果。

(二)声音形象是赢得尊敬与信任的基础

声音是传递思想、文字、信息、情感的载体,我们通过声音来传递我们的教养、学识、才智、态度和热忱,良好的声音形象是建立敬重感和信赖感的基础。

在交谈过程中,幼儿教师的语速、音质和声调等是幼儿教师形象塑造的要素之一,也是传递信息的重要符号。同一句话,说时和缓或急促,柔声细语或粗声大嗓,商量语气或颐指气使,面带笑容或板着面孔,在幼儿的世界里其含义会相差万里,其教育效果会大相径庭,幼儿及家长等对该幼儿教师的印象、情感及评价也会相差甚远。

中国人喜欢热闹,不少中国人在说话时不注意控制声音,尤其是在公共场合大声喧哗,干扰、影响他人,会给人留下缺乏教养的不良印象。

幼儿教师要根据对象、场合适时调整声音,学会控制自己的声音。如果在与人交谈时试着把声音降低一点,会收到意想不到的效果,更能吸引人们的注意,并博得信任和尊敬。

（三）塑造良好声音形象的技巧

声音的讲究远远比一般人想象的作用要大得多，而且声音运用得好坏，往往会使交谈效果迥异。说话是一种艺术，要想把话说好，首先要运用清晰的声音正确地表达自己。

在幼儿教育工作中，幼儿教师的语音、语调、音色、音量、停顿、语速等均是传递信息的重要因素。讲究交谈艺术，让幼儿及家长等易于接受和认可，就必须注意以下声音方面的技巧。

1．语音清晰

沟通与交流要顺畅，首先幼儿教师的发音必须正确、清晰易懂。口齿不清，发音不准，满口地方方言，会严重影响内容的表达，甚至根本无法沟通与交流。

幼儿教师肩负着对幼儿进行普通话启蒙教育的工作任务。幼儿园工作用语必须使用普通话，这是幼儿教育的基础语言要求。国家语言文字工作委员会1997年颁布的《关于普通话水平测试管理工作的若干规定（试行）》指出："师范系统的教师和毕业生，普通话水平不得低于二级。"一口标准流利的普通话是幼儿教师必备的职业基本素质，是幼儿教师给人第一个良好印象的名片和载体。

中国有十大方言片区，有56个民族，随着经济的快速发展，不同地区的人们聚集在一起共同工作、生活。还有为数不少的外国朋友也来到中国。唯有使用全国通用的普通话才能够顺应这种国际化、市场化的经济社会的需求，才能够让大家相互清晰地了解彼此语言的意义。

幼儿教师说普通话，不仅是从事幼儿教育工作的语言要求，而且有利于人际沟通与交流，提高交际效果。从某一个角度来看，一口标准流利的普通话，也是幼儿教师的知识、能力与形象的外在表现。

2．调谐语调

语调是指说话时语音的高低、升降、轻重的变化。说话人根据传情达意的需要，加上自身的年龄、文化、气质、修养等方面的因素，在进行口语表达时，声音或快或慢，或高或低，或缓或急，或轻或重等，这就形成了升调、平调、降调和曲调等各种各样的语调。语调本是说话人思想感情的自然流露，一般来讲，有什么样的思想感情，说话时就会带什么样的语调。从一个人说话的语调中，可以了解到他的思想情绪。

正是由于语调在停顿、重音、速度、升降上的丰富变化，使我们说话的声音能够表达出各种委婉、复杂、细致、微妙的思想感情。因此，幼儿教师在说话时要特别注意得体地使用语调。特别是面对年幼的孩子们，语调一定要和缓、轻柔。要站在孩子们幼小年纪的立场，考虑他们接收和理解的能力，充满爱心和耐心地合理运用语调，进行有效的沟通和交流。坚决杜绝大呼小叫、厉声呵斥等不良语调。

3．控制音色

音色又叫音质，就是一个人声音的特色。个人音色的好坏，既有先天的因素，也与后天的训练有关。经过训练，一般人都可以使自己的音色更加纯正。

幼儿教师应通过刻意训练培养自己的音色，使音色明亮、柔和而自然，声音充满热情，还能因为气息长久而传得较远。如此才能充分展现幼儿教师良好的职业素养和职业形象，才能让孩子们乐于听老师的教导，喜欢与老师交流。

4．调节音量

音量是指声音的大小。人们在讲话的时候声音的大小会不断地变化，这种变化不是无目的的、随意的，而是受到了表达内容或者表达感情的制约。

与幼儿及家长等交谈时，幼儿教师要注意以下两点要求。

- 音量要恰当、适度。声音当大则大，当小则小。大，不可大到声嘶力竭的程度；小，不可小到别人没法听清楚的地步。
- 要注意周围环境和他人的感受。说话时，要能够掌控自己的音量，注意保持公共环境的安静，要照顾到交谈对象的情绪、状态和周围其他人的感受。

5．讲究停顿

语言表达中的停顿，主要是由生理原因和语言表情达意的需要来决定的。在语言表达中主要的停顿有换气停顿、语法停顿、逻辑停顿、心理停顿四种。

- 换气停顿，主要是生理方面的需要，即缓气、减弱呼气和吸气的声音。
- 语法停顿，主要是为了区分语言单位。正确地运用了语法停顿，就能使由各种语言单位充当的各种句子成分的关系正确、清晰，否则有可能使表达模糊、错误。

- 逻辑停顿，基本上是出于强调、呼应、转换等方面的需要，目的是使表达更加准确。
- 心理停顿，主要是出于说话者表达情感的需要。在交谈中说话者自己的心理感受的变化，以及希望给予对方的各种心理暗示，都是通过心理停顿体现出来的。心理停顿有时还用于说话者想引起对方的特别注意或者刻意把对方吸引到所表达的内容上来。

幼儿教师在说话时，要善于处理各种停顿，将停顿应用得当，可以使交谈效果增色不少。

6. 语速运用

语速就是说话的速度。在正常情况下，比如叙述、说明、解释时，一般用中速表达；在庄重场合或需要冷静表现时，一般适宜用慢速表达；在需要表达情绪大起大落或需要表现昂扬激荡的情感，或者表达重要的评论时，可以用快速表达。

幼儿教师在进行语速的调整时，应注意与场合、交谈对象、交谈的内容等协调。当我们与幼儿或者老年人交谈时，语速要放慢，不然交流就不能达到我们想要的效果。

7. 微笑着说话

人在微笑时所发出的声音会让对方听起来更加愉快、亲切。幼儿教师与孩子们交流时微笑着说话，孩子们会在轻松愉快的氛围中快乐学习和生活；幼儿教师与家长、同事等交流时微笑着说话，对方会感觉到友好与尊重。

在幼儿教育活动中，为使自己的谈话引人注目、谈吐得体，幼儿教师一定要善于控制和驾驭自己声音的大小、轻重、高低、快慢等。掌握了控制声音的方法，才能够提高运用声音传递情绪和情感的能力。通过提高嗓音的亲和力、感染力，可塑造美好的声音形象，进而提升幼儿教师的专业形象，赢得自信。

三、迷人的倾听

善于倾听是成功交流的铁律。

（一）善于倾听的魅力

成功的社交者，首先应该是一位优秀的听众。用心倾听对方的谈话，有利于人与人之间的沟通和共鸣。倾听是金。你如果能全神贯注地聆听他人倾诉衷肠并善解人意，就一定能够赢得对方的好感和信任。

善说，还必须要善听。从言语交际的角度而言，要使口才表达获得理想的效果，一定要处理好说与听的关系。俗话说："说三分，听七分。""会说的，不如会听的。""老天爷赐予我们两只耳朵，却只有一张嘴，就是为了少说多听。"可见倾听在口语交际中的重要性。

幼儿教师与家长、同事等打交道，要会说，要能够正确地表达自己的思想、感情。而会说的前提则是会听，正确地意会家长、同事等的语言，才能使沟通与交流顺畅、真正有效。

（二）倾听的重要性

人际交往中，倾听和说话都同等重要，有时倾听甚至比说话更重要。

● 善听容易使对方感受到尊重，从而消除误会，平息不必要的感情冲动。当某位家长有异议时，幼儿教师一味着急地去解释、分辩，那么结果可能是家长难以平息怨气，事态可能会进一步扩大。若幼儿教师能够耐心地倾听家长的意见，那么家长会感觉得到了尊重、重视和理解，这有助于下一步的商议和调解。

● 善听是洞察人们心扉的手段，可以增加对他人的了解。特别是与幼儿及家长初次见面时，由于彼此陌生，幼儿教师要了解幼儿成长环境等的唯一办法就是聆听家长的介绍，然后根据对方的为人、个性、兴趣、情绪以及他对自己的印象等，决定谈话的方向和方式。

● 善听是集思广益、获取更多信息的保证。俗话说："兼听则明，偏听则暗。""智者善听，愚者善说。"善听可以提高说话人的兴致，鼓励说话人更好地讲下去，使我们源源不断地获取各种信息。如果你在听话时心不在焉、东张西望，或目光呆滞、态度冷漠，那么开口说话者就会失去说话的兴致。

善听是走向善说的捷径，是幼儿教师有效沟通与交流的最重要的一项基本功。

（三）有效倾听的技巧

1. 听清

听别人说话，最重要的就是要集中注意力，听清对方说的是什么。没听清楚，就无从理解，更谈不上反馈。要听清说话的内容，既要注意听语音，又要注意听语义（包括词汇和语法）。还要从整体出发，抓住说话的本意和主旨，切不可断章取义。

幼儿教师要听清对方说的话，就要专心致志，聚精会神，细心聆听；如果注意力不集中，漫不经心，就会左耳进、右耳出，无法正确理解对方的话，自然就无法有效交流。

2. 听记

记即记忆。记忆是人脑对经历过的事物的反映。它通过识记、保持、再认或回忆三个基本环节来实现。在交流中，要充分利用我们的记忆力。只听不记，或前听后忘，自然无法听解，也就失去了"听"的意义。语言交流不同于书面交流，后者一遍看不懂可以再看，一次记不住可以再读。而前者语流快，转瞬即逝，如果缺乏记忆的能力，随听随忘，就没法交流。

幼儿教师在与人交流时要注意听记。要排除杂念，注意力集中。要自觉培养心记的习惯，有时还可借助于手记。此外，还要提高记忆的兴趣，提高自己对记忆的敏感度。工作中，要努力记住幼儿及家长的姓名、幼儿的习惯和特点等，方便称呼、交流、引导与管理等。

3. 听辨

听辨即辨析，考验我们的理解能力。辨析是在辨别的基础上再加以分析，是理解的基础。

在语言交流中，幼儿教师要注意辨析对方说话的语音的正误、内容的臧否、观念的是非、意图的真伪，然后做出相应的反应。有时由于种种原因，家长不愿直接道出自己的真意，这就需要幼儿教师透过语言的表面，辨析出他说话的真正目的和意义。

4．听懂

倾听的最终目的就是要听懂。倾听能力是包括思维过程在内的高层次智力活动。听懂的中心是对表达内在意蕴的理性悟解，是将听到的内容由感性上升到理性的思维形式，并正确地做出回应。

幼儿教师不可满足于对方语言的表面意思或一知半解。不仅要从所说的话本身，还要从说话的环境、说话者的语气、语调、语速、重音、停顿、目光、手势、体姿等方面去品味他的思想感情、善恶是非，这样才能真正领悟其本意，做出有力的回应。

四、赞美的力量

有人说，傻子只用嘴巴说话，聪明的人用脑子说话，而智慧的人用心说话。

语言交流会自然而然地流露出一个人的思想观念、学识才智和个人修养的水平。交谈是一门艺术。遵守语言交流的礼仪，有助于幼儿教师更好地开展教育工作。

（一）赞美的妙处

赞美，是现代人际交往中不可缺少的润滑剂。发自内心的、真诚的赞美，可以使对方产生亲和心理。因为人人都喜欢赞美，人人都需要赞美。美国作家马克·吐温（Mark Twain）曾说："一句精彩的赞词可以做我十天的口粮。"英国文学家威廉·莎士比亚也说："称赞，就是我的薪俸。"

喜欢赞美，是人的天性。爱听赞美，绝不是虚荣心的表现，而是一种正常的心理需要，是出于人的自尊的需要，是寻求理解、支持与鼓励，渴求上进的表现。经常听到真诚的赞美，明白自身的价值获得了他人和社会的肯定，就有助于增强人们的自尊心和自信心。而我们出于好感和善意，多使用赞美语言，可以让对方的心理得到最大的满足，从而助推我们建立起良好的人际关系，易于沟通与交流。

事实上，承认别人的长处，正说明自己虚怀若谷，说明自己尊重他人、与人为善。

每个人都希望自己被别人肯定、认可，幼儿也不例外。在幼儿教育中，幼儿教师要学会使用赞美的语言，这是教育孩子们最有效的方式之一。若希望孩子们按照一定的行为方式去做，幼儿教师就必须肯定他们积极的一面，鼓励他们继续向好的方面发展。

赞美幼儿，实际上是老师在告诉幼儿："我喜欢你所做的事。""我以你所做的事为荣。""你真棒！"赞美是认同，同时强化了幼儿的行为表现，是幼儿自尊意识的增强剂。幼儿教师对孩子们小小的成功表示赞美，可以强化孩子们获得成功的情绪体验，满足他们的成就欲，能使孩子们的自我感觉良好，同时激发他们继续尝试的兴趣和探索的热情，他们会努力维持这种赞美，希望能够再度获此"殊荣"。

赞美之于人心，如阳光之于万物。人人都喜欢别人赞美，因为这是一种精神享受。在我们的工作中，每个幼儿都有可赞美之处，只要我们用真诚的目光去关注、去发现，就能找出幼儿身上的优点所在，就能够发现幼儿点滴的进步。

（二）赞美幼儿的原则

赞美可以激励幼儿发挥他的潜能，逐步建立自信和信心，努力争取做到最好，帮助其健康成长。赞美是催人向上的最好动力，有效的赞美有时甚至会改变一个孩子生活的道路。当然，赞美幼儿，必须做得恰到好处才能深入心灵，使孩子受到感染，发出共鸣。

1. 真诚

赞美要取得效果，首先必须是真心实意的、发自内心的。

所赞美的内容应该是幼儿确实具有的优良品质和特质特点，不要让幼儿感到你言不由衷，另有所图。事实上，幼儿能够区别假赞美和真赞美，他们分辨得出什么是空洞、言不由衷的赞美，也知道哪些赞美是成人的哄骗和安慰。让幼儿切实感受到老师的关爱，感觉老师注意到自己今天比昨天进步了，辛苦努力的成果被肯定与欣赏，才有可能使赞美成为幼儿持续进步的助力。

2. 准确

准确就是要得体，恰如其分，恰到好处。赞要赞到点子上。

要做到赞美准确，就必须对幼儿进行细致的观察，深入地分析并抓住其特点。切忌张冠李戴、无中生有，夸赞幼儿并不具有的优点、长处。如果赞得过头了，就会有故意吹捧之嫌，幼儿就会感到不自然或者莫名其妙；赞得不够，或者赞得不到位，幼儿会没有多少感觉，也就达不到赞美的效果。

3．及时

赞美如同春雨一样，贵在及时。对于幼儿的每一点进步，无论大小，幼儿教师都要及时给予赞美，而不能拖延。否则，时间过长，幼儿就会淡忘他做过的事，就不能强化幼儿好的行为。通过及时的赞美，使幼儿明确自己哪里做得好，有助于幼儿更好地调整自己的行为，从而达到最佳的教育效果。

（三）赞美幼儿的技巧

1．赞美要具体

赞美要针对幼儿具体的行为、表现和进步，他做了什么，就赞美什么，明确表明老师对他的欣赏，借此传达对他付出的承认、对他的尊重和理解，这是真正的赞美之道。

赞美越是翔实具体，说明你对幼儿越了解，对他的长处和成绩越看重。让幼儿感受到你的真挚、亲切和可信，师幼之间的人际距离就会越来越小。比如，老师说："你今天真乖。"幼儿往往不明白老师所说的"乖"指的是什么。可以这样说："你今天上幼儿园没有迟到，放学时又帮老师收拾玩具和小椅子，你真是个乖孩子。"用这种方法来肯定幼儿守时和助人为乐的好习惯，幼儿就会听得很明白。幼儿教师应该特别强调幼儿令人满意的具体行为，赞美得越具体，幼儿对哪些行为是好行为就越清楚，就越容易了解自己努力的方向。

2．先称呼名字

每个人都会把自己的名字看得很珍贵，会对包含自己名字的话加以格外的注意。记住幼儿的名字，实质上就是对幼儿的重视和赞美。

幼儿教师在赞美幼儿时，先称呼幼儿的名字，可以让他感受到你的赞美是专门针对他的。例如："××，你主动帮助老师布置了餐桌，老师非常高兴。"

3. 当众赞美

最好当众夸奖幼儿,这会让他更有成就感,他会加倍努力地去维护这种荣誉。幼儿教师在全班幼儿或家长的面前夸奖幼儿的成绩、进步、潜力、努力等,对幼儿来说,无异于双重的奖励。例如,老师对全班同学说:"××小朋友很懂礼貌。"以后××就总是十分小心地维持这种赞美,并且养成懂礼貌的好习惯。当与老师见面时,××会微笑着问候"老师好";放学时,××会挥手说"老师再见"。

4. 赞美重新颖

同一个孩子,最值得赞美的,不是他身上早已众所周知的明显长处,而是蕴藏在他身上的既非常可贵又尚未引起重视的优点。这种赞美,为进一步开发他潜在的智慧与力量开辟了一个新领域,有助于他的成长更上一层楼。

内容明确、有特点的赞美,比一般化的赞美可贵,也更为可信。幼儿教师如果能够具体地赞美某个幼儿做成的一两件聪明的事,比起空泛、笼统地赞美幼儿很聪明、能干,更有助于幼儿真正发现并发挥自己的长处和优势,激发其更强的上进心、荣誉感和自豪感。

5. 赞美时不忘提出新要求

在赞美的同时提出新要求,往往能够达到事半功倍的效果。

当幼儿拿着他新创作的一幅作品给你看时,在表扬他努力的同时,你也别忘了提醒他:"如果你把用过的画画工具自己收拾好,那就更棒了。"

(四)对成人的赞美

美国第16任总统亚伯拉罕·林肯(Abraham Lincoln)说:"每个人都喜欢受人恭维。"在人际交往中,人们往往用真诚的赞美和善意的恭维来协调人际关系,以表达自己对别人的重视与尊重,增进了解和友谊。比如,你求人办事时说"这件事一定得请你帮忙!",不如说成:"你一向乐于助人,这件事我想你一定会帮我办好的。"这样说效果更好,而且对方更容易接受。

- 对男士的赞美,往往因年龄而有所侧重。例如,称赞年轻的男士,可以多赞美他的能力和表现。稍上年纪的男士,多喜欢别人赞美他的努力过程、社会地位、实力、成就、气度和信用等。
- 对女士的赞美，则有一个相似点。女士一般比较注重外在和细节方面的感觉，所以赞美其外貌往往占第一位。其次，是称赞其能力、事业成就，职业女性很在乎工作上的表现。再次，是称赞其品位、保养等。

（五）赞美的注意点

使用赞美语言一定要得体适度，不然别人会以为你别有用意。

有时，想矫正对方的缺点，不妨反过来赞美其优点。

莎士比亚曾说：夸奖他事实上并不拥有的美德，这样他才会乐于迎合你的期望，自我矫正。人们只要听到别人赞美自己的某一优点，就会全心全力地去维护这份美誉，生怕辜负了自己和别人。一般而言，只要肯尊重对方的特殊能力，高度地给予赞美，任何人都会乐于将其优点表现得淋漓尽致。

五、交谈的技巧

与人沟通和交流就是要将信息有效地传递给对方，并想方设法地让对方加以接受。在交谈时既讲礼仪，又讲方法，这才是交谈的真正技巧。

（一）交谈的礼仪

交谈是人们互相传递信息和情感，彼此增进了解和友谊的重要手段。每一个正常的人都不能避免跟别人谈话。一个不喜欢或不善于谈话的人，在社交生活中一定会碰到很大的障碍。与人交谈时应注意以下几个方面。

1. 认识自己

交谈前首先要正确认识自己。任何人在任何场合说话，都要先明确自己的特定身份，也就是角色定位要准确。俗话说"人贵有自知之明"。要把自己放在一个正确的位置，正确地认识到自己此时此刻所扮演的角色与身份，做分内之事，说当说的话。勿因自己的喜好、情绪、标准等信口开河。

幼儿教师要善于通过语言交流展示自己的学识和才智以及良好的专业素质。同时，也要正确认识自己的长处和短处，合理地去改进自己。不妄自尊大，也不妄自菲薄，有礼有节地与他人沟通和交流。

2．用语礼貌

交谈中要随时随地有意识地使用礼貌语言，这既是一种习惯，更是一种修养。

● 在语言的选择上，应采用尊称、敬语、谦辞。

● 记住别人的名字。

戴尔·卡耐基说："在交际中，最明显、最简单、最重要、最能得到好感的方法，就是记住人家的名字。"美国第32任总统富兰克林·罗斯福（Franklin Roosevelt）也曾说："要记住别人的名字，使别人觉得他重要。"记住别人的姓名，就是对别人感兴趣的开始，能够在特定的场合叫出别人的姓名，会给他一种他是重要人物的感觉，因此会使你在各种场合都受到欢迎。记住并准确地叫出对方的姓名，会使人感到亲切自然，一见如故。否则，即使是有过交往的朋友也会生疏起来。这是交际中的一种很重要的手段，是尊重对方的表现，也是一种礼貌。

3．表情体现尊重

交谈时的表情很重要，每一个神色、动作、微笑等都能够体现出你是否专心致志、聚精会神、合乎规范、一心敬人。

交谈中，面部要朝向对方，目光要注视对方，这是一种起码的礼貌，以表示对谈话的兴趣和对对方的尊重，同时也可以为愉快、和谐的谈话气氛创造条件。

面对面地与人交谈时，目光应注视对方胸部以上、额头以下的部位。在谈话过程中，对对方的谈话应有所呼应。点头、微笑等可以表达出浓厚的兴趣，可以提高对方的谈话兴趣，甚至在心理上达到某种程度的默契。有时可能会出现谈话双方目光对视的情况，此时不必躲闪，泰然自若地徐徐移开就可以了。若交谈的一方有时偶尔把目光随意转向一旁，会引起另一方的注意，可能会因此认为一方对谈话不感兴趣而中断谈话。

对于刚出校门或社会经验不足的青年教师来说，如果与对方交谈时，看着他的眼睛令你感到不自在，你可以看他的额头、脸、鼻翼或者嘴角。切忌东张西望、左顾右盼，也不能边说话边看书报，或者面带倦容、哈欠连天，更不要做一些不必要的小动作，如玩指甲、弄衣角、搔脑勺、咬指甲等。这些动作会让你显得不自信、不礼貌，也会让人感觉你心不在焉、傲慢无理。

4. 姿态体现尊重

谈话时的姿态会反映出一个人的教养、性格和心理。

- 站立交谈时，要挺胸、收腹，全身重量均匀地分配于两足，使重心稳定。这样，人会显得生气勃勃、泰然自若。
- 坐着谈话时，要注意谈话者之间的距离，宜保持在1米以内。双脚宜平放于地面，不宜跷着二郎腿。坐时背部轻靠椅背，双肩平正，腰部挺直。良好的姿态会使人增强信心，也会让对方感觉到你的专注和自信。
- 与幼儿谈话需要下蹲时，应注意姿态得体、稳重。
- 手势要寓意明晰，动作要适当，不要过大。手势太多、范围太大，容易让人眼花缭乱，影响表达。
- 不要和对方离得过近或过远，更不要拉拉扯扯、拍拍打打，尤其注意不要唾沫四溅。

5. 积极参与和回应

在交谈过程中要积极参与，时常说话，尽一份义务或本分，但也不要一个人说得太多，搞一言堂。发言可以加深别人的印象，但长篇大论地说下去，容易使人厌倦而不耐烦。事实上，人们谈话时都有一个目的：想知道别人对某件事情的意见是否和自己相同。人们总是希望别人能和自己一样对某事物有同样的看法。如果谈话时双方意见一致，就会感到一种安慰；但如果发现对方的意见和自己略有出入或大不相同时，就会感到这是一种刺激。因此，想与对方做进一步探讨。

当听到别人的意见和自己相同时，要立即表示赞同。不要以为这样做会被人认为是随声附和。不出声容易使人误以为不同意。同样，当听到别人的意见与你的不一致时，也要委婉地表示什么地方不同意，与对方坦诚探讨。

6. 合作礼貌

- 不要一个人长篇大论。交谈讲究的是双向沟通，因此要多给对方发言的机会，不要只顾一人侃侃而谈，而不给他人开口的机会。
- 不要冷场。不论交谈的主题与自己是否有关，自己是否有兴趣，都应热情投入，积极合作。万一在交谈中出现冷场，应设法打破僵局。常用的解决方法是转移旧话题，引出新话题。
- 不要插嘴。他人讲话时，不要插嘴打断。即使要发表个人意见，也要等对方把话讲完，或征得对方的同意后再说。有教养的人，通常不轻易打断别人的谈话，不否定他人的谈话，不纠正他人的谈话，不补充他人的谈话。
- 不要轻易表态。如果对方提到一些不便谈论的问题，不要轻易表态，可以借机转移话题，或微笑并保持稍许沉默，用以暗示对方你不喜欢这样的言辞。如果有急事需要离开，要向对方打招呼，表示歉意。

7．照顾大家

在参与多人交谈时，讲话的人不能把注意力只集中在其中一两个熟悉的人身上，而要照顾到在场的每一个人，体现对每一个人的尊重。应表现出对谈话内容的兴趣很大，而不必介意其他无关大局的地方，比如对方有浓重的乡音，读错了字或记错了日期等，只要不妨碍交谈的进行，就没有必要当面去指正。也不要在对方谈兴正浓时，突然凑到某个人的耳边窃窃私语，这容易引起别人的反感，有可能使其他谈话者产生误会。

（二）常用的交谈技巧

1．选择话题，营造气氛

为了使交谈顺利进行，应选择合适的话题，主动营造良好的交谈气氛。话题是身份、知识、素质、修养、智慧的象征，谈话时要重视双向定位。合适的话题能使交谈更投机。在不熟悉对方，不知道对方的性格、嗜好和品性，又没有时间容你多做了解和考虑的情况下，不宜冒昧地提出特殊话题。

一般谈论的话题有如下四个方面。
- 愉快的话题。如谈论或提问对方擅长的话题、感兴趣的话题、有品位的个人爱好、别人的优点和喜讯、共同的经历等。
- 安全的话题。如哲学、历史、地理、艺术、建筑、旅游、风土人情等知识性的话题，没有争议的新闻等。
- 轻松的话题。如电影、电视、体育比赛、流行服饰、运动养生、茶道曲艺、插花装饰、烹饪小吃、交通、天气状况等中性话题。

- 即兴的话题。如幼儿漂亮的玩具、家长得体的服饰或即时发生的有趣事件等话题。

应该避免的话题有如下六个方面。

- 职场交谈"六不谈": 不非议国家或政府; 不透露国家秘密或商业秘密; 不涉及交谈对象的内部事务; 不议论领导或同事; 不谈格调不高的话题; 不涉及个人隐私。
- 不利于民族团结的话题。
- 有争议的政治问题。
- 个人不幸的事情; 或在别人不幸的时候讨论自己的好运气。
- 黄色故事。
- 关心过度的话题。在现代人际交流生活中,必须注意"关心有度"。过"度"的关心,实则是一种伤害。

2. 看场合,分对象

交谈是一种合作的过程,因此必须考虑交际的场合和交谈的对象。培根曾说:"交谈时的含蓄和得体,比口若悬河更可贵。"所谓得体,就是指说话要适时、适情、适势、适当。说话要得体,就要考虑到交际对象的身份、性格、性别,也要看说话时的环境、场合等。任何话语对其语言环境都有一定的依附性。

在交流中,人们注意和感兴趣的不只是语言本身所表达的内容,还包括一定的话语与其场合相结合的产物和效应。我们要从实际出发,让谈话的内容与场合气氛协调一致,以便对方接受和理解我们谈话的意图。若说一些不适宜场合气氛情境的话,往往会适得其反。如在喜庆的场合,切忌说一些不吉利的话。

此外,交谈对象是最直接的对话语起制约作用的环境因素。说话人的言语行为总是围绕着听话对象进行的,以他们能接受为前提,而不能逾越他们的思想、感情、知识所能及的范围。不同的对象,因年龄、性别、职业、社会地位、人生阅历的不同,对同一句话可能会产生不同的反应,甚至会有截然相反的反应。因此,"知己"不够,还必须做到"知彼"。了解对方的基本情况——他的个性、身份、地位等,然后投其所好,避其所忌,有的放矢地交谈,方能收到预期的效果。

3．逻辑清晰，条理清楚

学点逻辑知识，理顺说话的顺序。

语言表达的逻辑思路很重要，应该把握住表达的主线。有的人说话啰啰唆唆，让人不知所云，或想到哪里说到哪里，前言不搭后语，兴之所至，任意发挥，其主要原因在于层次不清、主次不分、逻辑混乱。逻辑学是思维的科学，语言则是人们思维的外部表现，懂得了逻辑学，就等于学会了调整言语次序的方法，从而会大大提高我们说话的质量。

4．看准时机，留有余地

"言贵精当，更贵适时。"不该说的时候说了，是操之过急；该说的时候没说，是坐失良机。把握住说话的适宜时机，是说话得体的重要因素。同时，交谈过程中还要注意说话应留有余地。把话说得太满、太过，往往不能让人信服，也难以自圆其说。总之，要注意分寸。

5．风趣幽默，调节气氛

陈旧、枯燥的谈吐使人难以忍受，新鲜、活泼的交谈使人兴奋。交谈要轻松自如，说话时除了表达清晰以外，适当的时候可以风趣幽默一点，尤其是在气氛不太活跃的时候，风趣幽默会表现出你的机智和聪明，给人以良好的印象。一句巧妙的幽默言辞可以胜过好多句平淡的攀谈。

幽默是调节现场气氛的润滑剂、缓冲剂。它像一座桥梁拉近了主持人与观众之间的距离，使陌生的心灵变得更亲近，以最敏捷的方式沟通感情，融洽气氛；以轻松的形式化解矛盾和尴尬。同时，幽默还表现出一种诙谐、一种才华、一种智慧，使人们能置身于轻松有趣又能领悟哲理的环境当中。因此，幽默成为大家共同追求和倡导的一种品质。

6．委婉地说"不"

在与人交际中，我们往往会遇到自己不愿意接受的事情，这时需要我们掌握拒绝的艺术。说"不"的时候首先需要尊重对方，尽量用一些委婉、得体的话语。必要时也可道明原委，寻求对方的理解。

不要说"你错了"。在谈论某个话题的时候,即使是对方的观点错了,也不要直接说"你错了"之类的话。如果你这样说了,不但改变不了对方的态度,反而会招致对方的反感和敌对情绪。如果幼儿教师在课下对幼儿说"你错了",孩子会受到打击,会感觉老师和同学都在指责自己,不再喜欢自己了。

六、日常的沟通

(一)接待用语

接待用语,主要是指幼儿教师在接待幼儿、家长、客人的工作中,根据时间、对象、场合、时效、过程等情况,经常使用的专业接待语言。接待用语的使用,能够很直观地反映出幼儿教师的修养,以及所在幼教机构的教育服务水准。幼儿教师在接待工作中使用规范的接待用语,能使对方感到亲切、热情,语义明确简练,同时减少了语言的随意性,杜绝了歧义和误会的产生。

1. 接待用语的特点

幼儿教师在其工作岗位上所使用的接待用语,大致具有以下三个主要特点。

- 热情主动。在迎送幼儿、家长、客人的工作中,使用接待用语,应当成为幼儿教师主动而自觉的行动。唯有如此,接待用语的使用才能口到、心到、意到,体现幼儿教师对他人的尊重和热情。
- 通俗易懂。在工作岗位上,幼儿教师所常用的接待用语,在其内容与形式上,往往都是约定俗成、沿用已久、人人皆知的。所以,我们在使用接待用语时,应该选用通俗的、大家都知晓的用语,绝对不宜"独辟蹊径"。否则,就难以得到认同,难以发挥功效。
- 亲和适宜。在使用接待用语时,还必须做到使这些用语表达得亲切自然、真诚平和。这样对方才能够听在耳中,暖在心里。

2. 一般接待用语

- 问候语。

【正确做法】

☑ "您好""您早""早上好""小朋友好"等。

【不当做法】

☒ 无问候,直接提要求或说事情。

- 迎接语。"欢迎欢迎!""欢迎××小朋友!""见到××小朋友真高兴。""欢迎光临!""欢迎您的到来!""很荣幸能再次与您相遇。"……
- 欢送语。"再见!""请慢走。""明天见!""欢迎再次光临!""一路平安!""一路顺风!"……
- 致谢语。"谢谢!""谢谢您!""非常感谢!""谢谢您的理解。""非常感谢您的关心与支持!"……
- 征询语。"请问有什么能帮到您?""××小朋友需要我的帮助吗?""我能够帮你做什么吗?""我这样处理,您觉得满意吗?""对不起,请您重复一遍,行吗?""对不起,我可以占用您的一点时间吗?"……
- 请托语。"请稍候。""很对不起,让您久等了。""劳驾您了。""对不起,打扰您一下。""麻烦小朋友帮我一个忙。"……
- 应答语。"好的。""是。""对。""没关系。""您不必客气。""没关系,这是我应该做的。""请多多指教。"……
- 赞赏语。"非常好!""真棒!""非常正确!""您的意见非常宝贵。""您的意见对我们非常重要。""你真棒,小朋友都要向你学习。"……
- 道歉语。"对不起!""非常抱歉!""不好意思,请多包涵。""十分抱歉,是我们的失误耽搁了您。""对不起,耽搁您的时间了。"……
- 推托语。"十分遗憾,我帮不了您。""我们幼儿园有规定……不能这样,请多包涵。""您知道……所以请理解和支持我们的工作。""很遗憾,我不能满足您的要求。"……
- 祝贺语。"节日快乐!""新年快乐!""新年好!""祝您身体健康,万事如意!""祝您旅途愉快!"……

接待用语还有很多,幼儿教师在日常生活和工作中要注意积累,灵活应用。

【特别提示】

在使用上述各类用语的过程中,一定要熟练地使用"请""您好""谢谢""对不起""再见"十字文明礼貌用语,它是接待服务工作的最基本的语言。

在人际交往和接待中，幼儿教师一定要做到开口用"请"字，闭口不离"谢谢"，形成良好的人际交往氛围，同时，让幼儿在一种温馨、亲切的环境中健康成长，耳濡目染，逐渐养成礼貌的语言习惯，受益终身。

（二）日常交流用语

幼儿教师在日常工作中，应把以上礼貌接待语言运用于日常口语中，同时，还要注意不同环境下的用语、音量与语气，忌用不当用语，切实体现出对幼儿的热爱、对家长的尊重。

1. 与幼儿交流的常用语与忌用语

● 要求幼儿按老师的话执行时。

☑ "请小朋友注意老师的提示。""请小朋友们坐好。""请大家按照老师的要求排好队。"

☒ "你怎么不听话？""坐好！""排队！"

● 当幼儿遇到困难时。

☑ "你能行，再试试。""别着急，我来帮助你。""有不会的，请老师或同学帮忙。""不错，有进步了。""加油。"

☒ "人家都会，就你不会。""你做不完就别吃饭。""你就吃行，其他什么都不行。"

● 当幼儿来园上交家庭作业时。

☑ "你做得真棒。""宝宝的作业真有创意。""你做得很认真。""你的手真巧。""又有进步啦。""真漂亮。""老师知道你尽力了。""相信你下次会做得更好。""下次听清要求你会做得更好。""××的妈妈真是个好老师。"

☒ "这是你自己做的吗？""怎么做成这样啊？""哎呀，做错了！""太难看了。""老师不是说了吗？""一看就是家长做的。"

● 当幼儿无意中出现过失时。

☑ "伤着没有？下次要注意。""不要紧，老师帮你。""勇敢点，自己站起来。""你有点不舒服是吗？让我看看裤子湿了没有。""要大小便，就跟老师说。"

☒ "你怎么这么傻？""你自己给擦了！""真讨厌！""你怎么回事？""看你

怎么办！"

● 当幼儿出现打闹等不良行为时。

☑ "怎么了？有事好好说，不能动手。""自己解决不了的，应该找老师。""别人打你，你高兴吗？""请你好好想一想自己错在哪里。""相信你是知错认错的好孩子，以后不会再做这种不文明的事了。"

☒ "你们两个到外面去吵。""看你们吵到什么时候。""现在你们打吧，看谁能赢。"

● 当幼儿情绪不佳或不舒服时。

☑ "宝宝怎么了？哪里不舒服？让老师看看，跟老师说说悄悄话吧。（蹲下、抚摩、拥抱）""别哭，告诉老师你怎么了。""让老师来帮助你。""你是个听话的宝宝。""老师看到你比昨天进步了。""老师知道你是个懂事的孩子。""老师小时候……"

☒ "你怎么回事啊？""哭什么哭？！""你又怎么啦？""你烦不烦啊？""讨厌的家伙！"

● 当幼儿请假结束后来园时。

☑ "××小朋友看起来全好啦。""欢迎××小朋友回来。""老师和小朋友们都想你了。""你今天真精神。""落下的课，老师会帮你补上的。""宝宝的病好些了吧？我们会注意观察孩子，请您放心。"

☒ "××你现在才来啊。""还要吃药啊！""××有好多课都没上了，该怎么办呀？"

2．与家长交流的常用语与忌用语

● 当幼儿生病，家长提出需要服药和照顾时。

☑ "您放心，我们会按时给孩子服药。如有特殊情况，我们会及时与您联系。请您保持通信畅通。""我们已经按时给孩子吃了药。据观察，孩子的病情有所好转，请回家继续服药。"

☒ "知道了。""他的药真多。""他怎么老是吃药啊？"

● 当家长提出要求或意见时。

☑ "我们一定认真考虑您的意见。""您的要求我明白了，请您放心。""我会转达您的建议，谢谢您。"

- ❌ "这不行。""那怎么可能!""你想得太多了。""这是不允许的。"
- ● 当家长打电话或亲自来为生病的幼儿请假时。
- ☑ "谢谢您通知我们。""病情怎么样?""您别着急。""孩子的病情稍好些,可把药带到幼儿园,我们会帮您照顾的。"
- ❌ "知道啦。""好。"
- ● 幼儿在幼儿园发生意外事故时。
- ☑ "真对不起,今天……""您别着急,是……""麻烦您观察孩子,有什么不舒服时,需要我们做什么,您尽管与我们联系。"(若次日幼儿未来园,要主动打电话询问)
- ❌ "××太不听话了。"
- ● 放学时家长晚接孩子。
- ☑ "没关系,不着急。""帮助家长是我们应该做的。""孩子玩得很自在,晚点接没关系。""请商量好谁接孩子,免得孩子着急。"
- ❌ "明天早点接吧!""你怎么老是那么晚?""我终于可以下班了!"
- ● 找个别家长谈话时。
- ☑ "对不起,耽误您一会儿时间,我向您反映一下××小朋友近期的情况。""在……方面要……希望您给予配合。"(态度平和,说话和气、委婉)
- ❌ "××太调皮捣蛋了。""一点儿不聪明。""他在班上属于中下等。""××真让人心烦,小朋友们也讨厌他。"
- ● 家长送孩子,随意走进教室帮孩子做事时。
- ☑ "家长请留步,要让孩子学做自己的事情。""请您放心,孩子能做好自己的事情。""孩子们正在用餐,请您留步。"
- ❌ "家长不要进来!""别走来走去的,这样不卫生。""让他自己放书包得了。"

(三)克服不良习惯

1. 忌晦涩难懂,宜通俗易懂

文雅的谈吐,固然在于辞令的修饰,但最基本的一条是词能达意,通顺易懂,即说出的话让人觉得顺耳、动听,更要让人听得清楚、听得明白。让人听得费劲、不舒服的话,会影响谈话情趣,还会使人怀疑你的实际才能,甚至反感和恼怒。因此在选择词句时应以朴实、自然为好,多使用一些明白晓畅的口语或白话。这样,既合乎人们的习惯，易于被理解、接受，还不会给人以卖弄做作之感。

有些人喜欢在交谈中插入少许外文或方言土语，其效果优劣恐难一概而论。这主要取决于双方的趣味，假如趣味相投，便不足为怪，否则恐怕难受欢迎。一般来说，在与两个或两个以上的人一同交谈时，以不用为佳。因为多数人不习惯这种"中西合璧""雅俚合体"的谈话方式。当然，偶尔一两个外国字词用得恰当的话，也可以为谈话增一分色彩，但要注意，引用的外语要以对方能心领神会为宜。否则，不仅是隔靴搔痒，"对牛弹琴"，还会在无形中造成隔阂。如果的确有必要说，那就要用得恰当，并且要注意正确地发音。如果张冠李戴、不伦不类或语调蹩脚，则不免贻笑大方，所以必须谨慎。

同样，在社交场合，大家都应尽量讲普通话，避免使用方言，以便大家相互交流、理解。但我国幅员辽阔，语言庞杂，方言的形成自有其地理上的因素，所以对于他人的乡音，要有一种雅量。遇到不尽明了的语言，多问一声也可，切忌讥讽或揶揄。

还有一些人，在和熟人谈话时较为正常和自然，偏偏在遇到陌生人或新朋友时，为了给人一种特别的印象而堆砌辞藻，显得矫揉造作，结果却事与愿违。

2. 要避隐私、避浅薄、避粗鄙、避忌讳

- 避隐私。隐私就是不可公开或不必公开的某些情况，有些是缺陷，有些是秘密。在高度文明的社会中，隐私除了少数必须知道的有关人员应当知道外，不必让一般人员知道。
- 避浅薄。浅薄，是指不懂装懂，"教诲别人"或讲外行话，或者言不及义、言辞单调、词汇贫乏、语句不通、常吐白字。
- 避粗鄙。粗鄙指语言粗野，甚至污秽，满口粗话、脏话。比如，在职场中很多成年男性讲话喜欢带"颜色"，也有很多人说话时常带一些粗俗的口头禅。这些习惯都很不好，不注重小细节，说不定会给你带来大损失。
- 避忌讳。忌讳，是人类视为禁忌的现象、事物和行为，避忌讳的语言同它所代替的词语有约定俗成的对应关系。社会通用的避讳语也是一种重要的礼貌语言，它往往顾念对方的感情，避免触犯忌讳。我们应该尽量避开会伤害人的一些忌讳或者会让人误会的语言，也要尽量避免一

些不当的用语。中国人图吉利,逢年过节或者到了一些比较特殊的日子也会忌讳一些用语,对此我们一定要注意。

3. 丢掉口头禅

有些人说话还有一种不好的习惯,常常不知不觉地在谈话中插入一些毫无意义的口头禅,如"就是""然后""一般""啊""那个"等,既没有实质的表达意义,又分散听话人的注意力。此类口头禅不伤大雅,听得多了充其量不过是使人感到有点别扭。

然而,有的口头禅却会说者无心、听者有意,使自己的谈话对象产生错觉,或者被自己伤害。如"知道不?""你懂吗,你?",教训人的口气十分明显,还会令人感到暗含轻视的意思。"没什么了不起",对谁都这么说的人,是不是有点目空一切?"是吗?"这是典型的"怀疑一切"的态度,会使对方的自尊深受伤害。幼儿教师如有以上这些口头禅,应自觉地避免。

"夫礼者,所以定亲疏,决嫌疑,别同异,明是非也。"

——《礼记·曲礼》

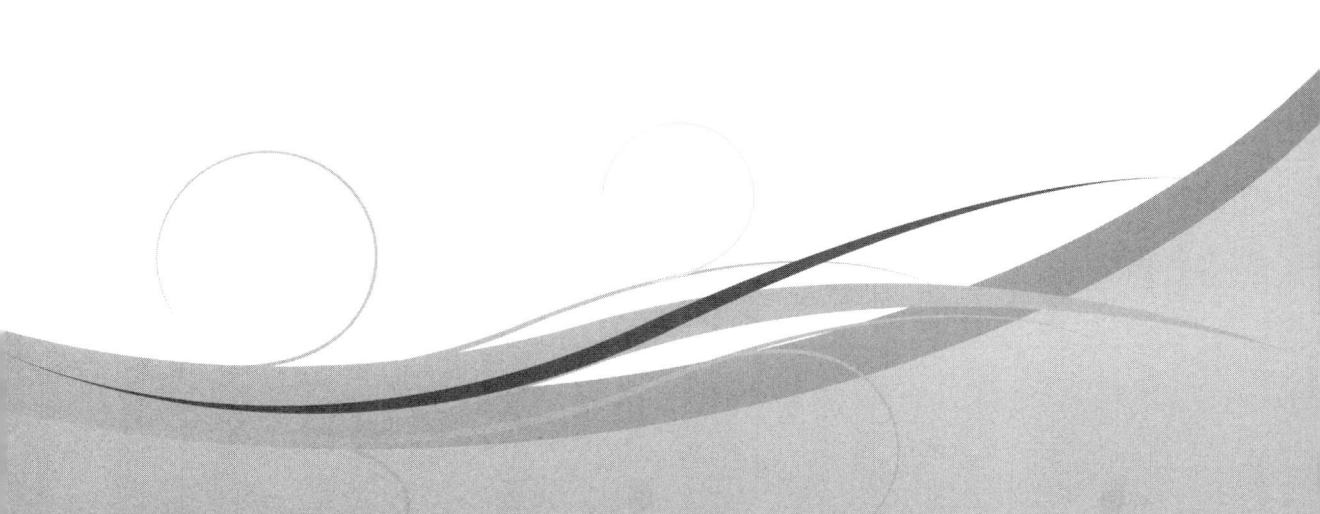

第六章

规范沟通无极限——幼儿教师运用通信工具的礼仪规范

在信息网络时代,现代沟通无极限。电话和网络等早已成为人际交流中最普遍的通信工具。人们的形象更多地表现为真实生活形象与信息网络上自我表现的综合体。

幼儿教师经常会通过电话(包括座机和手机)、电子邮件、QQ、微信、博客或微博等通信工具,与家长、领导、同事、朋友或其他社会人士进行交流,而对方也常常会从你的信息中来判断你的专业水准和态度等。幼儿教师要谨慎地对待自己在接打电话和网络交流中的一言一行,时时刻刻坚守尊重他人的礼仪原则,向家长和社会传达教育工作者的正能量,塑造新时代的完美新形象。

一、接打电话礼仪

电话交流早已经成为我们生活和工作中不可缺少的交流方式。学会电话交流的礼仪规范并正确使用,才能给对方留下美好的印象,从而实现我们的沟通目的。

(一)接电话的礼仪规范

1.电话礼仪的重要性

未见其人,先闻其声。在可视电话没有普及的情况下,声音是唯一重要的信息来源。虽然电话是只闻其声、不见其人的交谈,但人们在使用电话时的种种表现,会使对方"如见其人"。言为心声,声如其人,双方的声音是一个重要的社交因素。

幼儿教师在工作时打电话的声音,往往是个人形象和专业素质的直接反映,也间接反映了所在幼教机构的管理水平和教育服务水平。因此,在接打电话的过程中一定要注意相关礼节,如通话时音量适中,语气亲切、柔和,态度热情、友好，语言要做到言简意赅，树立好自己的"电话形象"。

2. 接听电话的礼节

- 电话铃响三声，应尽快接起电话。最好不要让铃声响过第五遍。不得已在铃响多次后才接起电话时，应向对方主动致歉。
- 接起电话先问好，再自报幼儿园的全称或规范简称，以及个人身份等，如"您好！我是佳佳幼儿园××班××老师"，让对方明白自己在跟谁通话。接下来再询问，"请问，您找谁？"或"请问，有什么可以帮到您吗？"。
- 态度应热情、谦和、诚恳，电话用语要文明、礼貌。语调应平和，音量要适中，注意控制语速。
- 工作联系的电话，要认真做好记录。交谈中，对于重要的内容应简明扼要地记录下来。对对方的谈话可做必要的重复，尤其要注意听取时间、地点、事由和数字等重要词语。交谈结束后，应针对内容进行下一步处理，如请示领导、通知负责部门或同事等。
- 如果是代接电话，要用手轻捂话筒，然后通知受话人；如果受话人距离太远，要向对方说明"请您稍等一下"，然后轻放话筒，再去找人，不要大声叫喊。如果对方要找的人不在，则要重新拿起话筒，告知情况，并询问对方是否需要转达，可记下对方的电话号码，帮助转达。
- 善待打错的电话。应礼貌地说明，让对方重新确认电话号码，并尽可能地主动提供帮助。
- 遵循"尊者先挂"的原则。电话交谈完毕时，应尽量让领导、长辈、家长等结束对话。若确需自己来结束，应解释、致歉。通话完毕后，应轻轻放下话筒。

3. 接听电话的标准状态

- 左手握听话筒，右手握笔做好记录。严禁用肩和头夹住听筒。
- 标准站立或标准坐姿。
- 微笑，神情专注。时刻提醒自己的表情。
- 使用礼貌用语。

- 注意对声音、语气、语调的控制。
- 多用询问句式语句,尽量不用否定式语句。
- 严禁身体随意瘫靠、吃东西、与他人闲聊,或神情不专注、态度冷淡。

(二)打电话的礼仪规范

1. 拨打电话的礼节

- 选择适当的时间。要考虑对方此时是否有时间或方便接听。一般工作电话,应尽量在上班时段打到对方单位。若确有必要打私人电话时,应注意避开休息时间。同时,工作时尽量避免打私人电话,尤其是使用单位电话打私人电话。
- 问候+自报。电话拨通后,应该首先问候对方"您好",得到回应后报自己的单位、姓名等,再确认对方的电话号码、单位、姓名,以避免打错电话,然后再说事情。例如:"您好!我是××幼儿园××班的××老师,请问您是××的妈妈吗?是这样的……"
- 注意通话时间不宜过长。一般电话用时3分钟以内。若打电话用时较长,要考虑对方的处境。首先询问对方是否方便,在对方方便的情况下再开始交谈。如果对方回答不方便,应以商量的口吻另约时间,让对方决定什么时候再打过去为妥。
- 电话内容要有次序,简洁、明了。打电话前最好有"腹稿"。可以先拟出电话要点,理清说话顺序,准备好所需要用到的资料,做好准备再打。
- 使用礼貌语言。拨错电话号码,应向对方表示歉意——"对不起!""打搅了!"不要直接挂断电话,不做任何解释。
- 通话完毕时应道"再见",然后轻轻地放下电话。

2. 拨打电话的注意事项

- 打电话的时机技巧。尽量不选周一上午、上班的前两个小时;不选周末、周五下班前;不选晚10点到第二天早上8点前。
- 拨打与接听电话时,统一使用接待规定使用的标准语言,如普通话、英语等,也可根据对方的情况换成对方方便使用的语言。
- 外界的杂音或私语不能传入电话内。

二、使用手机礼仪

手机的普及,让我们享受到了高科技带来的生活的便利,同时我们也应高度重视使用手机的基本礼仪。

(一)使用手机的礼仪规范

- 说话要简洁、明了。
- 工作联系,宜先拨打对方的固定电话,找不到时再拨打手机。
- 在公共场合,不可旁若无人地使用手机。特别是在楼梯、电梯、路口、人行道等地方。在公共场合使用手机,应该把自己的声音尽可能地压低一点,说话声不要太大,以免影响他人或泄露机密。在嘈杂的环境中,听不清楚对方的声音时要说明,并让对方过一会儿再打过来或由你打过去。
- 在重要场合,应将手机关闭或调至静音。在会议或学习中,或者与他人商谈时,最好把手机关掉,至少应调至静音状态。这样既显示出对对方的尊重,又不会打断说话者的思路。在看电影时或在剧院里打手机是极其不合适的。如果一定要回话,采用静音的方式发送手机短信或微信是比较适合的。在餐桌上,关掉手机或调到振动状态是必要的。不要在正吃到兴头上的时候,被一阵烦人的铃声打断。在特定场合,如在飞机上或在加油站,要按规定关闭手机。
- 在暂时不使用手机时,要将其放在合乎礼仪的常规位置,如随身携带的包里或上衣的内袋里。参加宴会时,不宜将手机置于餐桌上。
- 在办公室或公共场合,手机铃声的设定不能过于怪异,以免让他人产生不良印象。
- 在带班、参加会议或学习期间,不要接无关的外来电话。

(二)收发短信的礼仪规范

- 使用手机接收短信,要留意声音状态。
- 不要一边和别人说话,一边查看手机短信,这样会让人感觉心不在焉或不耐烦。
- 发送短信，应先称呼对方，以示尊重。
- 不要编辑或转发不文明、不健康的短信。转发他人的短信，意味着你赞同、至少不否认、不反对此短信的内容，同时也反映了你的品位和水准。
- 记得在短信结尾留下姓名，注明此短信的发送人，除非你肯定他的手机联系人中有你的记录。

三、使用电子邮件礼仪

电子邮件，是利用电子计算机所组成的互联网络向交往对象所发出的一种电子信件。使用电子邮件进行对外联络，不仅安全保密，节省时间，不受篇幅的限制，清晰度极高，而且可以大大地降低通信费用，堪称最方便、最快捷的通信方式之一。

收发电子邮件是人们利用网络办公最常见的内容，也是最重要的方式。使用电子邮件对外进行联络时，务必遵守一定之规。

（一）使用电子邮件的礼仪规范

- 认真撰写电子邮件。向他人发送的电子邮件，一定要精心构思、认真撰写，要主题鲜明、语言流畅、内容简洁。若是随想随写，既不尊重对方，也不尊重自己。
- 避免滥用电子邮件。若无必要，轻易不要向他人乱发电子邮件。尤其是不要以之与他人谈天说地，或者只为了检验一下自己的电子邮件能否成功地发出，更不宜随意以这种方式在网上"征友"。收到他人的重要电子邮件后，应该即刻回复对方，不能置之不理或者迟迟不回。
- 慎选电子邮件的功能，不要做过多的修饰，以免人为增大其容量，浪费时间。

（二）电子邮件的撰写与发送

一般而言，电子邮件的撰写与发送皆有一定之规。

- 为节约费用，在撰写电子邮件时，尤其在撰写多个邮件时，应先在脱机状态下撰写,并将其保存好,然后在准备发送时再连接网络,一次性发送。
- 利用网络办公时所撰写的必须是公务邮件,切不可损公肥私,将单位邮箱作私人联系之用,也不得将本单位邮箱地址告诉亲朋好友。
- 电子邮件主题不但能方便收件人迅速地了解邮件内容、节省对方的时间,而且承担着问候的功能。因此,撰写电子邮件时切不可忽略主题,切忌主题空白,同时力求主题的语言简短精确。
- 在消息板块上撰写时,应注意普通信件或公文所用的格式和规则。邮件篇幅不可过长,表达应尽可能简洁明了,以便收件人阅读。
- 邮件用语要礼貌规范,以示对对方的尊重。尽量避免生僻字、异体字。引用数据、资料时,最好标明出处,以便收件人核对。
- 慎用附件功能,附件越大,占用收件人的下载时间就越长。所以应尽可能地避免使用附件功能,若确实需要,则应对其进行必要的压缩。对于附件过大、超过有效期会失效的邮件,应提醒收件人邮件的有效期。
- 不可随便发送无聊、无用的垃圾邮件,不可无端增加网络的拥挤程度。
- 要保守国家机密,不可发送涉及机密内容的邮件,不得将所在幼教机构的邮箱密码转告他人。

(三)电子邮件的接收与回复

接收与回复电子邮件时,通常应注意以下几点。

- 应当定期打开收件箱,最好是每天都查看一下有无新邮件,以免遗漏或耽误重要邮件的阅读和回复。
- 应当及时回复邮件,一般应在收件当天予以回复。若由于因公出差或者其他原因未能及时查阅回复邮件,则应迅速回复并向对方致歉。
- 慎用自动回复功能,因为如果邮件双方都使用了自动回复这一功能,往往会由于邮件不断地自动回复而造成邮箱爆满,给双方带来不必要的麻烦。
- 回复时应避免附上原有信件,这不但占用了对方可贵的信息空间,而且浪费了对方的时间、降低了其工作效率。这是一种偷懒、不细心的表现。
- 尊重隐私权,不要擅自转发别人的私人邮件。

四、使用QQ与微信礼仪

（一）使用QQ的礼仪规范

QQ是通过网络使两人或多人之间进行文字信息、语音与视频交流的网络社交应用形式。现在，QQ交流早已成为我们工作交流中不可缺少的重要方式之一。幼儿教师在使用QQ与家长、同事或领导交流时，应重视使用QQ的礼仪规范。

1. 礼仪规范

- 记住聊天对象的姓名，切忌记错或者写错对方的姓名。应留意聊天对象的个人资料，可通过修改昵称或者增加备注来记录对方的个人信息。
- 与聊天对象约定时间进行线上交流时，务必恪守约定提前调试网络设备，以确保准时上线。若出现临时状况不能如期上线，应及时通过电话、短信或微信联系聊天对象，并向其致歉。
- 聊天前应先向对方打招呼，询问对方是否有时间交流。不打扰聊天对象的工作及休息。聊天对象显示处于忙碌状态时，不应频繁地发送窗口振动。
- 发送离线文件或者图片之前，应向聊天对象说明并征得同意。
- 聊天用语应文明、简洁、易懂，应充分使用礼貌用语。在文字交流中，可适当使用表情符号来营造热情、轻松的聊天氛围。
- 发送消息前应检查是否存在语法及用词错误，尽可能准确传递信息，以便聊天对象理解。
- 尊重他人的隐私，聊天过程中不主动询问他人的私人信息。对他人的个人资料应予以保密，不可向外传播。
- 交谈内容不宜涉及对方的信仰或政治立场，宜选择时尚、趣味性强、聊天对象擅长或感兴趣的主题。
- 聊天过程中，应注意倾听对方的声音，与对方互动。切忌自顾自地滔滔不绝，避免造成"一言堂"。
- 应及时回复对方的留言或信息，若未能及时回复，应致歉并说明缘由。交谈过程中，切忌一味地沉默，应注意回应聊天对象。

2. 注意事项

- 在发送语音或进行视频聊天前应征得对方的同意，不要给聊天对象带来不便。
- 应提前调试语音及视频设备，确保麦克风音量适中，摄像头光线、摄像背景及自身着装得当。
- 语音或者视频聊天时，应保持语速适中，讲普通话尽可能做到吐字清晰、准确，并及时确认聊天对象是否接收到相关信息。
- 交谈过程中，语音语调应清晰、积极，面带微笑，并注意与聊天对象进行目光交流。
- 交谈过程中，若语音或视频设备出现故障，应即刻通过文字信息或者电话与对方联系，并说明情况。

（二）使用微信的礼仪规范

微信是腾讯公司推出的一款通过网络最快速地发送语音短信、视频、图片和文字，支持多人群聊的手机聊天软件。移动互联网的广泛应用催生出大量的网络社区，而微信朋友圈便是其典型的代表。

微信朋友圈集 QQ 好友、手机通讯录和"附近的人"三种渠道为一体，拓宽了交友层面，不仅是网络通信工具，更是一个全方位社交平台。但是，随着微信给人们的社交方式带来的颠覆式改变，如"摇一摇""查看附近的人"等，各种问题相伴而生。由于微信尚未采用实名制，这不但诱发了某些参与者在交友过程中的不当行为，而且导致微信频频被不法分子利用，成为诈骗、盗窃等案件的工具。在这种情况下，加强微信礼仪规范就显得更为迫切和必要。

幼儿教师在使用微信与家长、同事或领导交流时，应重视使用微信的礼仪规范。

- 始终坚持文明沟通、礼貌用语。微信礼仪与"脱线生活"中的沟通礼仪无异，因此，在微信的具体使用中，"您好""谢谢"等礼貌用语必不可少。
- 发送语音消息时，应确保语音语调清晰、背景无杂音，以便聊天对象接收信息。
- 对上传至朋友圈的消息负责。由于朋友圈中有使用者的很多亲朋好友，紧密的"线下交往"及对彼此的信任，使得微信使用者更容易相信朋友圈中的某些消息，这反而为谣言及诽谤提供了滋生的土壤。应全力避免这种情况的发生。
- 杜绝营销类的"软广告"。切勿频繁地刷屏。
- 转发他人的文章，须标明原作者并附上文章的来源出处。
- 尊重、保护他人的隐私。对朋友圈上发布的照片或信息，应自觉地予以保密，不公开、不私用。
- 安全第一、谨慎交友。对待通过"摇一摇"结识的尚不熟悉的陌生人，应保持安全距离，切勿轻易地透露个人信息。
- 由于微信朋友圈汇集了使用者的微信好友，是极其便利的全方位社交平台，所以使用者应具备主动沟通的意识，适时主动地向认识的亲朋好友打招呼并致以问候，经营维护使用者的人脉资源。

五、使用博客与微博礼仪

（一）使用博客的礼仪规范

博客即网络日志，是一种通常由个人管理、不定期张贴新文章的微型网站。下面分别从"撰写与发表"和"回应与评论"两个具体方面介绍使用博客的礼仪规范。

1. 撰写与发表

- 文明表达、规范表达、有效表达。发表博文前应认真检查有无病句、错别字或不当用语。要尊重自己的劳动成果，同时方便读者阅读。
- 规范地使用表情符号。这有助于表达作者的情感，营造轻松、热情的博客空间。
- 尊重他人的隐私，不发表涉及他人隐私、损坏他人形象或带有语言攻击性的文章。避免使用不良的或有损他人权利的文章形成传播效应，要净化博客空间。
- 尊重他人的肖像权。转载或在博文中使用他人的照片须经其本人同意。
- 谨慎发表言论，并对个人言论负责。对文章涉及的观点、事实类陈述，博主应做到有理有据，若引用数据及资料则应注明引用来源，方便读者核实。切忌对不实消息进行再传播，应对信息进行理性甄别。
- 珍惜维护"在线形象"，切忌发表广告性质的博文。
- 在充分表达自己意见的同时，表达对信息受众的尊重。如"欢迎讨论，不喜勿喷"这类用语，可彰显博主的自身修养。

2. 回应与评论

- 转载他人文章首先应征得原作者的同意，并注明原作者及原文链接。
- 文明评论、理性评论。进行评论时要讲究逻辑、控制情绪、杜绝网络骂战。
- 尊重包容异见，切忌因观点的对立而在网络上发动谩骂攻击。正所谓"多交朋友，广结善缘"，在网络互动中，即使不能与他人成为知己，也勿轻易树敌。
- 巧用留言、小纸条等博客工具促进与博主的交流，私下表明异见，也有利于结交博友。

（二）使用微博的礼仪规范

微博也称即时博客，是一个基于网民关系的信息分享、传播以及获得的平台，网民可以发布不超过2000字的文字更新信息，并实现即时分享。

由于普通个体的信息和言论的影响力大大提升，微博的每一位博主都成为消息新闻发布源。但是，由于微博"把关人弱化"及"零门槛"的特征，"秦火火""周禄宝"等恶性事件层出不穷。

网络犯罪，网络暴民，以及网民线上线下言行不一、形象分裂等现象引起了社会的进一步关注。由于微博通过好友链接、关注等功能，延续了社会化网络的社交属性，它将人们现实社会的关系链复制过来，这种复制过来的社会关系链在很大程度上降低了网络中极度原子化、孤立化、不负责任的个体存在状态，将与个体社会角色意识相符的理性言行延伸至虚拟世界。

因此，微博的每个参与者都有对自己发布的内容进行把关的责任。这种责任既体现为对信息的真实性把关，也体现为对自己的信息和言论的社会影响进行评估，避免它们对他人权利的侵害或对社会公共利益的危害。

具体来说，幼儿教师要遵守的微博礼仪之规如下。

- 文明而规范地表达，避免由于字数限制而片面地传达信息，引发误解和谣传。
- 规范地转载他人的言论，若使用他人的照片，需经其本人或照片所有者同意。
- 避免营销类小广告，净化微博空间。
- 谨慎转发，避免谣言在裂变式的传播过程中得到最大限度的传播。对于有损他人权利、不利于社会文明风气建设的信息不予转发。
- 用包容的心态应对与自己的观点迥异甚至对立的声音。讨论过程中应做到有理有据、有礼有节。

"君子恭敬撙节,退让以明礼。"

——《礼记·曲礼》

"礼尚往来。往而不来,非礼也;来而不往,亦非礼也。"

——《礼记·曲礼》

第七章

礼貌交往促合作——幼儿教师日常交往的礼仪规范

"礼之用，和为贵。"幼儿教师知礼、懂礼、守礼、施礼，方能展示出当代幼儿教师良好的职业形象和人际沟通能力，从而获得成功的从业感受和愉快的生活体验。有教养、懂礼貌的人容易赢得朋友和尊重。

现代生活中，我们每时每刻都离不开与人交往。讲究礼仪，展示幼儿教师的学识、修养、才能和价值，妥善地处理好人际关系，把尊重、重视、真诚和友好传达给对方，将使我们的人际交往有效且高效。

每个人所得到的，就是自己所付出的。如果与幼儿教师礼仪不合节拍，往往会与幼儿教育活动格格不入，无法得到幼儿、家长、同事、领导以及社会成员的认可和协助。具有礼仪修养的幼儿教师，能给人以有教养、有能力、有风度的感觉，会受到社会公众的尊敬和欢迎，从而能够获得更多的理解、帮助和支持。

一、与幼儿交往礼仪

与幼儿交往时，幼儿教师应该坚守"学为人师，行为世范"的教育理念，用自己的言行举止树立起教师这个光荣的形象，同时为孩子们树立起乐于学习的榜样。

（一）与幼儿交往的礼仪规范

- 面向全体幼儿，热爱幼儿，关心幼儿。
- 举止文雅得体，体现教师风度。一举一动、一言一行堪为幼儿表率。
- 尊重幼儿，树立与幼儿平等的观念，使每个幼儿都自由、活泼、健康地成长。
- 教态自然大方、亲切稳重，语言文明。讲普通话，语速适中，态度温和，语言生动、有趣、儿童化。
- 坚持正面教育和赏识教育。严禁打骂幼儿，禁止任何形式的体罚和变相体罚。

- 带班时精神饱满，做到人到心到，聚精会神，不擅离岗位，不与人闲谈，不带个人情绪上岗。

（二）与幼儿交往的细则

1. 坚持"迎、问、察、接"

幼儿来园时，教师应主动上前笑脸相迎，亲切接待每一个幼儿。

先称呼和问候——"××小朋友早"。对小班的孩子，要接抱服务；对中班、大班的孩子，可手拉手接过，或躬身摸摸头领过来。尽可能地与家长进行简单的交流。

同时，观察、了解幼儿的情绪及身体状况，查看幼儿是否携带了不安全物品。并做好个别幼儿衣物、药物的交接工作。

幼儿教师每日应对幼儿做到"一看、二问、三检查、四感觉"，掌握幼儿当日的基本信息。

2. 形象举止为人师表

仪容端庄，服饰美观、整洁，便于工作。举止大方，动作轻柔，坐、立、蹲、行的姿态端庄文雅。

应特别注意：不跷二郎腿，不坐在桌子上或幼儿的床上，不把腿伸得很长妨碍行走，不长时间坐在椅子上不动，不随便指手画脚、指指点点。

3. 工作语言规范

幼儿教师应采用普通话，并能够随时自如地运用礼貌用语。对幼儿使用正面语言，言辞要得当。在幼儿面前，对家长和同事要用尊称，对客人要主动招呼。

不讲粗话、脏话、怪话、黑话，忌大声训斥、谩骂幼儿。忌拿腔拿调，对幼儿大呼小叫。说话时，不要离幼儿太近，尽量减少不必要的口头禅。在任何情况下，教师都不得使用命令、蔑视或憎恶之类的口吻，不得用刻薄、挖苦幼儿的语言，不得给幼儿起绰号，不能对幼儿说反话。

4．把握交流时的姿态

与幼儿交流时，要尽量与幼儿保持相应的高度。宜蹲下来与幼儿交谈，抱起孩子与之交流，或牵着孩子的手进行教育。

5．指示手势到位

指示幼儿时，用语言加手势提示，或牵着手引领指示。不得拉扯幼儿的身体和衣服，不得随便用手指点。

6．细心引导互动活动

师幼互动时，教师应热情温和，不断提示，积极应答，仔细观察幼儿的言行，并及时给予评价和鼓励，让幼儿积极主动地参与活动。不得随意让幼儿离开集体，不参加游戏等活动。

7．培养幼儿的卫生习惯

要指导幼儿正确地洗手，养成饭前、便后洗手的习惯。组织好幼儿吃饭，引导幼儿不挑食、不掉饭粒，让幼儿安静而愉快地就餐。

8．轻声慢步

在非教育活动时段，注意轻声慢步，不影响他人。在幼儿午睡时，不聊天、不打电话、不扔东西。宜轻声缓步、轻拿轻放，不影响幼儿的休息。

9．特殊照顾要细心

幼儿身体不适，要根据情况立即送医院或通知家长。

若家长带药来园，应要求其写清幼儿的姓名、药品名称、剂量、服药时间、服药次数等。幼儿教师要将药品存放在专用的药箱内，避免其他幼儿触碰。教师要按时给幼儿服药，服药后，要在清单上打钩或标注。

10．做好本职工作

幼儿教师不得随意请幼儿替自己做事。若教师请幼儿协助做孩子力所能及的事,应该说"你辛苦了""谢谢你"等。

11. 礼貌送别

家长来园接孩子时,幼儿教师应主动介绍孩子一天的情况,并与幼儿及家长一一礼貌地道别,目送他们离开。当幼儿主动打招呼或道别时,要及时还礼应答。

二、与家长交往礼仪

家长对于幼教机构来说,是一个特殊而重要的群体。做好家长的工作,是幼儿园工作的重中之重。幼儿教师应本着尊重、平等、合作的原则,争取获得家长的理解和支持,并引导家长主动参与幼儿教育。

(一)接待家长的礼仪规范

接待家长,应注意以下礼仪规范。

- 迎接家长和幼儿来园时,宜起身向前,微笑问候,点头致意,或施15°鞠躬礼,也可行握手礼。
- 与家长谈话时,要控制音量,并保持1米左右的距离,认真倾听家长的叙述。要营造宽松的氛围,以平等的身份与家长交谈。
- 家长来访时,应立即起身相迎,主动询问、了解情况,提供力所能及的帮助。若个人解决不了,应及时向相关人员或领导反映问题,尽快给予家长答复。
- 对家长要热情、大方有礼。对家长的要求,要尽量满足;对家长的意见,要虚心接受;对家长的感谢,要礼貌回应,但不得接受家长的礼品。
- 教师要尊重家长,主动与家长沟通、共同合作,以促进幼儿的身心健康发展。平时要建立与家长联系的平台,通过家长联系本、电话、电子邮件、QQ、微信等,及时与家长沟通信息,双方合作对幼儿进行教育。
- 与家长交流时,对孩子的评价一定要客观、全面,既肯定优点与进步,也要真诚地指出不足之处。交谈中不要与别的幼儿进行比较。谈完后,要肯定此次沟通的收获。
- 与少数民族家长、有不同宗教信仰的家长交流时,要注意尊重他们的文化、信仰、习俗，以及生活习惯、思维习惯等。切忌另眼相看、区别对待。要用充满智慧的方式让他们感受到尊重、温暖和平等。

- 送别家长及幼儿离园时，应微笑道别，点头致意，或施30°鞠躬礼，也可行握手礼。目送家长及幼儿远行时，可致招手礼。若条件允许，可送至门外。

（二）家长会的礼仪规范

幼儿园要定期召开幼儿家长会，以总结、汇报幼儿教育的阶段性情况，让家长了解幼儿在园的成长状况。还要组织一些开放日、公开教学、亲子活动，或开办家长学校，使家长了解幼儿园工作及孩子各方面的表现，向家长介绍科学育儿知识，促进幼儿的健康成长。

- 应提前通过书面或电话、QQ、微信等通知家长，说明活动的主题和重要性、具体时间和地点，以及需要做的准备。
- 在家长会或活动中，要努力创设和谐的氛围，注重情感的作用。
- 多给家长发言的机会；与家长应平等交流、友好协商；记录家长的宝贵意见。
- 重视会后反馈。要保障家长留言、家长邮箱等反馈意见的途径畅通，或通过跟踪电话、QQ、微信等方式对家长进行回访，广泛、及时地收集家长意见，以利于幼儿园工作的改进。

 小提示

与家长交流十二忌

一忌居高临下	二忌自我炫耀
三忌口若悬河	四忌心不在焉
五忌随意插嘴	六忌节外生枝
七忌搔首弄姿	八忌挖苦嘲弄
九忌言不由衷	十忌故弄玄虚
十一忌冷暖不均	十二忌短话长谈

三、与同事交往礼仪

同事之间相处如何,直接影响到自己的工作、情绪、事业的发展。和谐、融洽的同事关系,会让人身心愉悦,有利于工作的顺利开展。幼儿教师应该本着相互尊重的原则,同时应具有团队精神、合作态度,共同配合做好本职工作,处理好同事间的关系。

(一)尊重同事

相互尊重是处理好任何一种人际关系的基础,同事关系也不例外。同事关系不同于亲属关系,一旦失礼,就很难弥补。所以,处理好同事关系,最重要的就是尊重对方。

- 要以礼相待、互相尊重。不对同事盛气凌人、指手画脚。真诚、平等相待,一视同仁,不搞宗派,不伤害、打击他人。要相互支持、相互体谅、相互提供方便、相互关心。
- 上班时,进入幼儿园见到园里的工作人员,均应问"你好""早上好",或微笑、点头致意。下班离开时要互道"再见"或"明天见"。
- 有事需要同事帮忙要礼貌为先,事后一定要说声"谢谢"。
- 要尊重同事的人格、同事的物品所有权以及同事的工作。提出意见的方式可以是:"我对这件事有看法,因为……"提出建议的方式可以是:"我想,能不能这样……仅供参考。"

(二)称呼得体

- 在办公室里,同事之间一般以名字相称,对于德高望重的人或者位高权重的人,要以职衔或冠以"老师"之称。上司对下属或长辈对小辈,也不要直呼其名。按照我国的习惯,同事间称呼"老×"或"小×"比较合适。
- 在幼儿面前,对同事一般不直呼其名,应从幼儿的角度称呼"×老师"。忌用生活中的称呼"小×""老×"等。
- 要特别注意的是,同事之间不能随意给他人起绰号。更不能在幼儿面前用绰号、乳名、小名等称呼同事。

（三）关心帮助

- 同事有困难，通常首先会找亲朋好友帮忙，作为同事，遇到这样的情况应该主动询问，对力所能及的事情伸出援助之手。这样，会增进双方的感情，使关系更加融洽。
- 互助是美德，但物质上的往来应该一清二楚。同事有了困难，大家互相帮助是一种美德。我们都愿意与开朗、大方的人交朋友，但是在同事之间，我们提倡"亲兄弟明算账"，不留弊端。
- 不到万不得已，最好不要向同事借钱。如果确实需要帮助，应该做好记录并及时归还。如果所借钱物不能及时归还，应每隔一段时间向对方说明一下情况，不要引起对方心理上的不快，从而影响自己在同事心目中的人格。

（四）保持距离

尊重同事，不干涉其个人私事。同事之间相处，要保持一定的交往距离，给对方和自己一个放心的空间。

【正确做法】

- ☑ 在同事工作时，最好离得远一些。没有重要的事情，不要去打扰他，以免打断其思路，或造成尴尬的局面。
- ☑ 看到同事输入密码、写东西，或阅读书信、手机上的内容时，不论知悉与否，都应该自觉走开或离得远一些。
- ☑ 同事不在或未经同事允许的情况下，不要擅自动用其物品，如写字台、抽屉、文件、电脑、手机、储物柜等，要尊重他人的私人空间。
- ☑ 如果确实需要找东西，而主人又不在，应该先联系主人，说明情况且得到允许后再找；若事情紧急，且联系不上主人时，应该请第三人一块儿去找，事后必须向主人说明情况并表示歉意。
- ☑ 与异性同事相处要讲究分寸，避免造成误解和麻烦等。

【不当做法】

- ☒ 没有重要的事情，却不管同事正在工作中，而随意上前去打扰、询问，或有事没事就随意闯入他人的办公区域闲聊。
- ☒ 看到同事输入密码、写东西，或阅读书信、手机上的内容时，不自觉地凑近，甚至窥视。
- ☒ 同事不在或未经同事允许的情况下，擅自动用同事的物品，如写字台、抽屉、文件、电脑、手机、储物柜等。
- ☒ 与异性同事相处不注意分寸，时常距离过近、举止亲密，或说黄段子、打情骂俏等。

所谓"君子之交淡如水"，只有在相互尊重的基础上注重相处的礼节，同事之间的关系才能融洽和长久。

（五）公私分明

【正确做法】

- ☑ 学习、开会时准时到，关闭手机或调至静音，专心聆听，认真做笔记，真诚交流，适时鼓掌。
- ☑ 分清办公室公共区域和个人空间，不占用公共区域，以免给同事造成麻烦。保持办公桌整洁、美观大方，避免陈列过多的私人物品。使用物品时，要轻拿轻放。
- ☑ 办公室内谈话要控制音量，尽量不影响他人办公。
- ☑ 尽量避免在办公室就餐，迫不得已在办公室用餐时快速进行，用餐完毕立即清除桌面上的剩余食物，打开窗户进行通风。
- ☑ 节约水电，按需用电，及时关水，注意安全用水用电。

【不当做法】

- ☒ 学习、开会时迟到早退，讲闲话，发短信，打电话，玩手机，吃东西，乱丢纸张，起坐过猛，拍桌摔物，随意进出，结束时座椅不归还原位等。
- ☒ 在办公室里进行娱乐活动。
- ☒ 在办公室里抽烟、吃零食（如图7-1）、刮胡子或梳妆打扮（如图7-2）。
- ☒ 不注意节约水电，造成浪费。不重视用水用电的安全常识，造成安全事故隐患。

图7-1　在办公室里吃零食　　　　　　图7-2　在办公室里梳妆打扮

（六）愉快合作

在与同事相处中应懂得宽容，要理解、支持同事。择善而从，多赞美，少嫉妒。"三人行，必有我师焉"，要善于向同事学习。"择其善者而从之，其不善者而改之"。

【正确做法】

- ☑ 当同事取得成功、获奖或升迁时，应给予衷心的祝贺、由衷的赞美。当自己取得了成绩，有了高兴的事情时，要真诚地与同事分享快乐。
- ☑ 在与其他部门共同处理公务时，对所得利益和好处不能独占，要依据相关规定，以及付出和贡献的大小分配利益，或由上级领导指定分配比例等。
- ☑ 与同事的合作出现问题时，应敢于面对自己的错误，主动承担自己的责任。对于他人的缺点多宽容、多理解。
- ☑ 对于自己的失误或者同事的误会，应该主动道歉说明，化解误会，求同存异。同事之间相处，偶尔有误会产生。如果错在自己，应该主动向对方道歉，征得对方的谅解；如果错不在己，也应该在合适的时候解释清楚。
- ☑ 每个人都有自己的"隐私"，与人相处应该学会尊重他人的"隐私权"，不要关心过度。

【不当做法】

- ☒ 当同事取得成功、获奖或升迁时，就嫉妒、排斥。当自己取得了成绩，有了高兴的事情时，就到处炫耀、招摇。
- ☒ 与同事的合作出现问题时，不面对自己的错误，而把责任都推给他人。
- ☒ 对于自己的失误或者同事的误会，不道歉、不说明，或斤斤计较、耿耿于怀，甚至打击报复。

- ✗ 常在背后津津乐道地议论他人的隐私。背后议论他人的隐私，会损害他人的利益，使双方关系紧张甚至恶化，也会损害自己的形象，因而要避免这种不光彩的行为。

四、与领导交往礼仪

幼儿教师在工作中与领导交往要讲礼仪。和领导处理好关系，对自己的工作非常有帮助。与领导交往，幼儿教师要注意以下几个方面。

（一）维护领导的尊严

- 无论在什么场合，与领导说话都要有分寸，不要随便开玩笑。要尊敬领导，他既然是领导，必定有突出的能力，说明他身上有很多值得我们学习的地方。
- 维护领导的威信，主动配合领导工作。
- 不顶撞领导，不在背后议论领导的是非，更不能散布对领导的不满情绪。对领导工作中出现的失误，应宽容、体谅。
- 不要在几个领导之间有意无意地形成亲疏关系。

（二）遵守必要的礼节

幼儿教师无论在什么场合与领导相处，都应讲究必要的礼节。

- 见到领导应该趋前打招呼。如果近距离相处，宜微笑点头，或致以15°鞠躬礼，并用礼貌用语打招呼。如果距离远，不便呼叫，可注视之，当目光相遇时，应微笑点头或招手致意。途中碰到领导，佯装看不见而避开，或自觉矮人半截，或自命秉性傲岸，都是有损于人际交往精神的。避而不见，显得畏畏缩缩或鬼鬼祟祟，有失大方、礼貌。
- 无论在幼儿园内或园外，只要领导在场，离开的时候，记得一定要跟领导打声招呼——"对不起，我先走一步了"，或者说"再见"，以示敬意。
- 领导进入办公室时，要起立迎接，微笑着问好，待领导就座后再坐下。主动接受领导检查或布置任务，领导离开时应主动开门并说"再见"。

- 进入领导的办公室，要礼貌地敲门，得到许可才能进入。如果正遇到领导与他人交谈，但有急事需要马上请示，可以说："对不起，打扰了……"如果领导正在低头批阅文件，切忌探头探脑或用眼睛乱瞟。开门、关门要轻，避免发出响声。离开领导的办公室，要随手将门关好。
- 迟到、早退与请假，都应该尽量自己写假条或打电话，与领导本人报告，不要请家人或同事传话。

（三）服从指挥，积极工作

- 愉快地接受领导布置的任务，详细记录、认真办理、及时汇报。
- 要认真理解领导的指令和要求的意图，切莫机械行事。出了错，不要找借口，更不能说"是您叫我这样做的呀"。领导说话时，不要插嘴，更不要在挨批的时候插嘴。要学会自我检讨，不能推诿责任。要做到不为失败找借口，只为成功找方法。
- 遇事要及时向领导请示、汇报，依指示妥善处理，不可自作主张或"假传圣旨"。
- 请示工作不要越级，处理正常公务不得擅自越位，以免造成不必要的麻烦和纠纷，即使遇到紧急事务越级上报或越级接受指示，也要在事后及时向直接领导说明情况。

（四）尊重领导的隐私

无论你与领导私底下是多好的朋友，在工作场合说话与办事都要掌握分寸，随时把他作为领导对待，保持他的权威感。

【正确做法】

☑ 偶尔碰到领导的隐私时，应装作没看见、看不清或看不懂。不要触及领导的隐私，更不要再次提起，或在公共场合在同事之间传播。

☑ 与领导一起出差，最好不要订同一间客房。领导进入房间后，宾馆客房就成了领导暂时的私人空间。如果要找领导谈工作，必须先打电话联系，不要贸然去敲门。

【不当做法】

☒ 当着其他同事的面讨论你和领导的私事，或者与领导勾肩搭背、拍头拍肩。

☒ 在公共区域或办公室里有第三者的情况下与领导谈家常,特别是领导的家事。

五、与友邻交往礼仪

人际交往中的礼仪体现了人与人之间的尊重,它"润滑"了人际关系,有利于社会的和谐稳定。处理好与友邻的关系,能够让周围的环境更和谐,更有利于幼儿教师心情愉快地工作和生活。

(一)热情友好、礼貌相处

- 相见时,宜主动问候,礼貌招呼,热情寒暄。
- 闲聊时,要关心有度,掌控好时间,不影响他人。
- 友邻人员来访,要礼貌迎送,热情招待。
- 拜访友邻,要先敲门,得到许可方可入内。开门要轻,进门要先问好,离开要随手带门。
- 帮助友邻协办的事务,要依据相关规定积极办理。一时办不了的事务,也要尽快办理,及时给予答复。
- 当自己有失误时,及时、真诚地道一声"对不起",往往会化解许多矛盾。

(二)平等互助、互相尊重

在日常相处或共同处理事务时,一定要摆正自己的位置,平等友好待人,要有耐心。

- 不能强人所难,不可对他人指手画脚、发号施令。
- 不干涉他人的内部事务,不得指责他人的行为。
- 有事需要与他人协调时,最好由相关的负责人出面联系,或由上级领导组织协调。
- 在与其他单位或个人合作时,所得利益和好处不能独占,要依据相关规定或分配比例,以及付出和贡献的大小来分配利益。

（三）接待临时访客

1. 热情接待

【正确做法】

☑ 在幼儿园门口值班的人员对来访者要主动问好，询问来访原因和目的，提供帮助，礼貌地请来访者进行登记。宜主动询问："您好！请问您找谁？""请问您有什么事吗？""请问，有什么能帮到您吗？"当被动受问且自己不清楚情况时，应主动帮助："抱歉，这个我还不太清楚。我可以帮您问一下。"

☑ 办公室接待，不管来访者是何人，都要起身迎接，热情问候、让座、敬茶。要始终保持笑脸接待来访者，有问必答，答必合规。来访者告辞时，要起身相送，送出门口，握手道别，互道再见。

【不当做法】

☒ 见来访者时不理不睬，冷漠旁观，无应答。

☒ 办公室接待，不起身，无微笑，不关注，爱理不理。

2. 诚恳帮助

- 要弄清来访者的身份和目的，耐心询问来访者的意图。要认真听取来访者的叙述，必要时做好记录。
- 对来访者要求办理的事情，必须根据相关政策、规定，诚恳地进行解释、解决、答复。可以马上办理的，尽快办理、解决；不能马上办理的，要说明理由或上报请示，并确定答复日期；解释问题要耐心，切忌冷漠、简单、急躁、推诿；不允许愚弄、欺骗来访者。
- 如果来访者找的是其他人，则要迅速联系受访对象，告之来访者的所在单位、姓名和来意。若受访者不在或没空接待，应委婉地告诉来访者，请来访者留下名片和资料，代为转交，预约其他时间来访。应表示歉意，礼貌送客。
- 如遇来访者要求办理不合规定之事、不合理之事，甚至来访者故意刁难，要特别注意控制自己的情绪，热情接待，这样既可缓解紧张的气氛，又可避免事态恶化。

（四）探望病人应有礼

1. 礼物

应该在探视前先了解病人的具体病情，再针对病情治疗、身体康复和心理慰藉等，选择合适的慰问品，这样才能真正达到慰问的目的。有时，小玩具、画册、羊毛毯、保温杯等也可以送给病人。

很多人喜欢给病人送鲜花和水果，但要注意，婴幼儿、患呼吸系统疾病的病人或同病房的病人可能对鲜花过敏，不适宜呼吸有花粉的空气。特别要注意的是，一些糖尿病人、肠胃病人不宜吃某些品种的水果。

2. 神情

探望病人时，神情应该保持轻松和关切，不要显得过于担心。见到病人治疗用的针头、皮管及其他医疗器械，不要表现出惊讶的神态，以免给病人带来压力。

3. 话题

探望病人的话题要轻松。注意往好的方向引导，不要自己滔滔不绝地说，更不要哪壶不开提哪壶，让病人紧张。对于一些不便当着病人的面交谈的话题，可在离别时与其亲属到门外再谈。

4. 告辞

告辞时，应该问一下病人是否有什么需要帮助办理的事情，并嘱咐病人安心接受治疗和调养。

六、与媒体交往礼仪

在信息网络化时代，舆论公开，意识多元。大众传媒异常发达，并且在现实生活中几乎无处不在、无孔不入，发挥着十分重要的作用。

幼儿教师应注意礼貌地与媒体打交道，有礼有节地大方应对。每一位幼儿教师都代表着所在幼教机构的形象，其言行举止直接影响着媒体、社会公众对所在幼教机构的评价。幼儿教师既要掌握政策、遵守纪律、注意分寸，又要沉着机智、规范地接待，充分展现良好的幼教机构形象，并树立好的品牌效应。如果错误地应对媒体，将给所在幼教机构带来严重的负面影响。

（一）接待邀请的媒体

- 有重要活动，接待前期邀请的媒体人员时，宜在幼儿园大门口迎候，并予以热情的欢迎，主动鞠躬或握手问好。必要时，按礼仪顺序的先后进行介绍。
- 接待人员走在媒体人员的前外侧，主动用语言和手势礼貌地引导。进入接待室，应礼让请坐，沏茶奉茶，热情交谈。
- 活动中，在展示幼儿园美好的同时，应照顾好媒体人员。对媒体人员进行座次排列时，不仅要重视运用具体的礼仪技巧，如居中为上、前排为上、面门为上、以远为上，而且应当注意内外有别、中外有别与主随客便三大要点。
- 活动结束，媒体人员告辞时，应送至园门外，客先伸手再握手道别，并表示对其到访的感谢和再次的欢迎。

（二）有备而至

作为一名训练有素、见多识广的幼儿教师，在其国内外交往中，必须正视媒体人员几乎无处不在的现实，做好必要而充分的准备工作，以求有备而至，在应对媒体时发挥正常。

1. 联络媒体

与社会各界人士相处时，幼儿教师均应多交朋友、广结善缘。与媒体人员打交道时亦是如此。与媒体保持联络至少有三重好处：一是可以在一定程度上得到媒体的理解与支持；二是可以与媒体进行良性的互动；三是可以主动向媒体传播信息。

在不违背国家法律与幼教机构纪律的前提下，如有需要，幼儿教师应按照统一部署主动与媒体进行联络，并在两相情愿的情况下与之保持良好的关系。

2. 方便媒体

如想赢得媒体的支持，就应为其提供各种方便。

- 主动提供有益信息。在条件允许时，应经常向与自己关系密切的媒体提供正确无误、时效性强的信息，以实际行动支持其工作。
- 提供采访便利。在力所能及的前提下，可以诚心实意地为前来对自己或幼教机构进行采访的媒体提供种种便利，在人员、设备、时间、场地诸方面给予必要的支持。至少，不应为之设置不必要的限制。
- 尊重媒体人员。对于辛劳工作的媒体人员，幼儿教师理当表示应有的尊重。对媒体人员的尊重，实际上就是对媒体的尊重。

3. 统一口径

参与重要活动，尤其是在面对突发性事件时，幼儿教师应当与国家、政府、所在的幼教机构保持高度一致。

幼儿教师应对媒体的一言一行均事关重大，不可不慎。具体而言，主要是要求保守秘密、统一行动、专人发言、提供文稿。

- 保守秘密。在应对媒体之际，有关幼儿教师必须遵守纪律与保密规则，绝对不允许擅自向外界泄露所在幼教机构的秘密，绝对不允许信口开河、口无遮拦。
- 统一行动。对于一些重大问题，幼教机构应对有可能接触外方媒体的全体幼儿教师做出具体规定——什么当讲、什么不当讲、应当如何讲，以便统一行动。
- 专人发言。幼儿教师参与正式组团出国访问，或集体参加重大活动时，有条件者应提前指定某一位团员担任本团的"新闻发言人"，由其出面应对外方媒体，统一回答对方感兴趣的问题。这样一来，我方人员就不至于在媒体面前"众说纷纭"。平时，亦可指定专门的教师担任本单位的"新闻发言人"。
- 提供文稿。在正式接受媒体采访时，为了防止对方曲解或误解我方所传递的信息，按照常规，均应向对方提供一份认真准备的、经过斟酌的、具有一定新闻价值的新闻稿，以供其发稿时核对与借鉴之用。

（三）现场表现

在具体应对媒体时，每一名当事的幼儿教师都要注意自己的现场表现。一般而言，幼儿教师在媒体面前主要应当做到泰然自若、谨言慎行、善待媒体人员、弥补失误四点。

1. 泰然自若

- 应对媒体时，幼儿教师切勿手忙脚乱、手足无措、胡言乱语、自毁形象。任何时候，在媒体面前都应不慌不忙，这样才会赢得媒体与公众的好感。
- 不论自己求助于媒体，还是媒体有求于自己，幼儿教师应对媒体时都应力戒骄傲自大、目中无人，并要避免急躁盲动、自乱阵脚。

2. 谨言慎行

应对媒体时，幼儿教师应当对自己的一言一行多加注意，力求谨言慎行、不出差错。

- 有问必答。

【正确做法】

☑ 应对媒体，自然少不了回答其各式各样的问题。对于媒体人员所提出的各式问题，幼儿教师必须做到有问必答。即使遇到正面难以回答或回答不了的问题，也必须换一种方式作答。

【不当做法】

☒ 对于媒体人员所提出的各式问题，随口回答"不清楚""不能答复""无可奉告"，或信口回答"我觉得……""我认为……"等。

- 真实无欺。回答媒体人员的提问时，幼儿教师必须坚持只讲真话、不讲假话，并力戒自欺欺人，力求真实无欺。有些问题难以真实作答，亦应委婉地应对，而不能代之以假言假语。讲假话的人，永远不会为他人所信任。

- 巧妙作答。在回答问题时，虚张声势或吞吞吐吐都会令人反感，善于巧妙地回答媒体人员的问题，是幼儿教师必须练就的一项基本功。

- 行为得当。由于目前新闻媒体已经渗透到生活的每个角落,所以在媒体面前,幼儿教师应对自己的行为多加检点。不论当众演讲,还是私人行动,都要对自己的一切行为负责。不要忘记,自己的一举一动都可能成为媒体所关注的"新闻"。

3. 善待媒体人员

应对媒体时,每一个有教养的人士都懂得应当善待其工作人员,尤其是辛劳无比的新闻记者。幼儿教师待之以礼,往往都会产生投桃报李之效。

- 主动合作。应对媒体人员时,有经验的幼儿教师会变被动为主动,主动接近对方,并积极地与对方合作。这样一来,对方自然会对我方产生良好印象。
- 态度友善。回答记者的提问时,幼儿教师切勿打断对方,或以表情、举止、语气对对方表达不满。即使对方的问题带有偏见或挑衅意味,也不应为此而激动或发怒。
- 平等待人。在任何场合,幼儿教师与媒体人员在人格上都处于平等的地位,因此幼儿教师应当对媒体人员平等相待。

4. 弥补失误

现场应对媒体时,幼儿教师如果出现了失误,应及时做出反应,妥善弥补。

- 现场弥补失误。幼儿教师现场应对媒体时,一旦发现自己出现了某种失误,应想方设法尽快予以更正。切勿置之不理,一拖再拖,甚至酿成事端。
- 事后弥补失误。若事后发现自己应对媒体有误,应在力所能及的前提下采取一切可能的措施进行补救。
- 认真总结教训。每次应对媒体后,幼儿教师都有必要认真地收集相关媒体的报道,并对其进行分类分析。对于自己所发现的问题,一定要探究原因,并设法予以弥补。

(四)舆情处置时的礼仪

面对负面舆情,幼教机构要加强舆情监测,要迅速上报相关部门。得到指示后,向媒体做出回应要及时。要充分利用"黄金四小时",坚持速报事实,慎报原因，不说谎话，积极处理，以此占据主动，避免舆情过分发酵。

幼儿教师和工作人员应多加注意自己的一言一行、一举一动，力求谨言慎行、不出差错。任何草率应付、不拘言行都有可能引发新的舆情。

在处置舆情、接待媒体人员时，幼儿教师要注意以下几点。

- 对待媒体人员，首先要礼貌地接待。
- 要迅速请示、谨慎表态。任何人都不能阻挠媒体人员的采访，但被采访者也拥有"沉默权"，有时可以婉拒采访。
- 交流中，语言要合乎规范，避免个性化理解和言辞。

七、涉外交往礼仪

改革开放后，外国朋友来中国工作和生活的人数逐年增多。国际交往的不断增加使我们参与涉外活动的机会也越来越多。在涉外交往中，幼儿教师应牢记我们是"中国人"的代表，是民族的象征，必须严格执行国家的对外政策，与世界各国的朋友们相互尊重、平等相待、友好相处。

在涉外交往中，必须采用表示尊重和友好的惯用规则。要尊重对方，就应了解交往对象所在国家的民风民俗、礼仪礼节和禁忌与喜好。只有这样，我们所传递的信息才是有效的，我们进行的沟通与交流才是成功的。

幼儿教师掌握一些具有普遍性、共同性和指导性的涉外礼仪原则，才能更好地发挥礼仪的作用。

（一）真诚平等

《联合国宪章》在"序言"中阐述了"大小各国平等权利"的信念。真诚、平等是国际交往原则的核心。真诚指的是真心实意的友善表现，实事求是的客观态度；平等指的是人格的平等和礼仪活动中各方所执之礼的大体相当。

- 不论国家大小、肤色、种族有何差异，都要一视同仁，给予同等礼遇。例如，在礼宾序列问题上，各国代表的位次一般是按会议所用文字的国名字母顺序来排列。
- 在礼仪活动中必须注重"礼尚往来"。一方对另一方表现出的礼数应有对等的反应。交往的双方人员，身份要大体相当；代表团互访时，双方的接待规格应相差不多。

（二）自律宽容

既要严于律己，又要宽以待人。礼仪规范是对双方的要求，是双方的互动过程，既不使自己被动，又给对方留有充分的余地，这样才能体现平等、相互尊重。

- 严格自律，遵守各种礼仪规范，使自己的行为符合国际惯例和行业规则。幼儿教师的服饰、仪容、神情、语气等都要与之相配，所执之礼也应与之相符。自律还要求在交往中的行为不出格，举止不失态，言语不失礼，不能忽视礼仪细节。

- 对对方宽容，是要求遇事多容忍、体谅、理解他人，而不能求全责备、斤斤计较、过分苛求、咄咄逼人。对不同于己、不同于众的行为，幼儿教师要耐心容忍、善于做换位思考。不应当强求他人按照自己的爱好和习惯来行事。唯有宽容才能排除人际交往中的各种障碍，更好地与他人进行沟通。

（三）不卑不亢

不卑不亢，是涉外礼仪的一项基本原则。

- 每个幼儿教师在参与国际交往时，都必须意识到自己在外国人的眼里代表着自己的国家，代表着自己的民族，代表着自己所在的机构。因此，每个幼儿教师的言行都应当从容得体、堂堂正正。

- 幼儿教师在外国人面前既不应该表现得畏惧自卑、低三下四，也不应该表现得自大狂傲、放肆嚣张。尤其是在国际交往中涉及自我评价时，不必过谦。虽然不应该自吹自擂、自我标榜，但是也绝对没有必要妄自菲薄、自我贬低，过度地谦虚、客套。既要彬彬有礼，又要维护国家和民族的尊严。

（四）信守约定

1. 严格遵守承诺

在一切正式的国际交往中，幼儿教师都必须认真而严格地遵守自己的所有承诺。说话务必要算数，许诺一定要兑现，约会必须要如约而至。

在涉外交往中,要真正做到信守约定,幼儿教师必须严格地要求自己。

- 许诺必须谨慎。
- 对自己已经做出的约定,务必认真地加以遵守。
- 万一由于难以抗拒的因素导致自己单方面失约或有约难行,需要尽早向有关各方通报,如实地做出解释,郑重其事地向对方致以歉意,并且主动承担按照规定和惯例因此而给对方造成的某些物质方面的损失。

2. 遵守时间约定

遵守时间约定、不失约,也是国际交往中极为重要的礼仪。

每一个懂得尊重自己、尊重别人的人,都不可轻易地浪费别人的时间,都必须严格地遵守自己的所有承诺,否则不仅会造成失礼,而且会为此而失信于人。

为了遵时守约,幼儿教师应采取一些必要的预防措施。

- 在有关时间的问题上干脆明确。必要时,应把日期、时间、地点等清楚地记在自己的日程上,以免遗忘。
- 要严格遵守与他人约定的时间,不宜随便改动或取消。
- 要适时赴约,不宜早到,更不可晚到。
- 在约会中一般不允许早退;发生临时情况而迟到或不能赴约时,必须有礼貌地尽早向对方通报、解释、致歉,争取对方的谅解,不可显得若无其事。

(五)女士优先

尊重妇女是一种美德,女士优先是国际社会公认的一条重要的礼仪原则。人们早已普遍认为,在社交活动中遵守女士优先原则,是男士个人教养的基本体现,还可以显示男子气质与绅士风度。

- 这种尊重体现在一些日常生活细节的关怀上,比如上下电梯、进入大门、入座离席、介绍引见时,女士都可以获得一种优先的权利。
- 女士优先原则要求:在尊重妇女、照顾妇女、体谅妇女、关心妇女、保护妇女方面,男士们应对所有的妇女一视同仁。

（六）尊重隐私

隐私，泛指一个人出于个人尊严和某些方面的考虑，不愿告之于人或不愿公之于众的个人情况。

在涉外交往中，尊重个人隐私权是至关重要的。在许多国家，个人隐私是受到法律保护不容侵犯的。之所以重视对个人隐私的保护，一方面是为了保护个人自由选择生活方式的权利，另一方面是为了保护个人安全。

- 涉外交往中，幼儿教师应有意识地回避涉及对方个人隐私的一切问题，保留一定的距离。一般而言，下列几方面的问题均被视为个人隐私：收入和支出、年龄及婚姻状况、健康状况、个人学历和经历、家庭住址、宗教信仰。
- 在涉外交往中，切不可按自己的习惯向外国人问长问短，不能深究其个人的隐私。由于文化传统、风俗习惯的不同，中国人平常所爱谈论的许多内容都被外国人视为个人隐私。

（七）热情有度

热情有度，是要求幼儿教师在参与涉外交往，直接同外国人打交道时，不仅待人要热情而友好，更为重要的是，要把握好待人热情友好的具体分寸，认真得体，注意做到恰到好处。

- 要掌握好四个方面的具体的"度"：关心有度，批评有度，距离有度，举止有度。
- 要在涉外交往中真正做到"举止有度"，要注意两个方面：一是在不清楚对方的习俗时不随便采用某些意在显示热情的动作；二是不做出不文明、不礼貌的动作。

（八）以右为尊

在正式的国际交往中，依照国际惯例，将多人进行并排排列时，最基本的规则是右高左低，即：以右为上，以左为下；以右为尊，以左为卑。

大到政治磋商、公务往来、文化交流，小到私人接触、社交应酬，但凡有必要确定和排列座次时，以右为尊都是普遍适用的。

在接待外国家长和幼儿前,在参加外事活动之前,在出国旅行之前,幼儿教师都应做好充分的准备。阅读和研究外国文化指南之类的书籍,可以给我们提供交往国家独有的风俗习惯方面的情况,能够给我们提供有效的帮助。

"凡与客入者,每门让于客。客至于寝门,则主人请入为席,然后出迎客。客固辞,主人肃客而入。主人入门而右,客入门而左。主人就东阶,客就西阶。"

——《礼记·曲礼》

第八章

礼仪教育亮传承——幼儿教师参加社会活动的礼仪规范

在教育教学活动中或带领幼儿外出参加活动时,幼儿教师都需要运用各种社会活动的礼仪知识。幼儿教师只有具备了广泛的社会活动礼仪知识和修养,才能正确地解读教育教学内容中所涉及的各种社会活动现象中的礼仪知识,才能通过言传身教教给孩子们正确的礼仪知识和行为规范,才能引领孩子们从小就掌握正确地与人交往的礼仪细节。此外,幼儿教师身体力行去遵循礼仪规则,有助于孩子们效仿教师、明理懂事,从而逐步培养孩子们良好的行为习惯和个人修养,让孩子们健康成长。

一、出行礼仪

幼儿教师因为日常工作或生活的需要,都离不开出行。无论个人徒步行走、驾驶车辆,还是乘坐公共交通工具,幼儿教师都应该自觉地遵守礼仪规范,维护交通秩序,体现个人的良好素质。

同时,出行礼仪的教育和引导也是幼儿教育的重要内容之一。因此,幼儿教师应谙熟出行礼仪的细则,做到以身作则、以身示范。

(一)徒步行走

徒步行走是幼儿教师平日进行活动的基本方式。在徒步行走时,尤其是在公共场所或室外正规的道路上徒步行走时,应自觉遵守基本的礼仪规范。

1. 遵守交通规则

交通规则,是指国家为了确保交通的顺畅与安全,专门规定的以供全体社会成员共同遵守的有关交通的章程制度。遵守交通规则是每一位公民义不容辞的义务。因此，在室外行走时，幼儿教师必须严格地遵守交通规则。

（1）靠右行走。

为了确保交通的顺畅，我国规定，不论行人还是车辆，在道路上一律靠右侧行走。

【正确做法】

☑ 在室外行走时，特别是在正规的道路上行走，幼儿教师切记要靠右行走，并指导、带领孩子们靠右行走。

【不当做法】

☒ 在室外行走时，特别是在正规的道路上行走，幼儿教师不能谨遵靠右行走的交通规则，走路时随意穿插、忽左忽右。

（2）走人行道。

【正确做法】

☑ 在室外行走时，一定要选择人行道。若是没有明显的人行道时，也要尽量靠路边行走。

☑ 需要横穿道路时，要走指定的过街人行横道或专用的过街天桥、地下通道等。

【不当做法】

☒ 行走在机动车道上，或行走在交通干道的中央，或有意与车辆抢夺道路。

☒ 随便横穿马路，或任意跨越专用的隔离护栏。

（3）服从规定。

【正确做法】

☑ 行人或车辆通过路口时，均应遵从红绿灯的指示。一般规定是"红灯停，绿灯行"。不论是否有人监督，均应自觉地遵守规定。

☑ 对于交通警察或其他交通管理人员正常的管理，不但要自觉服从，还应当积极予以配合。对他们善意的批评、教育应当接受。

【不当做法】

☒ 通过路口时，对红绿灯的指示视若不见、随意通过，甚至贸然抢行。

☒ 不服从交通警察或其他交通管理人员正常的管理，对他们善意的批评、教育拒不接受，不予以配合。

2. 明确行走方位

与他人一道同行时，应注意讲究行进的方位。

（1）单行行走的规则。

单行行走的规则是：当与多人一同单行行走时，通常以前排为上。

【正确做法】

☑ 当幼儿教师与领导、长辈、来宾、家长等一起单行行走时，应当自觉地随行于其后。但当对方是初来乍到、不认路时，则应走在前方为其引导带路。

【不当做法】

☒ 与他人单行行走时，不管不顾，随意穿插在领导、长辈、来宾或家长中间。在对方不熟悉路时，不主动为其引导。

（2）并排行走的规则。

并排行走的规则是：当两人并排行走时，一般以内侧为上，即靠道路内侧、靠墙的位置较为尊贵；当三人或者三人以上并排行走时，则往往以中间为上。

【正确做法】

☑ 当幼儿教师与领导、长辈、来宾、家长等多人一起并排行走时，应当自觉地靠道路外侧、靠边同行。在狭窄通道中，三人以上最好不并排前行。

【不当做法】

☒ 与领导、长辈、来宾、家长等多人一起并排行走时，不主动照顾对方，自己走在内侧。在狭窄通道中，三人以上仍并排前行，不注意是否阻碍他人。

3. 优先礼让他人

（1）主动谦让。

在大街小巷、公共场所行走时，难免会遇见他人或与他人一道行走，此时幼儿教师要不分亲疏，一律以礼相待，主动谦让。

【正确做法】

☑ 通过狭窄之处，可请他人首先通过。需要让路时，应当立即采取行动。不小心碰撞、踩踏别人之后，应立即向对方致歉。得到他人的礼让、帮助后，应当道谢。

【不当做法】

☒ 强行，不主动让道。不小心碰撞、踩踏别人之后，不向对方致歉，径直离开。得到他人的礼让、帮助后,不微笑点头致意、不道谢。

(2) 关照弱者。

【正确做法】

☑ 徒步行走时,对于老、幼、病、残、孕者,幼儿教师不但应当予以礼让,还应当在必要时主动对其加以照顾。

☑ 对于问路的外地人、外国人,应该尽量提供帮助。

【不当做法】

☒ 不谦让老、幼、病、残、孕者。不愿意为他人提供力所能及的帮助。

(3) 多人一同行走时,一般讲究先来后到,依次而行。

【正确做法】

☑ 若有急事,可先轻声地对身前之人道一声"对不起"(或"对不起,请让一下""对不起,借过一下"),然后侧身通过,并随后向对方道谢。

【不当做法】

☒ 因个人有急事,就任意横冲直撞、争抢道路。

(4) 不阻塞交通。

【正确做法】

☑ 在道路较窄之处,应当快速通过,不与同行者并行,不逗留。

【不当做法】

☒ 在道路较窄之处席地而坐、徘徊不前或在此处与他人交谈,或与同行者并行,尤其是与其勾肩搭背、搂抱而行。

4. 注意个人言行

除了严格遵守上述规则之外,幼儿教师还必须严格要求自己,谨言慎行,注意细节。

【不当做法】

☒ 边走边吃。在行走时大吃大喝,不仅吃相不雅,而且极不卫生。在人多之处这么做,有时还会妨碍别人。

☒ 手舞足蹈。在人多之处手舞足蹈,不仅显得自己缺乏教养,而且容易冒犯他人,进而酿成事端。

☒ 过度亲昵。与异性外出时,不要在大庭广众之下表现得过分亲热,显得轻浮浅薄，令人不堪入目。
- ☒ 少见多怪。外出行走时，不要动辄在街头巷尾围观、起哄。不要对陌生人过分好奇，对对方指指点点或加以议论，或者长时间地尾随其后。

（二）驾驶汽车

在现代生活中，驾驶汽车出行已经成为提高生活质量与生活效率的基本方式。幼儿教师在驾车外出时应安全驾驶、服从管理、礼让他人。

1．安全驾驶

安全驾驶必须遵守以下两个规则。
- 根据《中华人民共和国道路交通安全法》的规定，我国的每一名机动车驾驶者，均须经过车辆管理机关考试合格，领取驾驶证后，方可驾驶车辆。技术不合格、未领取驾驶证者，绝对不允许驾驶汽车上路。
- 树立安全意识，力求有备无患。

【正确做法】
- ☑ 开车出门前，一定要认真仔细地对所驾驶的汽车进行例行检查。
- ☑ 在驾驶期间切记：喝了酒，不能开车；没有休息好，不能开车；吃了某些容易令人嗜睡的药品，不能开车；情绪欠佳，不要开车；开车时不要玩手机。
- ☑ "宁停三分，不抢一秒。"遇到红灯、拥堵、道路管制时，当停则停。
- ☑ 当遇到其他驾驶者不遵守交通法规时，不必争强好胜，当让则让。
- ☑ 有必要夜间行车时，一定要注意休息，正确使用夜灯等。切勿疲劳驾驶。
- ☑ 注意异常天气。当遭遇大风、降雨、下雪、下雾、结冰等异常天气时，应尽量减少驾车外出。确有必要时，要及时了解道路管制情况，并谨慎驾驶。

【不当做法】
- ☒ 开车时，长时间打电话。
- ☒ 夜间行车时，用大灯乱照、乱晃其他车辆、行人。
- ☒ 开车遇他人不遵守交通法规时怒气冲天、争强斗胜。

2. 服从管理

(1) 遵守交通法规。

《中华人民共和国道路交通安全法》规定，我国的每一名机动车驾驶者都必须自觉地遵守如下几点。

- 驾驶人应按照驾驶证载明的准驾车型驾驶机动车；驾驶机动车时，应随身携带驾驶证和行驶证。
- 驾驶人驾驶机动车上路行驶前，应对机动车的安全技术性能进行认真检查；不得驾驶安全设施不全或机件不符合技术标准等具有安全隐患的机动车。
- 饮酒后，服用国家管制的精神药品或者麻醉药品，或者患有妨碍安全驾驶机动车的疾病，或者过度疲劳影响安全驾驶者，不得驾驶机动车。
- 机动车驾驶人应遵守道路安全法律、法规的规定，并按照操作规范安全驾驶、文明驾驶。
- 应定期接受公安机关交通管理部门对机动车驾驶证的审验。

(2) 自觉接受管理。

在驾车行驶时，为了自己与他人的安全，为了交通的畅行无阻，幼儿教师应以小我服从大我，自觉接受管理。要严格地遵守交通法规，自觉地服从交警管理。要依照国家的有关法规与标准，认真落实车辆检验的要求。

3. 礼让他人

行车之礼，让人第一！在任何条件下，幼儿教师驾驶汽车均应以自己的实际行动对其他人、其他车辆多加礼让，以实际行动体现良好的个人修养。

(1) 礼让非机动车与行人。

【正确做法】

- ☑ 对行人，尤其是老人、孩子、孕妇、残疾人士，一定要予以照顾。该避让就避让，该减速就减速，该停车就要停车。遇到雨雪天时，要防止自己的车辆通过时溅起的泥水影响非机动车和行人。
- ☑ 对自行车、三轮车等非机动车，最好避免并行，宜错开行驶。

【不当做法】

☒ 遇到没有交通指示灯的斑马线不减速,不礼让行人。

☒ 雨雪天行车时不减速,不注意避免自己的车辆通过时溅起泥水影响非机动车和行人。

(2)礼让其他机动车。

【正确做法】

☑ 遇救护车、消防车或警车执行任务时,应尽快让出通道。

☑ 驾驶机动车行驶时,应当具有人人平等的意识。大车不宜欺负小车,新车不宜欺负旧车,高档车不宜欺负低档车。同样的道理,老司机不可欺负新司机,大车司机不可欺负小车司机,本地司机不可欺负外地司机。

☑ 遵守交通法规,不要强行超车,不要挤占其他车辆的车道。万一有人那样做,不妨主动避让,让出车道,令其先行。一旦自己的车辆与其他车辆发生事故,不要与对方吵架、打架,更不要制造交通拥堵,而应与对方协商处理办法,或听从交通民警的处理意见。

☑ 遇到贵宾车队通过时,不论当时是否实行交通管制,对其都要予以礼让。

(三)乘坐汽车

乘坐汽车时,应重视上下车的顺序、就座时的座次、乘车时的表现等礼仪规则。

1. 上下车的顺序

上下车时必须注意礼让他人。

【正确做法】

☑ 乘坐公共汽车或地铁时,需要注意:在上下车时,一般的惯例是"先下后上";上车时,必须按照规定,"前门上,后门下"或者"中间下,两边上",切不可反其道而行之。上车人数较多时,一般讲究先来后到,排队依次上车,唯有老、幼、病、残、孕者,方可优先上车,切勿蜂拥而上,也不要插队;需要下车时,应当提前有所准备,主动向车门靠近,自觉地依次下车。

☑ 乘坐轿车时,需要注意:一般情况下,幼儿教师与他人一道外出乘坐轿车时,为表示尊重,应争取做到"后上先下",即后上轿车、先下轿车;有时由于轿车上的具体座次安排所限,上下轿车难以做到"先上后下"时,就不必墨守成规，应以方便为宜；当右座上已有他人在座时，应从车后绕行上下车，而不宜在就座者身边强行通过或从车前绕行。

【不当做法】

☒ 乘坐公共汽车或地铁时，在上下车时不遵守"先下后上""前门上，后门下"或"中间下，两边上"这些惯例。

☒ 上车人数较多时蜂拥而上或插队。

☒ 需要下车时，不提前移动至下车门附近，而是横冲直撞，强行下车。

☒ 乘坐轿车时，只顾自己方便、舒服，没有照顾尊长的意识。

2．就座时的座次

在汽车上，如有他人同时在座，通常应当对具体座次的尊卑适当地加以注意。

(1) 乘坐客车和公共汽车。

乘坐多排客车、公共汽车时，一般根据车辆行驶的方向为准，座次的尊卑如下：

- 前面的位置高于后面的位置。
- 面向前方的位置高于背对前方的位置。
- 位于右侧的位置高于位于左侧的位置。
- 位于内侧的位置高于位于外侧的位置，一般临窗的座位视野最佳、干扰少，故被视为车上的最佳外置。
- 正式的座椅高于临时的座椅。

(2) 乘坐轿车。

乘坐轿车，具体确定座次时必须注意：座椅排数、座位数量不同的轿车，在具体排位时讲究有别，而且驾驶者的具体身份对排位亦有相当大的影响。例如：

- 双排五座轿车。在我国，当专职司机驾车时，其座次自高而低应为：后排右座、后排左座、后排中座、前排右座；当主人驾车时，其座次自高而低依次应为：前排右座、后排右座、后排左座、后排中座。
- 三排七座轿车。在我国，当专职司机驾车时，其座次自高而低依次应为：后排右座、后排左座、后排中座、中排右座、中排左座、前排右座；当主人驾车时，其座次自高而低依次应为：前排右座、后排右座、后排左座、后排中座、中排右座、中排左座。

3．乘车时的表现

在乘坐汽车的过程中，幼儿教师应对自己在车上的表现加以注意，做到律己敬人。

- 严于律己，不做出不文明的行为。不争抢座位；不在通道上乱放东西，也不乱伸自己的腿脚，以防阻挡他人；不在乘车时吃喝，保持身体距离，尤其是与不相识者或者异性；下雨下雪时所用的雨衣雨伞等物应在上车后立即收好，勿妨碍他人。
- 安全至上。在上下汽车时，一定要等待车辆停稳；在上下车辆的过程中，与身前身后之人要尽可能地保持一定的距离，不要推挤对方；在车辆行驶期间，不要随意主动与司机攀谈，以免分散其注意力；不得信手向窗外乱扔东西；不要将头、手等身体部位伸出窗外。
- 尊敬他人，主动让座。与他人一同外出乘坐汽车时，应当主动请对方在上座就座。在公共汽车上就座时，应主动为需要帮助的人提供帮助。发现无座位的老、幼、病、残、孕者，应主动将自己的座位让给对方，体现互助友爱的精神。

（四）乘坐火车

乘坐火车时，不但旅程漫长、时间较久，而且乘客甚多，难免接触较多，幼儿教师有必要学习并掌握基本的乘坐火车的礼仪。

1．持票就座

- 预先购票上车。上火车时，应按规定出示火车票或身份证，进行检票或验票。不允许逃票，或者使用废票或假票。
- 乘坐指定车次与座位。按照常规，持票乘坐火车时，只能够乘坐车票上所规定的车次，在指定的车厢、指定的铺位或座位上就座。当车上的乘客超载时，应当互谅互让。必要时，应主动为老、幼、病、残、孕者让座，或者为其他无座的乘客腾出一些地方请对方暂时休息一下。

2. 座次有序

与别的交通工具进行比较，火车上的位次尊卑问题相对而言不甚明显，但不等于对位次的尊卑毫无讲究。在具体确定火车上的位次时，一般情况下，以舒适之处为上、以方便之处为上、以面向前方为上、以临窗之座为上。

在火车上，较为舒适的车厢和座位理当被视为上座。例如，卧铺较坐席为佳，软席较硬席为佳，空调车厢较非空调车厢为佳等。火车上行动方便的位置，一般都被视为上座。就座席而言，内侧的位置高于外侧的位置。就卧铺而言，下铺高于中铺，中铺又高于上铺。

不管是卧铺还是坐席，在火车上均以面对火车行驶的方向为上位，而以背对火车行驶的方向为下位。究其原因，主要在于前者令人感觉比较自然。乘坐火车时，靠近车窗就座，不仅视野开阔，可以饱览窗外的山川秀色，而且空气清新，可以使人免于晕车，故这一位置被视为上座。

3. 勿扰他人

由于乘坐火车者大多是在进行长途旅行，一般而言，为了保存体力，以休息为重。

- 轻声细语。在火车上，要尽量保持安静，不要在无意之中制造有碍他人休息的噪声。在交谈时，应当尽量放低自己的音量；在收听音乐、打扑克牌、玩游戏机或者接打电话时，声音越小越好；走动、取物、开关门时，宜轻手轻脚。
- 管好孩子。在带自己或亲友的孩子乘坐火车时，一定要自觉地看管好孩子。在注意安全的同时，不要任其哭闹或到处乱跑，扰乱其他乘客的休息，尤其是不要有意逗弄孩子大喊大叫。与其他乘客所带的孩子一同玩耍时，亦需注意相同的问题。

4. 举止适度

乘坐火车时，幼儿教师务必严格要求自己的行为举止。

- 着装、举止得体。乘坐火车时，应注意自己的装束与举止文明，体现出良好的个人修养。不可赤膊，不可穿着过于短小的内衣内裤或透视、暴露的服装，不可坐姿不雅，不可动作过大等，有失自尊。需要更换衣服时，可前往洗手间。

- 应对得体。在乘坐火车时，可以与自己周围的乘客进行适度的交际活动。主动找人交谈时，不要勉强对方。他人找自己交谈时，一般应当予以回应。不论与何人交谈，都要检点态度、注意内容，既不要目中无人、言辞傲慢，也不要信口开河、东拉西扯。
- 饮食得体。在火车上享用饮食时，最好不要享用气味刺鼻的食物。有可能的话，最好去餐车就餐。在车厢内用餐完毕时，要收好自己剩余的食物、残渣，将其扔到垃圾桶等处。不要在车厢内吸烟。当自己享用食物时，可以请身边的其他乘客品尝、分享。而当对方礼让自己食物时，则宜婉言谢绝。

（五）乘坐轮船

幼儿教师乘坐轮船旅行时，在确保安全、各就各位、和睦相处三个方面，均应处处依礼而行。

1. 确保安全

乘坐轮船旅行时，安全第一是幼儿教师绝对不容忽视的。

- 上下有序，切忌乱挤乱跑。在上下轮船时，一定要按照先来后到的顺序排队，并且自觉地依次而行。在正常情况下，上船或下船时，都要争取与身前身后之人保持一定的距离，并且全神贯注、小心翼翼。这样做，既是为了讲究社会公德，也是为了确保安全。
- 注意活动范围。在乘船旅行途中，凡是有碍安全的地方，均应敬而远之，切勿拿自己的生命安全冒险。在船上的轮机舱、桅杆、救生艇等处，不可观光戏耍。没有护栏之处，更不宜只身前往。在夜深人静或者风大浪险之际，尽量不要在甲板上走动、玩耍。
- 禁止离船。乘船途中，若未经允许，任何乘客均不得擅自离船自由活动，尤其是严禁擅自下水游泳；严禁擅自登陆上岸，不辞而别。
- 逃生有法。上船时，务必了解紧急逃生常识。万一在乘船旅行途中遇上难以预料的天灾人祸，例如撞船、触礁、劫船、沉船、台风、火灾等，幼儿教师一定要处变不惊，与其他乘客同舟共济，积极进行自救，并且在力所能及之时给予他人援助。需要弃船逃生时，应当听从船员的指挥，不要惊慌失措，夺路而逃，更不要急不择路。

2. 各就各位

幼儿教师在乘坐轮船时，应了解具体的顺序、座次，不可大意。

- 上下轮船时，在顺序上除了要遵守先来后到、依次排队而行的规定之外，与同行者的先后顺序通常颇有讲究。在上船时，应当主动请同行的人走在前面，尤其是应当请同行的领导、客人、长辈、妇女、儿童走在自己的前面。而在下船通过舷梯时，则应当自己在前面走，而请同行之人走在身后，尤其是应当请同行的老师、长辈、妇女、儿童走在自己的后面。

- 在客轮上，座次是讲位置、分档次的。根据常规，以垂直于水平面而论，越往上的舱位越舒适，其位次也越高。在同一平面的舱位之中，单人间通常优于多人间，多人间则又优于通铺。在同一档次的舱房之中，距离通道出口越近，一般位次便越高。而就普通的多人住宿的客舱来讲，卧铺高于坐席，软席高于硬席，空调席高于非空调席。具体到一间多人住宿的客舱内，则以距离舱门远者为上位，距离舱门近者为下位。

- 就座于规定之处。凡购买标有座号、铺号的船票者，均应自觉地对号入座。不要占据不属于自己的位置。倘若自己所持的是散座船票，则上船后应当在指定之处就座，一人一座。不要多占位置。

3. 和睦相处

- 照顾同行的亲朋好友。在客舱之内休息时，应将较好的位置让给对方。在日间活动时，应当主动与对方在一起交谈、娱乐。发现对方身体不适时，应当积极为其寻医问药，并且安慰和照料对方。

- 礼待其他乘客。在船上，只要双方情愿，幼儿教师可以与自己所碰到的任何人进行交往。大家可以在一起谈天、散步、娱乐，甚至是共同进餐，但是不要忘记给对方留下私人活动的时间。与异性交往时，既要落落大方，又要讲究分寸。与其他乘客交谈时，对于海难、劫船、台风等话题应当免谈。
- 尊重全体船员。要尊重船员的人格，不要对对方颐指气使。要感谢船员的服务，尊重他们的劳动。要配合船员的工作，不要有意无意地给对方添麻烦。要听从船员的管理，不要一意孤行。

（六）乘坐飞机

飞机，是目前最先进的交通工具。一方面，它具有安全可靠、快速便捷、乘坐舒适等显著优点；另一方面，它在礼仪方面对乘客也有更高的要求。幼儿教师应掌握乘坐飞机的基本礼仪。

1. 严守规定

为了确保飞机的飞行安全，民航方面对于乘客在乘坐飞机时的表现，有一系列的具体要求和规定。如果违反，有时不仅会受到严厉的批评，而且有可能被依法进行惩处。

（1）关于购票的规定。

在我国境内购买机票时，必须出示有效证件，如居民身份证、护照等，否则不能购票。购票之后，可以按规定退票，但不得对其进行涂改，或者转让他人。

（2）关于行李的规定。

因飞机载重有限，所以民航部门对乘客随身携带或交付托运的行李，都有专门的规定。

在我国，持头等舱机票者，每人可随身携带2件物品。持公务舱或经济舱机票者，每人则只可随身携带1件物品。每件物品的重量不得超过5千克，其体积应限制在长55厘米、宽40厘米、高20厘米之内。

乘坐飞机时，每位乘客均可免费托运一定数量的行李。具体的数额是头等舱40千克，公务舱30千克，经济舱20千克。对于超额的行李，则应付费托运。凡托运的行李，每件不得重于50千克。除包装完好之外，其体积应限制在长100厘米、宽60厘米、高40厘米之内。凡违规物品，诸如锂电池等，均不得私自交付托运。

（3）关于登机的规定。

在登上飞机之前，每位乘客均应依照有关规定接受例行的检查。
- 要出示登机牌与个人有效证件。

- 要接受个人安全检查。所谓安全检查，指对每一位乘客及其随身携带物品进行的以维护航空安全为目的的技术检查或者手工检查。按照规定，枪支、弹药、刀具、液体、易燃易爆物、剧毒放射物、涉毒涉黄之物以及榴梿、波罗蜜、臭豆腐等带异味之物等，均不得携带登机。

（4）关于乘客的规定。

在乘机旅行期间，民航部门对所有乘客亦有一定的规定。

- 在飞机起飞降落时，应在座位上坐好、系上安全带、调直座椅，并且收起身前的小桌板。
- 在飞行期间，一切有碍于飞机正常工作的电子产品均不得使用。手机应关机或调至飞行模式。
- 当飞机颠簸时，不要起身站立、四处走动，或者使用卫生间、取放个人行李。
- 凡禁止触动之处，均不得随意乱摸乱动。机上专用的救生用品等，不得私自携带下机。

2．尊重他人

乘坐飞机期间，幼儿教师应注意尊重他人，否则就会使自己显得缺乏教养。

- 尊重机场工作人员。在上飞机之前、下飞机之后，要始终对机场工作人员表示应有的尊重。享受对方所提供的服务之后，要向对方道谢。得到对方的帮助之后，应不忘致谢。接受对方的检查时，则应全力进行配合，既不要有意为难对方，更不要借机对对方吹毛求疵。
- 尊重机上的乘务人员。乘机期间，对机上的乘务人员应以礼相待。在上下飞机时，对于来自对方的问候要积极回应。当对方为自己送上食物、饮料、书刊、毛毯时，勿忘向其道谢。请求对方帮助时，不要给对方出难题。可以自己解决的问题，则最好不要去麻烦对方。当对方向自己提出建议时，一般均应欣然接受，而不宜顶撞对方。
- 尊重其他同行的乘客。上下飞机要排队依次而行。在飞机上走动或摆放行李时，尽量不要阻挡别人。不要因为个人行为不检点而影响别人休息。照顾好同行的孩子，切勿打扰他人。不要盯视异性或者外宾。

3. 自尊自爱

幼儿教师在乘坐飞机期间，必须注意以实际行动体现自己的自尊自爱。

- 不大声喧哗。当别人休息时，尤其是在飞机夜间飞行时，千万不要高声谈笑、喋喋不休或放声高歌，以免影响其他乘客的休息。此时如有必要说话，则声音越低越好。
- 不危言耸听。在飞行期间，不要对飞机的性能说三道四，尤其是不要谈论有关劫机、撞机、坠机等问题。
- 不乱走乱动。不要在飞机飞行期间从座位上进进出出，或者在通道上走来走去。身前的小桌板、身后的椅靠，亦不得反复调试，以免令人厌烦。不要将自己的手脚随意乱伸，更不要将身子躺在别人的座椅上或将自己的腿脚搭放上去。
- 不当众更衣。万一有必要在飞机上更换衣服，应前往洗手间进行，而不宜当众进行。不宜随意脱去鞋袜，以免污染空气。
- 不占小便宜。在飞机上享用食物、饮料时，应当量力而行。飞机上专用的报刊、画册、毛毯、枕头、靠垫等物，均不得私自带下飞机，据为己有。

二、拜访礼仪

拜访是社交活动的重要组成部分。拜访亲友，可以增进友谊和情感，扩大交流，开阔视野；拜访幼儿的家庭，可以了解幼儿的生长环境，加强与家长的联络，沟通感情。此外，拜访作为公关活动的重要环节，是加强彼此联系和了解的一种公关手段。幼儿教师还要正确引导幼儿，去往他人住所时应遵守做客的基本礼仪。

（一）拜访时的礼仪

在拜访中，幼儿教师应该注意以下礼节。

1. 选择好拜访的时间，提前约定

拜访应以不妨碍对方为原则，因此需要事先打电话说明拜访的目的，并约定拜访的时间和地点。注意避开一些特殊时段，不要在对方刚上班、快下班、异常繁

忙、正在开重要会议时去拜访，也不要在他人休息或用餐的时间去拜访。如打算在节假日期间拜访，应预先征求对方的意见。

2. 如果是公务性拜访，应该提前做好准备工作

- 阅读拜访对象的个人和机构资料，准备拜访时可能用到的资料。
- 规范个人穿着与仪容，依礼拜访。
- 检查各项携带物是否齐备，如名片、笔和记录本等。
- 明确谈话主题、思路和话语。

3. 守时践约

一旦约定好拜访的时间，一定要准时前往，不可失约。不要迟到，以免对方着急。也不要早到，让对方措手不及，或者打乱了原有的安排，引起对方的不快。确实因特殊原因而不能如约前往时，要及时向对方说明，另行约定时间，事后真诚地向对方表达歉意。

4. 拜访时注意礼仪修饰

一般性的拜访可以不用刻意修饰。如果是比较重要的拜访，应整理头发，刮净胡须，服装整洁，鞋子要干净，显示出对对方的尊重和对会面的重视。衣冠不整、随意拖沓地去拜访他人，是极为无礼的表现。

5. 注意入室礼仪

（1）进门有礼。

【正确做法】

- ☑ 到达拜访对象的住所或接待地，要再次整理仪容装饰，看看鞋上是否有泥土等，然后用手指关节轻声叩门通告。
- ☑ 无论到他人家中还是办公场所拜访，首先得轻按门铃或敲门。在对方询问时，礼貌地通报自己的身份，获得准许后方可进入。

【不当做法】

- ☒ 到他人家中或办公场所拜访，不按门铃或敲门，未获得准许就破门而入，或长时间连续不断地按门铃或敲门，吵得主人心烦。

(2)举止得体。

【正确做法】

- ☑ 进门后随手将门带上。如果带着雨具,应放在门口或主人指定的地方,应避免把水滴在房间里。需要换鞋时,应将鞋脱在门外或门内鞋架上,换穿拖鞋后进屋。若无须换鞋,则应先在门外的擦鞋毡上将鞋上的泥擦干净后再进屋。
- ☑ 入室后,应先与主人打招呼、握手,再向其他客人点头致意。
- ☑ 应客随主便,尊重主人的安排。随主人在指定的座位坐下,坐姿要端正。主人端茶送果食,应欠身致谢,并双手捧接。上门做客时最好不抽烟。

【不当做法】

- ☒ 进门时,随手乱放雨具等。不观察是否需要换鞋,或鞋上带泥,不擦干净就进屋。
- ☒ 入室后,东张西望,不与其他人打招呼或致意。未经主人同意,在室内随意走动或翻动室内的东西。
- ☒ 坐下后,双手抱膝,或跷二郎腿。主人端茶送果食时,不欠身致谢。不征求他人的意见而随意抽烟。

(3)言谈有度。

【正确做法】

- ☑ 交谈时,要做到心中有数,适当地寒暄后,应尽快切入主题。注意要尊重主人,双向交流,留意对方的反应。

【不当做法】

- ☒ 交谈时,东拉西扯,浪费时间。过多地询问主人的生活和家庭情况。反客为主,口若悬河,喋喋不休。忽视交谈对象的反应,是谈话之大忌,也是失礼的表现。

(4)适时告辞。

【正确做法】

- ☑ 拜访交谈时要注意掌握时间,要知道客走主安的道理。拜访时间不宜过长。如果主人面露难色,欲言又止,说明主人已无心留客,这时就应主动提出告辞,不要等到主人下逐客令,让主人为难,即便主人有意挽留,也不要犹豫不决。若遇主人的其他朋友来访,应主动与主人一起迎接,热情问候后尽快离开，以免妨碍主人接待他人。

☑ 告辞前要向主人道别，如果带有礼物，可以在进门时交给主人，也可在告辞时请主人收下。出门时，应与主人握手告辞，并说"请留步"；出门后，还应转身行礼再次道别。

☑ 回到家最好给主人打个电话，或者发一条短信或微信，既让主人放心，又表达感谢之意。

【不当做法】

☒ 拜访交谈时不注意掌握时间，拜访时间过长。当主人面露难色、欲言又止时，也无反应，不尽快告辞离开，妨碍主人。

6. 控制好拜访时间

拜访幼儿的家庭或不太熟的朋友，或者进行公务性拜访，拜访时间不宜过长。一般正式的社交访问，时间控制在半小时到1小时，晚上拜访的时间更要控制，以免影响主人及其家人休息。如果对方要求，可以适当延长，但不可拖得太久。宁愿在对方兴趣最浓的时候告辞，也不要拖到双方无话可说时才不欢而散，这样才能保证再次交往的可能性。

7. 拜访异性朋友，要避免误会与尴尬

拜访异性，尽量避免单独前往，以免产生误会。拜访时间最好选择在白天或假日，且要控制逗留时间。见了对方的家人，态度要自然大方，主动热情地问候或道别。

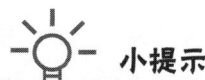 小提示

入户做客八项注意

一、入门有礼，注意主人家的入户习惯，换鞋或穿鞋套。不可随意、大意，长驱直入。

二、出门在外，注意站有站相、坐有坐相、吃有吃相。

三、见到长辈及其他人，要微笑打招呼，称呼要有礼貌。不可一言不发、视而不见。

四、应邀入座，礼貌谦让。不可随便坐到主人位，或坐在别人家的床上。

五、跟随主人行动，在主人的引导下观赏。不可随便进入没有人的房间，窥探别人的隐私；没有经过允许，不可随便动主人家里的东西；如果想在主人家拍照，一定要经过主

人的允许。

六、主人敬茶水、递水果、拿来甜点时，一定要道谢，并用双手去接。不可不表达谢意，拿起就用；也不宜不领主人的心意，不吃不喝。

七、应邀在主人家吃饭时，主人先动筷，客人才能动筷；主人让菜后再夹菜。不可擅自动筷、挑拣或浪费食物。

八、礼貌告辞，离开时要主动告别，感谢对方的招待。不可耽误主人过多的时间或不表达谢意。

（二）喝茶的礼仪

幼儿教师在喝茶时应讲究喝茶的礼仪细节。

【正确做法】

☑ 主人敬茶时，应起立或欠身，双手接过并致谢。

☑ 端杯时，注意手的位置与姿态，勿将手指浸入茶水中。

☑ 喝茶时，不应大口吞咽茶水或喝出声响。应当慢慢地、一小口一小口地仔细品尝，并礼貌地回应主人的款待，赞"好茶"或"茶真香"。遇到漂浮在水面上的茶叶，可用杯盖拂去，或轻轻吹开，切不可用手从杯里捞出来扔在地上，也不要吃掉茶叶。

☑ 当主人为客人续水时，客人应向主人说"谢谢"。当人多或环境嘈杂时，客人可以把食指、中指并在一块，将指头轻轻在桌上叩几下，以叩指礼致谢。

☑ 我国旧时有以再三请茶作为提醒客人应当告辞了的做法，因此在老年人或海外华人处做客时要注意。

（三）喝咖啡的礼仪

幼儿教师在饮用咖啡时也应有所讲究。

1. 喝咖啡的讲究。

（1）正确持握咖啡杯。

【正确做法】

☑ 坐下时，用右手的拇指和食指握住杯耳，轻轻地端起杯子，慢慢品尝，不能用右手端起碟子去吸食杯子里的咖啡，也不能双手握杯。

【不当做法】

☒ 用手握住杯身、杯口，托住杯底。

（2）使用杯碟得法。

盛放咖啡的杯碟都是特制的。它们应当放在饮用者的正面或右侧，杯耳应指向右方。咖啡都是盛入杯中，放在碟子上一起端上桌的。碟子是用来放置咖啡匙，并接收溢出杯子的咖啡的。

【正确做法】

☑ 喝咖啡时，可以用右手拿着咖啡杯的杯耳，左手轻轻托着咖啡碟，慢慢地移向嘴边。

☑ 当坐在远离桌子的地方或站立时，可用左手将咖啡碟置于齐胸的位置，用右手端着咖啡杯饮用，饮毕应立即将咖啡杯置于咖啡碟中，不要让二者分家。如果离桌子近，只需端起杯子，不要端起碟子。添加咖啡时，不要把咖啡杯从咖啡碟中拿起来。

【不当做法】

☒ 满把握杯，大口吞咽，俯首去就咖啡杯。

（3）合理地使用咖啡匙。

【正确做法】

☑ 添加牛奶或糖后，宜用咖啡匙来搅匀咖啡。如果咖啡太热，也可用咖啡匙轻轻搅动，使其变凉。不用咖啡匙时，应将其平放在咖啡碟中。饮用咖啡时，应当把咖啡匙取出来再喝。

【不当做法】

☒ 饮用咖啡时，用咖啡匙舀着咖啡喝。不用匙时，将咖啡匙竖放在咖啡杯中。

（4）讲究咖啡的饮用。

【正确做法】

☑ 饮用咖啡时，应是小口喂，一小口一小口地细细品尝，不发出声响，这样才能显示出品位和高雅。

【不当做法】

☒ 饮用咖啡时，大口吞咽，或一饮而尽；饮用时发出声响；用嘴试图去把咖啡吹凉。这些都是很不文雅的动作。

（5）给咖啡加糖。

【正确做法】

☑ 给咖啡加糖时，砂糖可用咖啡匙舀取，直接加入杯内，也可先用糖夹子把方糖夹到咖啡碟的近身一侧，再用咖啡匙把方糖加到杯子里。

【不当做法】

☒ 直接用糖夹子或手把方糖放入杯内，造成咖啡溅出，从而弄脏衣服或台布。

（6）用甜点的要求。

【正确做法】

☑ 喝咖啡时可以吃一些点心。饮用咖啡时，应当放下点心；吃点心时，则放下咖啡杯。

【不当做法】

☒ 喝咖啡又用点心时，一手端着咖啡杯，一手拿着点心，吃一口喝一口地交替进行。这样的行为是非常不雅观的。

2．举止文雅得体

在咖啡屋里，除了要注意以上礼仪细节外，举止也一定要文明。

【正确做法】

☑ 目光所及都要彰显礼貌修养。

☑ 交谈的声音越轻越好。

【不当做法】

☒ 不顾场合，高谈阔论，破坏气氛。

☒ 盯视他人。

三、接待礼仪

接待家长或其他单位的工作人员，是幼儿教师日常工作的一部分。礼貌而大方的接待，会带给对方愉悦的交往体验，使其对幼儿教师本人和其所代表的幼教机构评价良好。

（一）一般接待礼仪

1. 礼貌问候

主动礼貌问候，确认访客的姓名、单位，以及来拜访的对象、拜访事宜和拜访目的。

2. 以礼相待

【正确做法】

- ☑ 如果访客找的是本人，可直接引领访客到会议室或办公室就座，奉茶、矿泉水或咖啡等，并与之友好交谈。
- ☑ 如果访客找的是其他人，则迅速联系受访对象，告之访客的所在单位、姓名和来意。后将访客引导至其办公室，将其介绍给受访对象后告退。
- ☑ 如拜访对象无时间接待，应尽量安排其他人接待。如果暂时脱不开身，则请访客在指定地点等候，并按约定时间会见访客。
- ☑ 如拜访对象外出或无法接待，则应及时告诉访客，受访者不在或没空接待，并表示歉意。可以请访客说明来访的意图，代为转达，或请访客留下名片和资料，代为转交。可以约定其他时间来访。最后，礼貌送客。

3. 礼貌送客

【正确做法】

- ☑ 送客时应主动为客人开门，待客人走出后，再随后出来。在合适的地方与客人道别。送别时，要在客人消失在自己视线外时再转头转身，方显尊重有加。一般规则是：对家长、熟悉的常客，宜送至工作区或办公区外；对本地的访客，一般要送到幼儿园的大门口；对远道而来的客人，应该主动为客人提供交通的参考或方便，临别返程时，宜送到车站、机场、码头等出发之地。

（二）奉茶倒水的礼仪

自古以来，中国人待客就有"坐，请坐，请上座；茶，上茶，上好茶"的说法，由此可见，以茶敬客是一种绝对不可缺少的重要礼仪。

1. 沏茶的礼仪

一般接待，茶具多用干净、卫生的一次性杯子，用陶瓷制品则为上品。为客人沏茶之前，首先要清洗双手。

茶水不要沏得太浓或太淡，注意中国人"酒满茶半"的习惯，每一杯茶斟得七八成满就可以了。

2. 上茶的礼仪

（1）上茶按标准步骤。

【正确做法】

☑ 双手端着茶盘进入客厅，首先将茶盘放在临近客人的茶几或备用桌上，将茶沏好。然后，右手拿杯耳或扶杯，左手托杯或扶着杯壁。注意，不可将手靠近杯口。宜从客人的侧方位双手将杯递上去。讲究的茶饮是把茶杯放在茶托上，一同敬给客人。此时，宜右手拿着茶托，左手扶在茶托旁边。放置茶杯时，不要随意搁置。放在客人右手附近最适当，且宜杯耳朝外侧。同时微笑着说"请用茶"，并以手示意。然后，后撤两步，转身离开。

☑ 上茶时，一般由接待人员给客人上茶，或由主人向客人献茶。

☑ 饮用红茶，可准备好方糖，请客人自取。

（2）讲究上茶的礼宾顺序。

【正确做法】

☑ 上茶讲究顺序的标准：先宾后主，先尊后卑，先长辈后晚辈，先女后男。

☑ 如果来宾甚多，且差别不大时，可采取下列四种顺序上茶：其一，以上茶者为起点，由近而远依次上茶；其二，以进入客厅之门为起点，按顺时针方向依次上茶；其三，在上茶时以客人的先来后到为先后顺序；其四，上茶时不讲顺序，或由饮用者自己取用。

3. 续水的礼仪

续水时，以不妨碍对方为佳。

【正确做法】

☑ 接待中，应注意适当勤续水。主人在陪伴客人饮茶时，要注意客人杯中的茶水残留量,一般茶杯中泡的茶已喝去一半时,就要为客人续水了。

☑ 续水时,宜先用手势示意,或用语言示意,如"对不起"。杯盖可倒放在桌上或夹在指间。应拿着茶杯离开客人,掌握好水壶的倾斜度,壶口可距杯口1厘米左右。放回茶杯时,动作应轻而稳。若茶水溢出,应用擦布及时处理。

☑ 如果用茶水和点心招待客人,应先上点心,点心应给每位客人上一小盘,或为几位客人准备一大盘。点心盘应用右手从客人的右侧送上。待其用毕,即从右侧撤下。

【不当做法】

☒ 把杯盖扣放在桌面或茶几上。这样既不卫生,也不礼貌。

(三)迎接重要访客或团队

接待中,通常根据对方的身份地位、来访性质及其与当地的关系等因素,安排相应的迎送活动。

1. 确定迎送规格

迎送规格,一般应遵循对等或对应的原则,即主要的迎送人员应与来宾的身份相当或相应。若由于种种原因,主方的主要人员不能参加迎送活动,使双方的身份不能完全对等或对应,可以灵活变通,采取对口原则,由职务相宜的人员迎送,但应及时向对方做出解释,以免误解。

在一般情况下,主要迎送人员更多地在来宾下榻的宾馆(或饭店)迎接或送别,而另由职务相宜的人员负责在机场或车站、码头的迎送。

2. 做好迎送准备

(1)了解来宾抵离的准确时间。

- 接待人员应当准确了解来宾所乘交通工具的航班号、车次以及抵离时间,以便做好接站或送站准备。
- 接、送站前,应保持与机场、车站或码头的联系,随时掌握来宾所乘航班或车次的变化情况。如有晚点,应及时做出相应安排。
- 接、送站时,接待人员应留足途中时间,提前到达机场、车站或码头,以免因迟到而贻误客人的行程。

（2）安排好车辆和住所，并排定乘车号和住房号。

- 根据来宾和接待人员的人数，以及行李数量，安排好车辆。乘车座位安排应适当宽松。正常情况下，附加座一般不安排坐人。如果来宾的行李数量较多，应该安排专门的行李车。如果是车队行进，出发前应明确行车顺序，并通知有关人员，以免行进中发生错位。
- 为了避免在接站时发生混乱，来宾人数较多时，应事先排定乘车号和住房号，并打印成表格。在来宾抵达时，将乘车表发至每一位来宾手中，使之明确自己所乘的车号。同时，也便于接待人员清点每辆车上的人数。住房表可随乘车号一同发放，也可以在前往下榻宾馆的途中发放。住房表可以使来宾清楚自己所住的房间，也便于来宾入住客房后相互联系。

3. 安排好迎送环节

（1）主客双方见面时，应互相介绍。

按通常礼仪，应先把主人介绍给来宾，然后再把来宾介绍给主人，介绍顺序以职务的高低为先后。介绍人可由双方职务最高者或相应的接待人员担任。如果主宾双方职务最高者本已认识，则最好由他们分别依次介绍各自的人员，也可以由双方的相应人员介绍。如果人数不多，也可以用互换名片的形式。

（2）细心提取、托运行李。

如果来宾的行李较多，应安排专门的工作人员负责清点、运送行李，并协助来宾办理行李的提取或托运手续。

（3）注意与宾馆（饭店）的协调。

当重要来宾抵离时，接待人员应及时通知宾馆（饭店）方，以方便宾馆（饭店）组织迎送、安排客房、就餐和接送行李等。

来宾入住客房，以便捷、迅速为原则，接待重要来宾、人数较多的团队时更是如此。为了避免来宾抵达后聚集于大厅长时间地等待，接待人员应与宾馆（饭店）主动联系，密切配合，进行细致的安排。通常住房安排表在抵达入住地前发给每位来宾，使每人清楚自己入住的房号。在宾馆（饭店）迎宾处设接待处，由接待人员协助快速办理来宾入住登记或离店手续。主宾入住客房时，应有专人陪同引导。

（4）为来宾留足休息时间。

提前将行程安排通知来宾，以方便自由活动安排与休息。

4．接待的注意事项

（1）遵守常用规则。

- 接待多方客人时，要遵守平衡的原则，平等地对待多方客人，不可区别对待，厚此薄彼。
- 注意依照惯例，遵守约定俗成的接待习惯。
- 讲究接待规格对等的原则，切勿慢待客人。

（2）注意细节，讲究接待技巧。

- 尊重为本，应先了解客人。尽量了解客人的特点、兴趣、爱好等，并尽量予以照顾。
- 注意主方陪同人员的选择。除了具备接待能力外，应考虑地缘、学缘、爱好缘、亲缘、师生缘等因素，让客人愉快地度过每一天。
- 安排接待场所时，应注意六要素——位置、温度、湿度、光线、摆设、颜色等，尽量为客人提供舒适而温馨的接待场所。

5．送别的礼仪常规

送别，通常是指在来宾离去之际，出于礼貌而陪着对方一同行走一段路程，或者特意前往来宾启程返回之处，与之告别，并目送对方离去。最为常见的送别形式有道别、话别、饯别、送行等。

（1）道别。

道别指的是与交往对象分手。

- 按照常规，道别应当由来宾率先提出来，假如主人首先与来宾道别，难免会给人以厌客、逐客的感觉。
- 在道别时，来宾往往会说"就此告辞""后会有期"。而此刻主人一般会讲"一路顺风""旅途平安"。有时，宾主双方还会向对方互道"再见"，叮嘱对方"多多保重"，或者委托对方代问其同事、家人安好。
- 在道别时，特别应当注意下列四个环节：一是应当加以挽留，二是应当起身在后，三是应当伸手在后，四是应当相送一程。

（2）话别。

话别，亦称临行话别。

- 与来宾话别的时间，一要讲究主随客便，二要注意预先相告。
- 最佳的话别地点，是来宾的临时下榻之处。在接待方的会客室、贵宾室里，或在为来宾饯行而专门举行的宴会上，亦可与来宾话别。
- 参加话别的主要人员，应为宾主双方身份、职位大致相似者，对口部门的接待人员等。
- 话别的主要内容有：一是表达惜别之意，二是听取来宾的意见或建议，三是了解来宾有无需要帮忙代劳之事，四是向来宾赠送纪念性礼品。

（3）饯行。

饯行，又称饯别。它指的是在来宾离别之前，东道主一方专门为对方举行一次宴会，以便郑重其事地为对方送别。

在来宾离别之前，专门为对方举行一次饯别宴会，不仅在形式上显得热烈而隆重，而且往往会使对方产生备受重视之感，并进而加深宾主之间的相互了解。

（4）送行。

送行在此特指东道主在异地来访的重要客人离开本地之时，特地委派专人前往来宾启程返回之处，与客人亲切告别，并目送对方渐渐离去。

- 在接待工作中需要为之安排送行的对象主要有：正式来访的外国贵宾、远道而来的重要客人、关系密切的协作单位的负责人、重要的合作单位的有关人员、年老体弱的来访之人、携带行李较多的人士，等等。当来宾要求主人为之送行时，一般可以满足对方的请求。
- 考虑为来宾送行的具体时间问题时，重要的是要同时兼顾两点：一是切勿耽误来宾的行程，二是切勿干扰来宾的计划。
- 为来宾正式送行的常规地点，通常应当是来宾返回时的启程之处，如机场、火车站、码头、长途汽车站等。倘若来宾返程时将直接乘坐专门的交通工具，从自己的临时下榻之处启程，则以来宾的临时下榻之处作为送行的地点，如宾馆、饭店等。如果举行送行仪式，送行的地点往往要选择宜于举行仪式的广场、大厅等。
- 为来宾送行，在礼节上对送行人员有一系列的具体要求：一是要与来宾亲切交谈；二是要与来宾握手作别；三是要向来宾挥手致意；四是要在对方走后，自己才能离去。

6. 馈赠的礼仪

在正常的人际交往中，馈赠是向他人表达敬重、感激、祝贺、慰问、友谊与祝福的一种形式，也是一种保持联系与沟通的常规方式。

中国人历来崇尚礼尚往来。随着人们交往活动的日渐频繁，馈赠之礼越来越受到人们的重视，因为它能起到联络感情、增进友谊、促进交往的作用。

（1）礼品的选择要投其所好，要考虑具体情况。

- 每个民族、每个国家都有自己的风俗习惯，每个人都有自己的兴趣、爱好。在选择礼品时一定要考虑到对方的兴趣和爱好，做到有的放矢，不可盲目选购，尽量让受礼者感觉到赠礼者在礼品的选择上是经过精心挑选的，是真诚的。
- 选择礼物时还要考虑具体情况或场合。例如：给孩子送礼可考虑糖果、玩具等；给老人可送寿糕或保健用品等；看望病人可送食品、保健品、花束等；恭贺开业之喜可选购花篮；逢年过节可送贺卡或酒类、茶叶、肉制品等；到外地出差归来可送一些当地的土特产或者具有当地特色的纪念品等。此外，花是吉祥、美好、友情、幸福的象征，人们赋予花以花语来表达感情和愿望，不同的花语有不同的象征意义，可以根据送礼的场合和意义选择不同的花束。

（2）选择好馈赠的时机。

就馈赠的时机而言，及时、适宜是最重要的。依照国际惯例，把握送礼的最佳时机，最重要的是要对具体情况进行具体分析。

- 在会见或会谈时，一般应当选择在起身告辞之时向主人赠送礼品。
- 向交往对象道喜、道贺时，通常应当在双方见面之初赠送礼品。
- 出席宴会向主人赠送礼品，可以在起身辞行时进行，也可选择餐后吃水果之时。
- 观看文艺演出时，可酌情为主要演员预备一些礼品，并且在演出结束后登台祝贺时当面赠送。
- 参观访问时，如果对方向自己赠送了礼品，最好在当时向对方适当地回赠一些礼品。

- 为专门拜访的对象准备的礼品,一般应当在抵达后尽早赠送给对方。
- 作为东道主接待来宾时,如欲赠送一些礼品,可在来宾向自己赠送礼品之后进行回赠,也可以在来宾临行的前一天,前往其下榻之处进行探访时相赠。

(3) 馈赠的礼节和艺术。

- 重视礼品的包装。一般送给亲戚朋友的礼品,更重实惠,但正式的馈赠或送给不经常来往的对方的礼品,应该重视礼品的包装。精美的包装不仅使礼品的外观更具有艺术性和观赏性,而且能显示出送礼人的文化修养和艺术品位,使受礼者感受到送礼人的尊重与重视,从而更容易接受礼品。包装的材料和色彩要符合受礼者的审美习惯。包装完毕后可贴上写有祝词和签名的缎带或卡片,以准确表达自己的情感。
- 选择赠礼的场合。通常情况下,当众只给一群人中的某一个人赠礼是不合礼节的,给关系亲密的人送礼也不宜在公开场合进行,只有象征精神方面的礼物才适合在众人面前当面赠送,如锦旗、牌匾、花篮等。
- 赠礼时的态度和动作应大方得体。赠礼时,应该落落大方、平和友善,配以礼节性的语言,这样才能让受礼者欣然接受。不要将礼品悄悄地放在房间的某个角落,这样不仅达不到馈赠的目的,而且可能会事与愿违。

四、餐桌礼仪

民以食为天。在日常用餐和各类宴请中是否懂得餐桌礼仪,最能自然地表现出一个人的教养和素质。

幼儿教师除了自己要正确地运用餐桌礼仪,展示良好的个人修养和专业素质外,还必须以身示范、言传身教,传授给孩子们正确的餐饮礼仪知识,培养孩子们良好的餐饮行为习惯。

(一) 餐具的使用

1. 中餐餐具的使用常识

(1) 湿毛巾。

- 如果服务员送上第一道湿毛巾,你应礼貌地接下并轻轻地擦拭一下自己的双手,然后放在托盘中或桌沿上,绝不能用它擦脸、脖颈或手臂,哪怕你此时已经汗流浃背。

- 宴会结束时,再上一条湿毛巾,它是用来擦嘴的,不能用来擦脸、擦汗。

(2)餐巾。

- 当主人示意用餐时,通常要等坐在上座的尊者拿起餐巾后,其他人才可以将桌上的餐巾拉开平铺在自己的双腿上。动作要小,不要在空中抖开。
- 餐巾很大时可以叠起来使用,不要将餐巾别在衣领上或围在脖子上。
- 如果用手取食,要用洗手水洗干净后用餐巾擦干。
- 如果需要暂时离开座位,请将餐巾叠放在椅背或椅子的扶手上。
- 用餐完毕,可用餐巾轻轻地擦拭嘴唇和嘴角,然后顺势放在餐具右手边。
- 不能拿整块餐巾擦脸、擦鼻涕,也不能用餐巾来擦餐具。

(3)筷子。

- 规范的握筷方式是用右手大拇指和食指相对,五指握在筷子2/3处。
- 用餐时,应先用公筷或汤匙将所需菜肴夹到自己的餐盘中,然后再用自己的筷子慢慢食用。
- 通常,筷子应摆放在筷架或碗的旁边,不要放在碗上。在用餐时如需临时离开,应把筷子轻轻地放在筷架或桌子上碗的旁边,切不可插在饭碗里。
- 不能用自己的筷子、汤匙给别人夹菜、舀汤。
- 如果有骨头之类的杂物,可用筷子放在嘴唇间将杂物夹好,或用手取出,送至自己的碟盘前端。

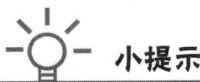 **小提示**

使用筷子的九点忌讳

一忌用筷子指向他人。
二忌用筷子在菜盘中挑选。
三忌用筷子在汤中洗涮。
四忌用筷子去推饭碗、菜碟。
五忌用筷子去叉食品。
六忌舔筷子,不要用舌头去舔筷子上的附着物。

> 七忌迷筷子，举着筷子却不知道夹什么，在菜碟间来回游移。
> 八忌用筷子夹菜时滴滴答答地流着菜汁。
> 九忌移筷子，刚夹了这盘里的菜，又去夹那盘里的菜，应该吃完之后再夹另一盘菜。

（4）汤匙。

汤勺专用于喝汤，不宜用来进食或舀菜，但可以与筷子并用，帮助提取食物。盛汤时，应放下筷子再用汤勺。中餐喝汤，通常都持公用的大汤勺将汤从汤锅中盛至自己的小汤碗，然后端起汤碗用小勺喝。

使用汤匙应注意：

- 用它喝汤时，不要全部放入口中吸食。
- 用汤匙取食物后，应立刻食用，不要再次倒回原处。
- 不用时，应将汤匙放入自己的食碟，而不要放在桌上或汤碗里。

（5）碗。

碗主要用于盛放主食、汤、羹用。在正式的宴会上，使用碗要注意：

- 不要端起碗进食，尤其不要双手端起碗进食。
- 食用碗内食物，应以筷子、勺辅助。
- 碗内的剩余食物不可往嘴里倒，不要用舌头舔，也不要用嘴吸。
- 暂不用的碗里不可放杂物。

（6）食碟。

每个人面前的食碟是用来放从公用菜盘中取来的菜肴的。使用食碟要注意：

- 食碟在餐桌上一般要保持原位，而且不要堆放在一起。
- 使用食碟时，一次不要取放过多的菜肴。
- 不要把多种菜肴堆放在一起，否则容易相互"窜味"，既不好看，也不好吃。
- 不要将不宜入口的残渣、骨头、鱼刺吐在地上或桌上，应轻放在食碟中的前端，由服务人员撤换。

（7）水杯。

中餐的水杯主要用于盛白开水、饮料、果汁。要注意不能用来盛酒，也不要倒扣水杯，喝入口中的东西不能再吐回去。

（8）水盂。

有时品尝某些食物（如龙虾、水果等）需要直接动手，此时服务人员往往会在餐桌上摆上一只小水盂，其中漂着柠檬片或玫瑰花瓣。它里面的水不能喝，只能用来洗手。洗手时动作不宜过大，不要乱抖乱甩。应用两手轮流沾湿手指头，轻轻浸入水中涮洗，然后用餐巾擦干。

（9）牙签。

牙签主要用来剔牙。

- 就餐时，尽量不要当众剔牙。
- 如果要剔，应以手或餐巾轻掩住口部。剔出的东西切勿当众观赏或再次入口，也不要随手乱弹，随口乱吐。
- 剔牙后，不要长时间用嘴叼着牙签。
- 不要用牙签去取食物。

2．西餐餐具的使用

（1）刀。

- 宴席上最正确的拿刀姿势是：右手拿刀，手握住刀柄，拇指按着柄侧，食指则压在柄背上。除了用大力才能切断菜肴或刀太钝之外，不要把食指伸到刀背上。
- 切割食物时，双肘要下沉，前臂应略靠桌沿。刀是用来切割食物的，不要用刀挑起食物往嘴里送。
- 如果用餐时，有三种不同规格的刀同时出现，一般正确的用法是：带小小锯齿的那一把刀用来切肉制食品；中等大小的刀用来将大片的蔬菜切成小片；而那种小巧的、刀尖是圆头的、顶部有些上翘的小刀，则用来切开小面包，然后用它挑些果酱、奶油涂在面包上面。

（2）叉。

叉的拿法，有背侧朝上和内侧朝上两种，要视情况而定。背侧朝上的拿法和刀子一样，以食指压住柄背，其余四指握柄，食指尖端大致在柄的根部。若太靠前，外观不好看；太往后，又不容易使上劲。叉内侧朝上时，以拇指、食指按在柄上，其余三指支撑柄下方。拇指和食指要按在柄的中央位置，如果太靠前，会显得笨手笨脚。

一般用左手拿叉，叉齿朝下，叉起食物往嘴里送。如果吃面条类软质食品或豌豆等，叉齿可朝上。

（3）餐匙。

在正式场合下，餐匙有多种：小的用于舀咖啡和甜点心；扁平的用于涂黄油和分食蛋糕；比较大的用来喝汤或盛碎小食物；最大的是公匙，用于分汤食。

汤匙和点心匙除了喝汤、吃甜品外，不能用来直接舀取其他主食和菜品。进餐时不可将整个餐匙全部放入口中，应以其前端入口。使用餐匙后，不要再放回原处，也不要将其插入菜肴或"直立"于餐具中。

（4）餐巾。

- 餐巾的用途：一是保护服装清洁，防止菜肴、汁汤落下来弄脏衣服；二是擦拭口部，通常用内侧，但不能用其擦脸、擦汗、擦餐具；三是用来掩口遮羞，在需要剔牙或吐出嘴中的东西时，可用餐巾遮掩，以免失态。
- 餐巾的摆放：餐巾一般放在餐盘的正中或叉的旁边。大家坐下后，可以将餐巾放在胸前下摆处，不要将餐巾扎在衬衣或皮带里。正方形的餐巾可以往内折1/3，将2/3平铺在腿上，盖住膝盖以上的双腿部分，直角朝向膝盖方向。餐巾的打开、折放应在桌下悄然进行，不要影响他人。
- 餐巾的暗示：打开餐巾，暗示用餐开始；有事暂时离席，餐巾应放在本人所坐椅子的靠背上，暗示即将回来继续用餐；餐巾直接放在桌上，表示我不再吃了，可以撤掉，暗示用餐结束。

（二）中餐进餐的礼仪

1. 中餐上菜顺序

在宴会中，上每种菜肴是有一定程序的。

- 标准的中餐，不管风味怎样，其上菜的顺序大致按照先冷后热、先炒后烧、先咸后甜、先清淡后味浓的原则进行。一般先上冷盘，接着上热炒，随后是主菜，然后上点心、汤，最后上水果拼盘。
- 新上的菜要放在主宾面前。每上一道新菜，服务人员要介绍菜名和风味特色。
- 若需要分菜，菜肴给客人观赏和介绍后，应撤到服务台进行分菜。分菜上桌时，一般先分给主宾，继而按顺时针方向分给其他宾客，然后才分给主人、陪同或翻译人员。若有女宾,分菜时应先分给女宾,后分给男宾。
- 所有菜及主食上完后,在上甜品前,服务人员应将用过的餐具全部撤掉,只留水杯及酒杯于台面,并换上新餐具及水果叉。
- 待客人用完甜食后,服务人员要为客人换一条新餐巾并送上茶水。

2. 中餐用餐礼仪

(1) 礼貌开始。
- 客人入席后,不要立即动手取食。应待主人打招呼,在主人举杯示意开始时,客人才能开始进餐。
- 如果酒量还能够承受,对主人敬的第一杯酒应喝干。
- 同席的客人可以相互劝酒,但不可以任何方式强迫对方喝酒,否则就是失礼。

(2) 文明进餐。
- 开始进餐时或每上一个新菜时,应先请客人、长者、尊者品尝。
- 吃饭时,尽量不要出声音,喝汤时,也尽量不要出声响。
- 夹菜要文明,离自己远的菜,应等待转到自己面前时再夹,不要抢在邻座前面。一次夹菜不宜过多,而且不要专挑自己喜欢吃的菜。夹菜时不要碰到邻座,更不要把盘里的菜拨到桌上。正在夹的菜若不小心掉在桌上,不可把它重放于原盘,应放于盛放残渣的碟中。
- 主人要常转圆盘,照顾到绝大部分客人。陪客也要帮忙招呼服务。

(3) 谨慎布菜。
- 在用餐过程中为表示友好、热情,彼此之间可以让菜,劝对方品尝,但不要为他人布菜。
- 在有的地区,为表示热情关照,习惯为客人或长辈布菜,此时切忌使用自己的餐具,而应使用公筷进行。
- 对外宾不要反复劝菜,更不要为他布菜,可向对方介绍中国菜的特点,吃不吃由外宾自己选择。

(4) 动作文雅。
- 进餐时,嘴内有食物时,切勿说话。不要一边吃东西,一边和人聊天。
- 吃菜喝汤,不要狼吞虎咽,不要发出不必要的声音。

- 如果菜、汤太热，可待稍凉后再吃，切勿用嘴吹。
- 吃剩的菜、用过的餐具和牙签等，都应放在盘内，勿置于桌上。
- 不要玩弄碗筷，令餐具发出任何声响，尤其不要用筷子指向别人。
- 女士应先用纸巾擦掉口红，注意不要让口红沾在杯子、吸管或碗上。
- 进食时尽可能不咳嗽、打喷嚏、打哈欠、擤鼻涕，万一不能抑制，应及早离开，或要用手帕、餐巾纸遮挡口鼻，转身，脸侧向一方，低头尽量压低声音。
- 如果不小心打翻酒水溅到邻座的客人身上，应表示歉意并帮助擦干。如对方是异性，则应把干净的餐巾递过去，由其自己擦。
- 用餐结束后，可以用餐巾、餐巾纸或服务员送来的小毛巾擦擦嘴，但不宜擦头颈或胸脯。
- 餐后不要不加控制地打饱嗝或嗳气。

（5）席间交谈。

- 无论主人、陪客或宾客，都应与同桌的人交谈，特别是左右邻座。
- 不要只同几个熟人或只同一两个人说话。
- 邻座如不相识，可先做自我介绍。
- 说话时尽量避免比比画画。

（三）西餐进餐礼仪

1. 西餐上菜顺序

西餐一般按下列顺序上菜。

（1）头盘。

西餐的第一道菜是头盘，也称为开胃品。一般是由蔬菜、水果、海鲜、肉食组成的拼盘。开胃品的内容一般有冷头盘和热头盘之分，常见的品种有鱼子酱、鹅肝酱、熏鲑鱼、鸡尾杯、奶油鸡酥盒、焗蜗牛等。因为是要开胃，所以开胃菜一般都有特色风味，味道以咸和酸为主，而且数量少，质量较高。

（2）汤。

与中餐有极大不同的是，西餐的第二道菜就是汤。西餐的汤大致可分为清汤、奶油汤、蔬菜汤和冷汤四类。品种有牛尾清汤、各式奶油汤、海鲜汤、美式蛤蜊汤、意式蔬菜汤、俄式罗宋汤、法式葱头汤。冷汤的品种较少，有德式冷汤、俄式冷汤等。

（3）副菜。

鱼类菜肴一般作为西餐的第三道菜，也称为副菜。品种包括淡水鱼类、海水鱼类、贝类及软体动物类。

（4）主菜。

肉类、禽类菜肴是西餐的第四道菜，也称为主菜。肉类菜肴的原料取自牛、羊、猪等各个部位的肉，其中最有代表性的是牛肉或牛排。禽类菜肴的原料取自鸡、鸭、鹅，通常将兔肉和鹿肉等野味也归入禽类菜肴。制作方法有煮、炸、烤、焖。

（5）蔬菜类菜肴。

蔬菜类菜肴可以安排在肉类菜肴之后，也可以与肉类菜肴同时上桌，所以可以算作一道菜，或称之为一种配菜。蔬菜类菜肴在西餐中称为沙拉。

（6）点心。

吃过主菜后，一般要上些诸如蛋糕、饼干、吐司、三明治等西式点心。

（7）甜品。

点心之后上甜品，最常见的有布丁、冰激凌等。

（8）水果。

吃完甜品，一般还要摆上干鲜水果。

（9）热饮。

在宴会结束前，还要为用餐者提供热饮，一般为红茶或咖啡，以帮助消化。

从实际情况看，西餐也在简化，比较简便的西餐菜单可以是：开胃菜、汤、主菜、甜品、咖啡。

2. 西餐进餐的礼仪

（1）礼貌开始。

在隆重的场合，如果餐桌安排在一个单独的房间里，在女主人请你入座之前，不应当擅自进入设有餐桌的房间。如果都是朋友，大家可以自由入座。在其他场合，客人要按女主人的指点入座。客人要服从主人的安排，男士要在女主人和其他女士坐下之后方可坐下。

一般来说，在作为第一主人的女主人拿起餐巾时，你也可以拿起你的餐巾。在女主人拿起她的匙或叉以前，客人不得食用任何一道菜。女主人通常要等到每位客人都拿到菜之后才开始。如果女主人说"祝你们胃口好",这就意味着你可以吃了。如果女主人还没有发话,你就开始吃了,那是非常不礼貌的。

进餐过程中,不要解开纽扣或当众脱衣。如主人请客人宽衣,男客人可将外衣脱下搭在椅背上,不要将外衣或随身携带的物品(如手机等)放在餐台上。

(2)使用刀叉。

进餐时,从外侧往内侧取用刀叉,要左手持叉,右手持刀;切东西时左手拿叉按住食物,右手执刀将其锯切成小块,然后用叉送入口中。使用刀时,刀刃不可向外。每吃完一道菜,将刀叉并拢放在盘中。如果在谈话,可以拿着刀叉,无须放下。不用刀时,也可以用右手持叉,但若需要做手势时,就应放下刀叉,千万不可手执刀叉在空中挥舞摇晃。不要一只手拿刀或叉,而另一只手拿餐巾擦嘴;更不要一只手拿酒杯,另一只手拿叉取菜。

使用刀叉还要注意以下细节:两臂应紧贴身体,不要动作过大,影响他人。切割食物时,不要弄出声响。切下的食物要适量,以一次性能放入口中为宜,不要叉起来一口一口地咬着吃。叉起食物入口时,牙齿只碰到食物,不要咬叉。吃体积较大的蔬菜时,可用刀叉来折叠、分切。较软的食物可放在叉平面上,用刀整理一下。不要挥动刀叉讲话,也不要用刀叉指向他人;掉落到地上的刀叉不可捡起来再用,应请服务员换一副刀叉。

如果在就餐中,需暂时离开一下,或与人交谈,应放下手中的刀叉,刀口向内,叉齿向下,呈"八"字形状放在餐盘上。它表示:菜尚未用毕。但要注意,不可将其交叉放置呈"十"字形状。西方人认为这是令人晦气的图案。如果吃完了,或者不想再吃了,可以刀口向内,叉齿向上,刀叉并排放在餐具中央到4点钟的方向。它表示:不再吃了,可以连刀叉带餐盘一起收走。

(3)文雅进食。

每次送入口中的食物不宜过多,在咀嚼时不要说话。喝汤时不要吸,吃东西时要闭嘴咀嚼。不要舔嘴唇或顺嘴发出声音。如汤、菜过热,可待稍凉后再吃,不要用嘴吹。喝汤时,用汤勺从里向外舀,汤碗中的汤快喝完时,用左手将汤碗的外侧稍稍翘起,用汤勺舀净即可。吃完汤时,将汤匙留在汤碗中,匙把指向自己。

取食时不要站立起来,坐着拿不到的食物应请别人传递。就餐时不可狼吞虎咽。对自己不愿吃的食物也应要一点放在盘中,以示礼貌。有时主人劝客人添菜,如有胃口,添菜不算失礼,相反主人也许会引以为荣。

(4) 菜式吃法。

吃鱼、肉等带刺、骨或带核的菜肴时，不要直接往外吐，可用餐巾捂嘴轻轻吐在叉上放入盘内。如盘内剩余少量菜肴，不要用叉刮盘底，更不要用手指相助食用，可用小块面包或叉相助食用。

吃鱼时不要将鱼翻身，要吃完上层后，用刀叉将鱼骨剔掉，再吃下层。吃肉时，要切一块吃一块，块不能切得过大，应刚好适合整块入口，不可叉起它之后，再一口一口地咬着吃。不可一次将肉都切完再逐一食用。吃鸡时，应先用力将骨头去掉，不要用手拿着吃。吃面条时要用叉先将面条卷起，然后送入口中。面包一般撕成小块送入口中，不要拿着整块面包去咬。抹黄油和果酱时也要先将面包撕成小块再抹。吃水果时，不要拿着水果整个去咬，应先用水果刀切成四瓣或五瓣再用刀去掉皮、核，用叉叉着吃。

(5) 饮酒吸烟。

提议干杯时，即使不喝，也应该将杯口在唇上碰一碰，以示敬意。当别人为你斟酒时，如不要，可简单地说一声"不，谢谢！"或以手稍盖酒杯，表示谢绝。

在进餐尚未全部结束时，不可抽烟，直到上咖啡表示用餐结束时方可。如左右有女士时，应有礼貌地询问一声："您不介意吧？"

(6) 注意小节。

不可在餐桌边化妆，或用餐巾擦鼻涕。用餐时打嗝是最大的禁忌，万一发生此种情况，应立即向周围的人道歉。

（四）参加宴请的礼仪

宴请是人际交往中最常见的一种交际活动，它早已成为人们联络感情、增进友谊、广交朋友、扩大视野和交际圈子、帮助消除误解或摩擦等的优选方案。

在宴请中，幼儿教师的言谈举止无不透露出个人的学识、修养和品位，更关系着此次人际交往活动是否能够取得成功。幼儿教师应掌握宴请中的相关礼仪，方能在设宴招待或受邀入席时大方交际，以礼相待，为人际交往活动的成功助力添彩。

1. 应邀出席

接到宴会邀请，能否出席要尽早答复对方，以便主人安排。一般来说，对注有"R. S. V. P."（请答复）字样的，无论出席与否，均应迅速答复。对注有"Regrets only"（不能出席请答复）字样的，则不能出席时才回复，但也应及时回复。经口头约妥再发来的请柬，上面一般注有"To remind"（备忘）字样，只起提醒作用，可不必答复。答复对方，可打电话或复以便函、回执、邮件等。

在接受邀请之后，不要随意改动。万一遇到不得已的特殊情况不能出席，尤其是主宾，应尽早向主人解释、道歉，甚至亲自登门表示歉意。

应邀出席一项活动之前，要核实宴请的主人，活动举办的时间和地点，是否邀请了配偶，以及主人对服装的要求。活动多时尤应注意，以免走错地方，或主人未请配偶却双双出席。

2．入席礼仪

（1）讲究服饰。

参加正式宴会时穿着应得体、整洁。男士要穿着整洁的上衣和皮鞋；女士要穿套装和有跟的鞋子。如果请柬上要求穿正式服装，那么男士必须打领带。任何高档的休闲服，在此刻都是失礼的。

（2）适时出席。

出席宴请活动，抵达时间迟早，逗留时间长短，在一定程度上反映了对主人的尊重程度，应根据活动的性质和当地的习惯掌握。迟到、早退、逗留时间过短，被视为失礼或有意冷落。出席宴会宜正点，或晚到几分钟，或按主人的要求到达。出席酒会，可在请柬上注明的时间内到达。身份高者可略晚到达，一般客人宜略早到达。确实有事需提前退席，应向主人说明后悄悄离去。也可事前打招呼，届时离席。

（3）见面有礼。

抵达宴请地点，先到衣帽间脱下大衣和帽子，然后前往主人迎宾处，主动向主人问好。如是节庆活动，应表示祝贺。

参加庆祝活动，可以按当地习惯以及双边关系，赠送花束或花篮。参加家庭宴会，可酌情给女主人赠少量鲜花。

（4）了解席次与座位。

正式宴会上为避免混乱一般会排席位，也可只排部分客人的席位，其他人只排桌次或自由入座。无论采用哪种做法，都要在入席前通知到每一个出席者，使大家心中有数，现场还要有人引导。

宴席席位安排主要考虑以下几个因素。

- 以主人的席位为中心。
- 把主宾和主宾夫人安排在最尊贵、最显眼的位置。
- 主方的陪客应该安插在客人中间。
- 夫妇一般不相邻而坐。
- 翻译人员一般安排在主宾右侧，方便翻译。
- 多边活动中不应该把关系紧张的双方安排在一起。

（5）按位入座。

应邀出席宴请活动，应听从主人安排。如是正式宴会，进入宴会厅之前，要先了解自己的桌次和座位，入座时注意看清桌上的座位卡，不要随意乱坐。应等长者、尊者坐定后，方可入座。如邻座是年长者或女士，应主动协助他们先坐下。就座时，由椅子的左侧入座。出席西式宴会，当拉开椅子后，身体在几乎要碰到桌子的距离站直，领位者会把椅子推进来，腿弯碰到后面的椅子时，就可以坐下来。

就座后，坐姿应端正，与餐桌的距离保持得宜，但不僵硬，上身轻靠椅背。不要用手托腮或把双臂肘放在桌上。不可跷足，不要头枕椅背打哈欠、伸懒腰、揉眼睛、搔头发等。不要随意摆弄餐具和餐巾，更不要弄出什么响声，也不要起身走动。如果有什么事要向主人打招呼，要避免一些不合礼仪的举止体态，如随意脱下上衣，摘掉领带，卷起衣袖。

3. 离席与告退

用餐结束后，应起立向主人道谢、告辞。有时在出席私人宴请活动之后，往往致以便函或名片表示感谢，也可通过电话、短信、微信或电子邮件等表示感谢。

（1）中餐退席。

吃完水果，主人与主宾起立，宴会即告结束。

参加宴会最好不要中途离去。万不得已时应向同桌的人说声"对不起"，同时还要郑重地向主人道歉，说明原委。吃完之后，应该等大家都放下筷子，主人示意可以散席时才能离座。

用餐后，不要随便带走餐桌上的物品，除了主人特别示意作为纪念品的东西外，其余的招待用品（包括糖果、水果、饮料、烟酒等），都不要带走。

宴会完毕，可以走到主人面前，握手并说声"谢谢"，向主人告辞。但不要拉着主人的手不停地说话，以免妨碍主人送其他客人。

（2）西餐退席。

日常宴请在女主人为第一主人时，往往以她的行动为准。入席时，女主人先坐下，并由女主人招呼客人开始就餐。餐毕时，女主人起立，邀请全体女宾与之共同退出宴会厅，然后男宾起立，尾随进入休息厅或留下抽烟（吃饭过程中不能抽烟）。男女宾客在休息厅会齐，即上茶、咖啡或餐后酒。

主宾告辞，主人送至门口。主宾离去后，原迎宾人员顺序排列，与其他客人一一握别。

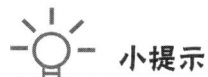 小提示

中途离席的技巧

一般酒会和茶会的时间很长，都在两小时以上。常见一场宴会进行得正热烈的时候，因为有人想离开，而引起众人一哄而散的结果，使主办人急得直跳脚。

欲避免这种煞风景的后果，当你要中途离开时，千万别和谈话圈里的每一个人一一告别，只要悄悄地和身边的两三个人打个招呼，然后离去便可。

中途离开酒会现场，一定要向邀请你来的主人说明、致歉，不可一溜烟便不见了。和主人打过招呼，应该马上就走，不要拉着主人在门口聊个没完。

有些人参加酒会、茶会，当中途准备离去时，会一一问他所认识的每一个人要不要一块儿走。结果本来热热闹闹的场面，被他这么一鼓动，一下子便提前散场了。这种闹场的事最难被宴会主人谅解，一个有风度的人千万不要犯这种错误。

（五）中餐宴会的席位安排

中国自古以来讲究民以食为天，中国菜也是世界上四大美食之一。中餐不仅是中国人的传统饮食习惯，还越来越受到外国人的青睐。宴请时，应讲究中餐的餐饮礼仪。

1. 中餐宴会的席次排列

一般中餐宴会使用的桌子以圆桌为主，而席次则有双桌、三桌、四桌、五桌等

不同的安排方式，但排列时的基本原则不变。主要是以面对正门中间的为首席，之后则以右为尊，按照由右至左的原则来排列。在安排席次时，除主桌可以略大之外，其他餐桌的大小、形状应大体相仿，不宜差别过大。

中餐宴请桌次的具体安排如图8-1至图8-7所示。

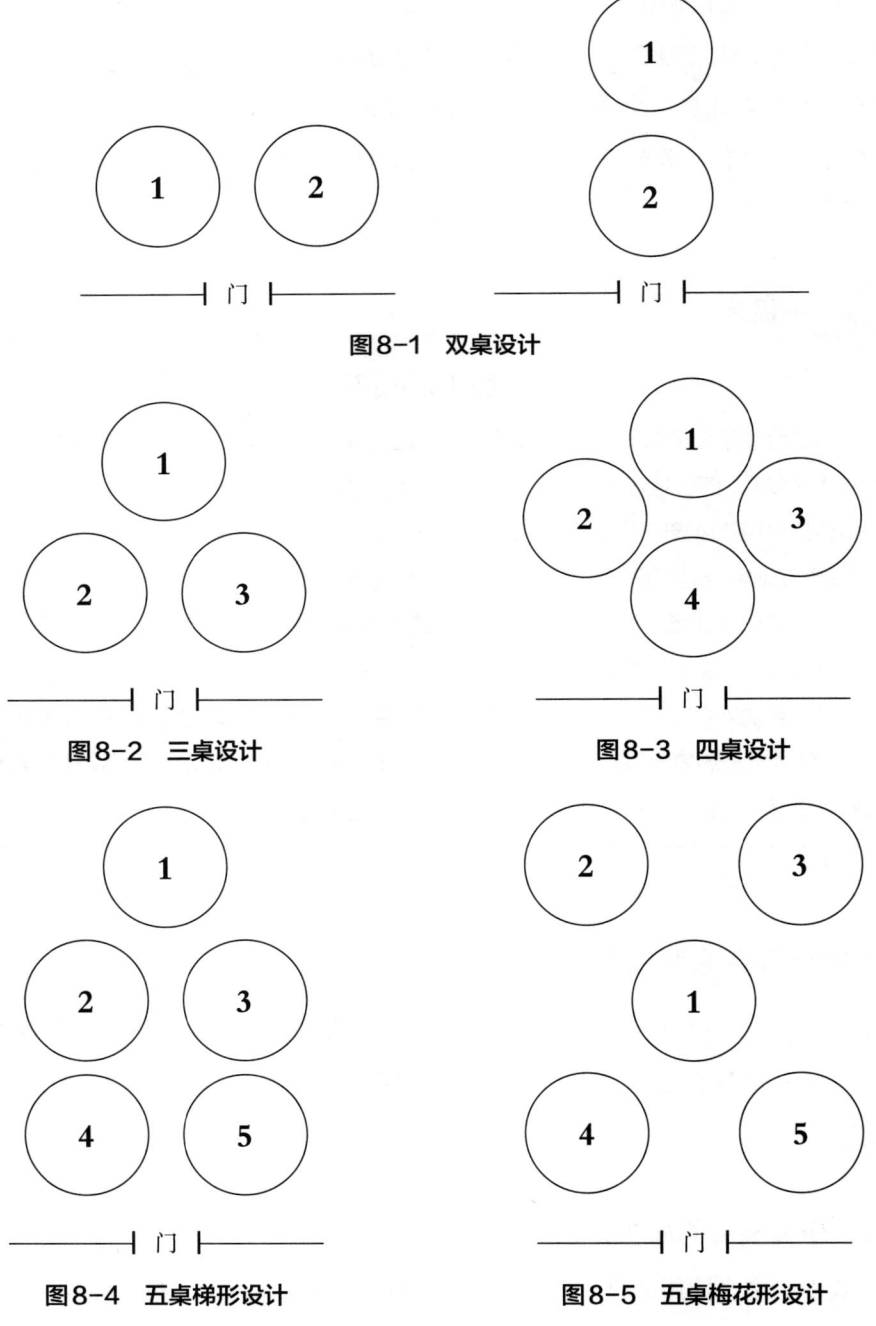

图8-1　双桌设计

图8-2　三桌设计　　　　　　图8-3　四桌设计

图8-4　五桌梯形设计　　　　图8-5　五桌梅花形设计

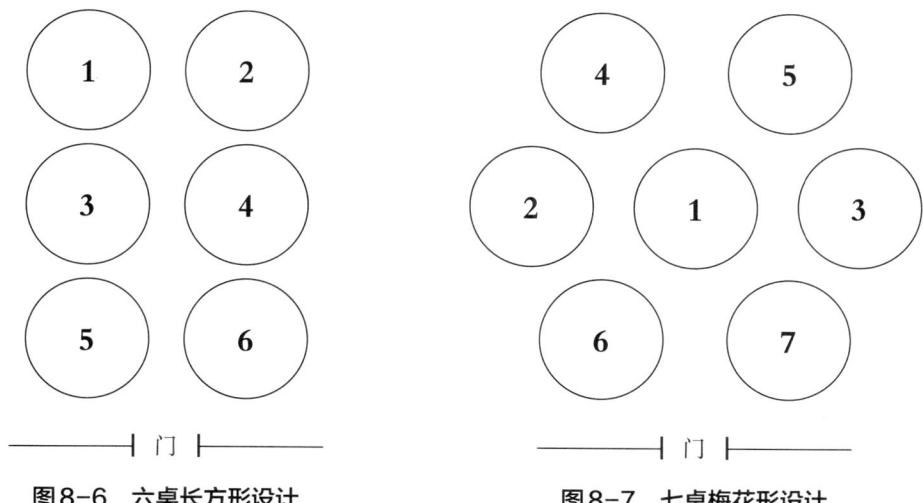

图8-6 六桌长方形设计　　　　图8-7 七桌梅花形设计

2. 中餐宴会的座位安排

宴会的主人应坐在主桌，面对正门就座。如果有副主人、主宾及副主宾之分，则副主人通常坐在主人的正对面，主宾坐在主人的右侧，副主宾坐在副主人的右侧。有的地区，习惯于将副主人安排在主宾的右侧，将副主宾安排在主人的左侧。

每张餐桌上，安排就餐人数应限制在10人之内，并且为双数。由于座位的安排通常是以宾客身份地位的高低作为排序的依据，因此当大型宴会的贵宾人数较多时，应事先将座位的安排绘制成图，张贴在宴会的入口处，并安排专人服务带位。

座次的具体安排如图8-8所示。

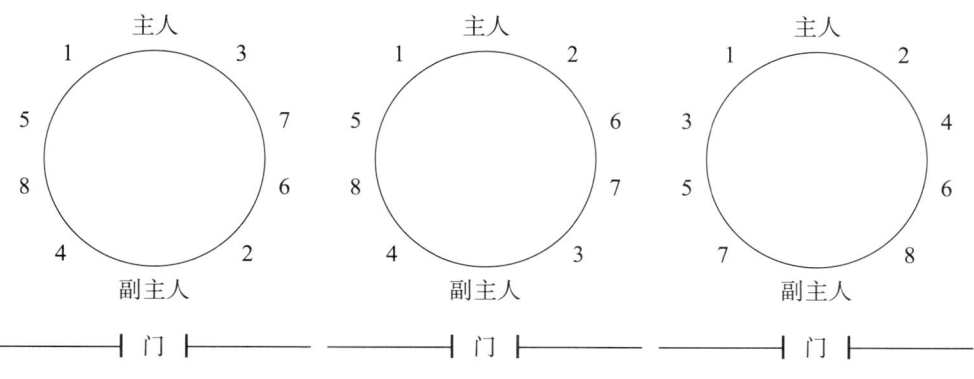

图8-8 常见中餐座次

3. 中餐便餐的座位安排

中餐便餐的座位排列原则为：右高左低、中座为尊、面门为上、观景为佳、临墙为好。

（六）西餐宴会的席位安排

吃西餐在很大程度上讲是在吃情调，宴请的目的不仅仅是为了吃饭，更是为了交际。餐桌上的举止是对一个人的礼仪和修养的最好考验。正式的西餐宴会规矩颇多，幼儿教师对此不能一无所知。

1. 西餐宴会的席位排列

西餐宴会的席位排列要遵循一定的规则。

- 女士优先。在西餐礼仪里，往往体现女士优先的原则。排定用餐席位时，一般女主人为第一主人，在主位就座。而男主人为第二主人，坐在第二主人的位置上。
- 距离定位。西餐桌上席位的尊卑，是根据其距离主位的远近决定的。距主位近的位置要高于距主位远的位置。
- 以右为尊。排定席位时，以右为尊是基本原则。就某一具体位置而言，按礼仪规范其右侧要高于左侧之位。在西餐排位时，男主宾要排在女主人的右侧，女主宾排在男主人的右侧，按此原则依次排列。
- 面门为上。按礼仪的要求，面对餐厅正门的位置要高于背对餐厅正门的位置。
- 交叉排列。西餐排列席位时，讲究交叉排列的原则，即男女应当交叉排列，熟人和生人也应当交叉排列。在西方人看来，在宴会场合要拓展人际关系，这样交叉排列，用意就是让人们能多和周围的客人聊天认识，达到社交目的。

2. 西餐宴会就座的位置排法

西餐宴会就座的位置排法与中餐有一定的区别，中餐多使用圆桌，西餐则以长桌为主。长桌的位置排法主要有以下两种方式。

- 法式就座方式。主人位置在中间，男女主人对坐，女主人右边是男主宾，左边是男次宾，男主人右边是女主宾，左边是女次宾，陪客则尽量往旁边坐（如图8-9）。

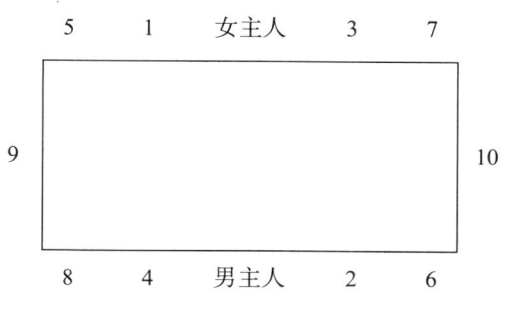

图8-9　法式就座方式

- 英美式就座方式。桌子两端为男女主人，若夫妇一起受邀，则男士坐在女主人的右手边，女士坐在男主人的右手边，左边则是次客的位置，陪客则尽量往中间坐（如图8-10）。

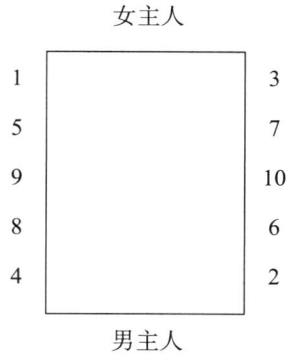

图8-10　英美式就座方式

（七）饮酒与祝酒

在交际过程中，酒作为一种交际媒介，对于迎宾送客、聚朋会友，彼此沟通、传递友情发挥着独到的作用。饮酒是人们增进感情、加强联络的一种方式。

1．酒的分类

酒的种类非常多，主要有白酒、啤酒、葡萄酒、香槟酒、白兰地酒、威士忌酒以及鸡尾酒等。

（1）白酒。

白酒是用高粱、玉米、甘薯等粮食或某些果品经过发酵、蒸馏制成的一种酒类。白酒通常无任何颜色，酒精含量大都比较高，是烈性酒。如我国著名的白酒有茅台酒、五粮液酒、剑南春酒等。

在正式场合喝白酒时，要用专门的瓷杯或玻璃杯盛酒。为避免手的温度使酒温增高，应用大拇指、中指、食指握住杯脚，小指放在杯子的底台固定。喝酒讲究"酒满敬人""一饮而尽"。

（2）啤酒。

啤酒又叫麦酒。它是一种以大麦和啤酒花为主要原料发酵制成的酒类，含有大量的泡沫和特殊的香味，味道微苦，酒精含量较低。啤酒以德国的最为著名。

饮用啤酒，一般用专用的倒三角形或带手柄的啤酒杯，喝时讲究大口饮用。在国外，啤酒是上不了宴席的，而在我国，啤酒在社交聚餐中频频露面。

（3）葡萄酒。

葡萄酒是以葡萄为主要原料发酵酿制而成的酒类。根据颜色和糖分的含量分为白葡萄酒、红葡萄酒、干葡萄酒等种类。在世界上，最有名的葡萄酒产在法国的波尔多地区。

喝不同的葡萄酒，在温度上有不同的要求。白葡萄酒宜在13℃左右喝，所以喝时应加冰块；而红葡萄酒在18℃左右饮用最佳，可以不加冰块。喝葡萄酒时，要用专门的高脚玻璃杯。喝白葡萄酒时，要捏着杯脚；喝红葡萄酒时，应握住杯身。

（4）香槟酒。

香槟酒是以特种工艺制成的，富含二氧化碳、起泡沫的白葡萄酒，常用于庆典、仪式上为人助兴。香槟酒在6℃左右时饮用最佳，因此在饮用之前必须将酒冷藏于冰桶之内。

开瓶时，可稍加摇晃，再打开瓶塞，届时，它就会连泡带酒一起喷涌而出，为人增添欢快的气氛。饮用香槟酒时应用郁金香形的高脚玻璃杯，并以手捏住杯脚。

（5）白兰地酒。

白兰地酒是用葡萄汁发酵之后蒸馏精制而成，酒精含量约为40%，色泽金黄。世界上知名的白兰地酒有马爹利、轩尼诗、人头马、拿破仑等，并以产于法国干邑地区、储藏时间较长者为佳。

饮白兰地酒的最佳温度为18℃以上，饮时将酒盛在专用的大肚、收口的矮脚杯内，先用右手托住杯身观其色彩，并以手掌为其加温，随后再嗅其酒香，最后才慢慢地小口品味。

（6）威士忌酒。

威士忌酒是一种用谷物发酵酿造而成的烈性酒，口味浓烈、刺激，酒精含量约为40%。在世界各国生产的威士忌酒中，首推英国苏格兰地区生产的威士忌酒。

威士忌酒在加入冰块、苏打水或姜汁后，味道更好，喝时用专门的平底小玻璃杯，耐心细致地慢慢加以品尝。

（7）鸡尾酒。

鸡尾酒是一种混合型的酒，是用各种不同的酒以及果汁、汽水、蛋清、糖浆等，按照一定的比例，采用专门的技法调配而成。因为它调出来后色彩丰富、层次分明，好似雄鸡之尾，故称为鸡尾酒。

为了便于观赏其独具特色的丰富色泽，一般用高脚广口的玻璃杯盛，不把数种不同的鸡尾酒混杂在一起喝。

2．斟酒碰杯的礼仪

（1）斟酒的礼仪。

在正式的宴会上，服务员打开酒瓶后，先要倒上一点给主人品尝。主人应先饮一小口仔细品评，然后再尝一口，感到所有的酒完全合乎要求时，再向服务员示意，服务员即开始为客人斟酒。作为主人，也可亲自为客人斟酒。

斟酒的顺序是：先主宾、年长者、长辈、远道来的客人、职务较高的来宾，然后才是其他客人。如果没有上述情况，可按顺时针方向依次斟酒。

斟酒时酒瓶要当场打开，酒杯大小要一致。白酒可斟满，但不要溢出来。其他酒，应酌量。

作为客人，当主人为自己斟酒时，要起身或俯身，以手扶杯或做欲扶状，以示恭敬。还有一种"叩指礼"，即主人在给客人斟酒时，客人要把拇指、食指、中指捏在一块，轻轻地在桌上叩几下，表示感谢主人斟酒。

（2）碰杯的礼仪。

中餐宴席上喝酒碰杯，讲究要碰杯就必须把杯中的酒喝干，有时还要倒过来让旁人看自己的杯子。在山区，这一礼俗很严格。碰杯后不干杯，表示对朋友不够仗义，要再罚酒。而在发达地区和西餐宴请时，则没有此项礼俗。

碰杯的顺序：一般是主人和主宾先碰杯，然后主人按顺时针方向依次与其他客人碰杯，客人之间也可以互相碰杯。

碰杯时，客人应起立举杯，目视对方致意，说祝愿的话语。

身份低或年轻者与身份高及年长者碰杯时，应稍欠身点头，杯沿比对方杯沿略低表示尊敬。有时，为避免对方争相低于对方的酒杯，可以用手托一下对方的酒杯。

3．祝酒敬酒的礼仪

（1）祝酒的礼仪。

正式宴会上的祝酒是宴席间的一个重要的礼仪程序。主人和主宾要发表祝酒词。祝酒词适合安排在宾主入座后，用餐前；也可安排在吃过主菜后，甜品上桌之前。在主人和主宾祝酒时，应暂停进餐，停止交谈，注意倾听。

主人和主宾讲完话，与贵宾席人员碰杯后，往往会到其他桌敬酒。各桌人员应起立举杯，碰杯时要目视对方致意。相互碰杯祝酒，可以表示友好，活跃宴会气氛，但注意不要交叉碰杯。客人、晚辈、女士一般不宜先提议为主人、长辈、男士的健康干杯，以免喧宾夺主。

西餐宴会的祝酒与中餐有所不同。在西餐宴会上，祝酒讲究只用香槟酒，这时即使不会喝也要沾几滴。西方人一般只祝酒，不劝酒；只敬酒，不真正干杯，喝与不喝、喝多喝少随客人自己的意愿。

（2）敬酒的礼仪。

在规模盛大的宴会上，主人将依次到各桌上敬酒，而每一桌可派遣一位代表到主人的餐桌上去回敬一杯。一般宴会中，主人也有敬酒之举，会饮酒的人应当回敬一杯。敬酒要适可而止，不要成心把别人灌醉。

敬酒前，宜先为对方和自己斟酒，并说一些祝福的话。敬酒时，上身挺直，双腿站稳，以双手举起酒杯至眼睛的高度，待对方饮酒时再跟着饮。晚辈、职位低者，也可先干为敬。敬酒的态度要热情而大方。

宴会上相互敬酒表示友好、活跃气氛，但切忌喝酒过量。喝酒过量容易失言，甚至失态，或醉酒误事。因此，必须控制在本人酒量的1/3以内。

不会喝酒或不能饮酒时，要注意礼貌地拒酒。当主人或朋友们向自己热情地敬酒时,不要乱推乱躲,将酒杯倒扣,更不要把他人所敬的酒悄悄地倒在地上。

拒绝他人敬酒通常有以下三种方法。

- 主动要一些非酒类的饮料,并说明自己不饮酒的原因。
- 让对方在自己面前的杯子里稍许斟一些酒,然后轻轻地以手推开酒瓶。按照礼节,杯子里的酒是可以不喝的。
- 当敬酒者向自己的酒杯里斟酒时,用手轻轻地敲击酒杯的边缘,这种做法的含义就是:"我不喝酒,谢谢。"

(3)饮酒的礼仪。

酒类服务通常由服务员负责。侍者倒酒时,不要动手去拿酒杯,而应把酒杯放在桌上由侍者去倒。当主人或其他人为自己斟酒时,则要起身或俯身,以手扶杯或做欲扶状,以示恭敬。

应注意正确的握杯姿势。

【正确做法】

☑ 饮酒时,倾斜酒杯,像是将酒放在舌头上似的喝。轻轻摇动酒杯,让酒与空气接触以增加酒味的醇香。

【不当做法】

☒ 饮酒时,吸着喝。猛烈摇晃杯子。

4.西餐的酒水搭配

西餐宴会所用的酒水可以分为餐前酒、佐餐酒和餐后酒三种。

- 餐前酒又叫开胃酒,在用餐之前饮用,或在吃开胃菜时饮用。通常作为开胃酒的有鸡尾酒、威士忌和香槟酒。
- 佐餐酒,是在正式用餐期间饮用的酒水。西餐的佐餐酒均为葡萄酒,选择佐餐酒的原则是"红配红,白配白",即红葡萄酒配红肉,白葡萄酒配白肉。红肉指的是猪肉、牛肉、羊肉;白肉指的是鱼肉、海鲜等。干白葡萄酒可以配鱼、海鲜、鸡肉、奶油汁。干红葡萄酒可以配牛肉、羊肉、猪肉或意大利粉。甜红葡萄酒可以配甜点心。
- 餐后酒,是餐后用来助消化的酒水。常用的有利口酒、白兰地酒,大部分人不选用此酒。

五、参观与观演礼仪

参观与观演礼仪，是幼儿教师应该掌握的基本礼仪规范。带领幼儿进行参观或观演活动，除了事前要对孩子们进行相关的礼仪教育外，幼儿教师在整个活动过程中还必须身体力行，给孩子们做示范、带好头。

（一）旅游参观礼仪

- 自觉遵守规定。认真阅读参观须知，自觉遵守参观地的规章制度。
- 爱护环境，讲究卫生。不要随地吐痰，不要乱扔果皮、纸屑、杂物等，不污染环境。
- 爱护名胜古迹。不能在柱、墙、碑等建筑物或树木上乱写、乱画、乱刻。对文物古迹要自觉保护，对公共建筑、设施以及花草树木等要自觉爱护。
- 文明参观。在室内参观，不要大声喧哗，以免影响其他人。对讲解员、服务员要以礼相待，对他们所提供的服务要表示衷心的感谢。
- 不随意违规翻越、攀爬。不要争抢场地。如需别人避让，应有礼貌地请求。
- 礼让他人。遇狭窄地段，或过桥、穿洞时，要相互谦让。遇行动不太方便的人，要主动让行，提供帮助。
- 不随意拍照。拍照时注意相关提示，应在设置的保护区域以外。不故意遮挡别人的镜头。
- 就餐时，要文明用餐，节约粮食，不浪费，保持就餐环境的清洁卫生。
- 要爱护参观地点的动物，不要随意给动物喂食。

（二）参观展览的礼仪

博物馆、展览馆和美术馆等是高雅的场所，因而幼儿教师在参观时更要讲究礼仪。

- 对于博物馆、展览馆或美术馆的特殊规定，参观者一定要自觉了解和遵守。
- 遵守参观场所的参观秩序。要排队按秩序参观，保持安静，不可大声喧哗。
- 注意个人的仪容仪表。衣着应整洁大方,仪容应修饰得体。参观时,不能随意吃喝、随意丢弃垃圾。爱护展区环境,避免造成污损。
- 对讲解员的解说要认真、耐心地倾听。遇到不懂的问题或感兴趣的内容,可以在讲解员解说完毕后向人请教。对展品不要妄加评论。如果你很欣赏某件展品,在不妨碍他人的情况下可以多欣赏一会儿;如果别人停住欣赏某件展品,而你不得不从他面前穿过时,要轻声地对其说一声"对不起"。
- 参观时要爱护展品,不能用手触摸,特别注意不要碰坏展品和其他设施。

(三) 观演礼仪

前往剧院观看电影、戏剧或其他演出时,幼儿教师必须遵守以下五条基本的礼仪。

1. 预先购票

无票入场、混入剧院,或者制作、购买假票,都是不允许的。

2. 提前入场

许多剧院都有规定:开演之后,禁止观众入场,至中场休息时,迟到者方可入内。为了不影响自己和别人观看演出,观众最好在演出正式开始前几分钟进场。

3. 对号入座

绝大多数演出,都要求观众完全对号入座,每位观众都应自觉地遵守此项规定。

4. 保持安静

不论是观看电影、戏剧,还是欣赏歌曲、演出,在其进行过程中,观众都要自觉地保持安静。不允许自言自语或者与身边的人交头接耳,不允许使用手机与外界进行语音联络,享用食物、饮料时不允许发出声音。

5. 遵守规定

前往正规的剧院观看演出，通常有一些比较特殊的规定必须遵守。它们主要包括下列内容。

- 穿着正装。观赏歌舞剧、音乐会时，往往要求观众衣着正规，有时还会要求观众着礼服。
- 禁止拍摄。出于版权等方面的考虑，一般的商业性演出，不允许观众拍照、录像或录音。
- 禁止吸烟。为维护观众健康，净化现场环境，几乎所有的剧院都禁止在场内吸烟。需要吸烟时，应到允许吸烟的休息区或走出场外。
- 限制走动。如果没有十分特殊的原因，观众在演出进行期间不要随意自由走动，以免影响他人。
- 保持克制。不论演出的实际水准如何，观众都应保持克制。只有没有教养的人，才会随便起哄、闹事。
- 最后退场。观看现场演出时，宜在演员谢幕后退场。陪同他人观看演出时，则不应独自退场或先行退场。

六、庆典活动礼仪

仪式通常是人们在人际交往中，特别是在一些比较盛大、比较庄严、比较隆重、比较热烈的正式场合里，为了激发出席者的某种情感，或者为了引起重视，而郑重其事地参照合乎规范与惯例的程序，按部就班地举行某种活动的具体形式。

庆典，是各种庆祝仪式的统称。通常是社会组织为了扩大知名度和提高美誉度，获得更大的经济效益和社会效益，围绕着重要节日或重大事件等举行的庆祝活动。幼儿教师可能承担为幼教机构组织一次庆祝仪式的任务或参与仪式工作，也可能应邀去出席外单位的庆祝仪式。讲究庆典活动礼仪是现代交际的一项重要内容，也是成功组织庆典活动的关键。因此，幼儿教师了解并掌握庆典活动礼仪非常必要。

（一）庆典活动的重要性

第一，成功的庆典活动有利于提高幼教机构的知名度和美誉度，塑造幼教机构的良好形象。

仪式既是礼仪形式，又是公关活动。公关的主要职能就是千方百计地用多种形式为本机构树立良好的形象。仪式经常发挥着难以替代的重要功能。它可以树立幼教机构的良好形象，有助于提高幼教机构的知名度与美誉度。诸如毕业典礼、开班仪式、节日庆典、颁奖仪式等，都具有树立幼教机构形象、推动幼教机构发展的作用。

第二，成功的庆典活动有利于激发幼儿教师、幼儿及家长对幼教机构的热爱，培育幼儿教师的价值观念，增强幼教机构的凝聚力。

各类仪式活动都是幼教机构取得了一定的成绩时所举行的隆重活动。利用这种形式，有助于提高全体幼儿教师、幼儿及家长的自信心、自豪感、归属感和集体荣誉感，增强幼教机构的凝聚力，激发全体幼儿教师、幼儿及家长对幼教机构的热爱，同时也加大了宣传力度，促进了幼教机构的发展。

第三，成功的庆典活动有利于传递幼教机构的信息，使幼教机构赢得更多的成功机会和合作伙伴。

各种仪式活动都是根据某一主题内容进行的，在仪式举办过程中往往要邀请各方来宾，如政府机关领导、家长代表、合作单位代表、各种媒体的记者等。通过仪式的举办，可以表达出幼教机构对待自己的交往对象的诚心与诚意，可以表达合作的积极态度，可以借此机会引起社会各界对该幼教机构的重视，并且加深社会公众对该幼教机构的了解，达到扩大影响，取得更好的社会效益和经济效益的目的。

第四，成功的庆典活动有利于沟通情感，传达意愿，增进友情。

庆典活动为幼教机构与各界的交往提供了一次良好的机会。借助庆典活动，可以广交朋友，化解积怨，为今后打下发展的基础。在庆典活动中，各方来宾、家长们受到一定的礼遇和尊敬，再加上欢庆气氛中的开怀畅谈，能增加幼教机构与各界人士的友谊。

无论是节日庆典、周年庆典，还是荣获某项荣誉的庆典、取得重大业绩的庆典、取得显著发展的庆典等，在典礼举行之时，都必须认真恪守"热烈、隆重和适度"三项礼仪原则。

庆典活动具有涉及面广、仪式时间短、工作复杂而紧凑、注重形式、影响迅速、范围广的特点,因此,作为庆典活动的组织方应该做好整体的筹划和设计,力争体现出庆典所具有的热烈、欢快、隆重的特色。

(二)庆典活动的准备工作

1. 确定出席者名单

确定庆典的出席者名单时,始终应当以庆典的宗旨为指导思想。一般来说,庆典的出席者通常应包括如下人士:上级领导、知名人士、大众传媒、家长代表以及幼儿教师。

- 当地主要领导,上级主管部门领导,地方职能管理部门的领导,大都对幼教机构的发展给予过关心、指导。邀请他们参加,主要是为了表达感激之情。
- 若能邀请社会名流、某方面的专家、影视娱乐界名人等知名人士参加,整个庆典活动将增色不少。根据公共关系学中的"名人效应"原理,社会各界的名人对于公众最有吸引力,能够请到他们,将有助于更好地提高本单位的知名度。
- 能够参加庆典活动的公众毕竟是有限的。为了扩大庆典活动的社会传播面和影响面,就需要借助大众传媒的力量。邀请他们,并主动与他们合作,将有助于他们公正地介绍幼教机构的成就,进而有助于加深社会对该幼教机构的了解和认同。
- 家长与幼教机构是紧密合作的伙伴。请家长来一起分享成功的喜悦,是完全应该的,而且是绝对必要的。家长对幼教机构的好口碑,更是幼教机构发展的有力支撑。
- 幼儿教师是幼教机构的主人,幼教机构的每一项成就的取得,都离不开他们的兢兢业业和努力奋斗。成功的庆典活动能增加员工的自信心和工作热情。

2. 提前发出邀请和通知

具体邀请名单一经确定,就应尽早发出邀请或通知。重要宾客的请柬应于

1周前送达其手中。请柬中写明活动事由、方式、时间、地点。若邀请嘉宾讲话，应预先商议、确定。

活动前3天可通过电话核实，看有无变动；邀请贵宾时，在活动前1天要再核实一次。

庆典涉及的人员甚多，准备工作要求时间性强，如果随意更改日期会影响到参加庆典的人员的工作安排，也会打乱幼教机构正常的工作秩序，所以，不到万不得已时，均不能将庆典取消、改期或延期。

3. 充分准备庆典活动现场

庆典活动多在现场举行，其场地可以是正门之外的广场，也可以是正门之内的大厅。按惯例，为显示隆重与敬客，可在来宾尤其是贵宾站立之处铺设红色地毯，并在场地四周悬挂横幅、标语、气球、彩带、宫灯等。

对于音响、照明设备，以及仪式举行之时所需使用的用具、设备，必须事先请专业人士认真进行检查、调试，以防其在使用时出现差错。

来宾的签到簿、幼教机构的宣传材料、待客的饮料、座位的设置等，亦需提前备好。

（三）庆典活动的程序

一次庆典举行得成功与否，与其具体的程序不无关系。

1. 拟定庆典程序的原则

仪式礼仪规定，拟定庆典的程序时，有两条原则必须坚持。

- 时间宜短不宜长。一般应以1个小时为极限。这既是为了确保庆典活动效果良好，也是为了尊重全体出席者，尤其为了尊重来宾。
- 程序宜少不宜多。程序过多，不仅会加长时间，而且会分散出席者的注意力，并给人以庆典内容过于凌乱之感。

2. 庆典活动的主要程序

依照常规，一次庆典大致上应包括以下几项程序。

第一项，宣布庆典正式开始，全体起立，奏国歌，唱幼儿园园歌。

第二项，幼教机构主要负责人致辞。其内容是对来宾表示感谢，介绍此次庆典的缘由等，其重点应是报捷以及庆典的可"庆"之处。

第三项，邀请嘉宾讲话。一般而言，出席此次庆典活动的上级主要领导、协作单位及社区关系单位，均应有代表讲话或致贺词。对外来的贺电、贺信等，可不必一一宣读，但对其署名单位或个人应当公布。在进行公布时，可依照其"先来后到"的顺序，或按照其具体名称的汉字笔画的多少进行排列。

第四项，安排汇报演出。如果准备安排这项程序，应当慎选内容，注意不要有悖于庆典的主旨。

第五项，邀请来宾进行参观、观摩、研讨或参与活动等。

在以上几项程序中，前三项必不可少，后两项可以酌情安排。

（四）来宾的接待工作

庆典活动一般都较盛大，工作任务繁重，需要各部门有关人员密切配合，共同完成。最好的办法是成立筹备组。应根据具体的需要，下设若干专项小组，在公关、礼宾、财务、会务等各方面专项负责。其中负责礼宾工作的接待小组大都不可缺少。要做到有条不紊、忙而不乱，就要确定庆典活动的程序，并按照典礼规格确定司仪人员，按照有关活动内容将任务具体落实到人。

庆典的接待小组，原则上应由年轻、精干、身材与形象较好、口头表达能力和应变能力较强的青年教师组成。

进行具体的接待工作时应注意以下几个问题。

1．迎宾

迎宾工作是接待工作的第一环节。负责迎宾的幼儿教师一般站在幼教机构门口两侧，身着幼教机构的制服或统一着装，披戴绶带，化淡妆，头发应盘起或扎起；站姿应优美而典雅；面带微笑，给人以亭亭玉立的感觉。宾客到来时，应笑容可掬地施以45°鞠躬礼，并亲切地问候："您好！欢迎光临。"为了渲染气氛，这时应放些迎宾乐曲。

2．引导

负责接待的教师在确认宾客的身份后，应热情地以手势引导——"您好，这边请。"有职务的尽量称呼其职务。幼教机构应派一位领导参与接待宾客的工作，对宾客表示欢迎，重要的宾客要亲自接待或引见最高领导。

3．签到

负责迎宾的幼儿教师将每位来宾引领到签字台。签字台应备有钢笔、毛笔、砚台、精致的签到本和纸，以便宾客题词留念。请来宾签字应讲究礼貌，对来宾的合作表示感谢。随后，将准备的胸花插在来宾的西服胸袋或西服领上的插花眼上。庆典活动尚未开始时，应请来宾到休息室或现场就座。

4．接待过程中的次序礼仪

越是重要的庆典场合，越要遵从次序礼仪。次序，虽然形式上只是一个先后问题，但在内容上既关系到接待者的礼仪素质，又关系到能否准确地给予宾客适当的礼遇。因此，庆典上的次序千万不可忽视。

（1）招呼客人的次序礼仪：一般情况下，谁先到，先接待谁。

如果有两位以上的宾客同时到达，应先招呼职务高的那位；如果两位的职务一样，可以同时招呼——"欢迎两位领导光临"，也可以先后招呼，而后对后打招呼的先让座、先敬茶，以平衡二者的心理。

（2）座次礼仪。

庆典的会场布置一般有两种情况：一是只为重要来宾安排席位，其余来宾及与会者站着参加；二是全部与会者站立参加。

庆典活动中的座次安排，应体现来宾的身份、地位、年龄的差别，明确按照地位高低、职务上下、关系亲疏等来排列。通常遵循国际惯例：前排高于后排，中间高于两侧，右侧高于左侧。

（3）介绍来宾的次序礼仪。

庆典上一般只介绍主要领导和重要嘉宾。介绍时应分别按地位高低依次介绍。

宣读贺电、贺信时，先宣读上级领导及主要来宾的贺信、贺电，其他单位可不排先后顺序。

（4）行进中的次序礼仪：前排高于后排，中间高于两侧，右侧高于左侧。

迎宾时，作为引领人员应走在来宾的左前方2～3步处；送客时，应走在宾客的后面。陪同领导参观时，幼教机构领导应走在来宾最高领导的左边。随行人员走在后面、侧面。

（5）主席台上倒茶水的次序礼仪：先尊后卑。

应先从第一排中间的最高领导者开始，然后依次往两边同时倒茶，再为下排的来宾倒茶。

（五）参加庆典活动的礼仪规范

参加庆典活动时，不论是主办单位的人员还是外单位的人员，均应注意自己临场之际的举止表现。作为主办单位的人员，无论是领导还是一般的工作人员，在他人眼中都代表着组织的形象。而外单位的人员在参加庆典活动时，应以自己上佳的临场表现，来表达对主办方的敬意与对庆典本身的重视，展示自我形象和所代表的团队形象。因此，无论任何一方的参与者，在整个庆典仪式过程中都应注意以下细节。

- 仪容要整洁，服饰要规范。有统一式样制服的幼教机构，应要求以制服作为庆典着装。无制服的幼教机构，或个别应邀出席庆典活动的幼儿教师必须穿着礼仪性服装。
- 要遵守时间，行为要自律。提前到场，不得姗姗来迟，无故缺席或中途退场。在整个活动过程中，要积极参与，不要交头接耳或表现出与己无关的模样，言谈举止要自我控制。
- 在庆典过程中要表情庄重、全神贯注。假若庆典之中安排了升国旗、奏国歌、唱幼儿园园歌的程序，一定要依礼行事：起立，脱帽，立正，面向国旗或主席台行注目礼，并且认认真真、表情严肃地和大家一起唱国歌、唱幼儿园园歌等。
- 做好介绍和自我介绍工作。当主持人介绍领导和嘉宾时，全体成员都应注目示敬，忌东瞅西看，毫不在意。活动中，若周边有不相识的与会者，有机会可礼貌地进行自我介绍。若为他人进行介绍，必须了解被介绍者的姓名和基本情况，在双方有意愿时进行介绍。当被介绍时要有所表示，或起立致敬，或欠身微笑，或含笑点头，忌表情板滞、不加理睬，忌言笑不停、对介绍置若罔闻。
- 作为主办者和应邀发言的嘉宾，发言应精练而生动。上下场要沉着冷静，并讲究礼貌。发言切忌夸夸其谈，时间过长。在发言开始，应使用尊称；在提及感谢对象时，应目视对方；在表达感谢时，应郑重地躬身施礼；对于大家的鼓掌，应以自己的掌声来回礼；在讲话末了，应当礼貌地致谢，如"谢谢大家"；发言时还应当少做手势，含义不明的手势不用。而作为听众则应神情专注，忌精力分散、频频看表。

- 来宾还应注意签名问题。庆典中的签名有两种情况：一种是报到时，在报到簿或纪念册上签名；另一种是在活动期间应邀签名。签名一定要字迹工整。忌抢先在最佳位置挥动笔墨写大字，也忌漫不经心。

七、休闲娱乐礼仪

（一）公园礼仪

闲暇之时，人们大都喜欢前往公园休闲或小憩。有时，人们还会与亲朋好友前往公园进行集体娱乐。游园时，幼儿教师应当遵守游园礼仪规范。

1. 轻装上阵

游园时的着装应以简单、轻便、舒适为基本特征。若非集体活动的需要，通常不要选择过分正式的套装或过于招摇的礼服、时装。也不宜着睡衣、背心之类过于随便的服装。

2. 保护环境

公园乃公共场所，每一个人在其中活动时都要有意识地保护环境。尤须注意：不要乱扔废弃物，不要损害公物。

凡废弃之物，应自觉地将其投入垃圾桶或者随身带走，而不应信手乱丢。对于公园里的一山一水、一草一木，都应自觉爱护。未经许可，公园之内的任何物品，都不得擅自取用或带走。

3. 自娱有方

一般来说，人们游园主要属于自娱活动。游园时的自我娱乐应注意下列两点：自得其乐，切勿扰人。

在游园时，人们不管是散步、健身、小憩、静坐、阅读，还是寻访名胜、观赏景致，都讲究自得其乐。在自得其乐的同时，游园者还须注意不要骚扰他人。诸如在公园里高声喧哗、载歌载舞、袒胸露腹、当众酣睡或者大吃大喝，不但有损个人形象，而且有可能破坏别人游园的兴致。

4. 注意安全

在公园里活动，一定要注意"安全第一"。杜绝擅闯禁区，不做冒险运动，不要随便野炊，谨慎结交陌生人。

凡禁止游人前往的地区、水域，都不能冒险前去。不要擅自从事攀岩、滑翔、蹦极、跳水、跳岩等危险运动。在规定区域野炊，不要随意私自行事。在公园里与陌生人往来，要注意安全。

（二）歌厅礼仪

去歌厅唱歌娱乐时，幼儿教师必须认真遵守以下五条礼仪规范。

- 挑选正规歌厅。前往歌厅唱歌时，歌厅的正规与否通常非常关键。大凡正规的歌厅，不但设备完善、环境幽雅、服务到位，而且收费比较合理。
- 点歌礼让有序。不论是在公共大厅里点歌，还是在单独的包间里点歌，都要遵守"先来后到"的顺序，并且注意礼让他人。在点歌时，一般应当请客人先点、女士先点、长辈先点或者上司先点，有时也可由大家依次点歌，或点上一首人人皆会唱的歌曲进行合唱。点歌时争先恐后，或者争夺话筒，是会令人耻笑的。
- 听歌聚精会神。当别人唱歌时，不管自己认识对方与否，都要洗耳恭听。当对方表现出色时，应以掌声进行鼓励。即使对方演唱并不在行，也不要发出嘘声嘲弄对方。在他人唱歌时，交头接耳、走来走去甚至公然退场，都是没有教养的表现。
- 唱歌保持风度。当自己唱歌时，一定要注意保持风度。唱歌之前，可先问候大家。得到掌声鼓励，要在演唱结束时表达谢意。参与者较多时，每次限唱一首歌。在唱歌的过程中，切莫忘乎所以、手舞足蹈或者胡言乱语。
- 尊重异性。在歌厅里进行娱乐活动时，应对在场的异性表示尊重。与熟悉的异性相处时，不应当动手动脚，乱开过火的玩笑。对现场不熟悉的异性，切莫上前打扰、纠缠。

（三）游乐场礼仪

在游乐场里进行娱乐时，幼儿教师必须认真遵守以下五条礼仪规范。

- 排队活动。在游乐场里，凡新颖、刺激的项目，必定会有众多的爱好者。为了保证大家人人都有机会进行体验，应自觉排队，依次而上，不允许不排队或乱插队。
- 掌握规则。参加尚未尝试过的游乐项目之前，务必要耐心、认真地了解有关的活动规则。这样做既是为了更好地享受此项活动所带来的乐趣，更是为了保证自己的人身安全。
- 服从管理。在许多大型游乐场内，都有一些专业人士负责对游客进行管理、提供服务或给予技术指导。对于这些专业人士的工作，一定要予以应有的尊重和支持。
- 爱惜设施。游乐场里不少的设施，不仅科技含量较高，而且价格昂贵。因此，在使用游乐设施时一定要加倍爱惜，不要乱碰、乱动、乱用，更不应有意毁坏。
- 与人合作。在游乐场里，有一些游乐设施往往要求多人合作使用。遇到这种情况时，应表现得积极而主动。寻找合作对象时，既可以自行选择，也可以听从管理人员的分配。不过组合一旦形成，就不宜再去要求变动。与他人合作游乐时，态度上要热情、友善，行动上要彼此配合、协调。合作之初，应问候对方。合作结束时，则应向对方告别或致谢。

（四）舞场礼仪

参加舞会是社会交际的一种方式，也是一种娱乐。重视舞场礼仪规范，才能在娱乐之中完成交际任务，使自己在舞池中受人欢迎。

1. 跳舞应讲究个人形象礼仪

- 衣着讲究，整洁大方，符合舞池氛围要求。忌讳穿制服、休闲服、居家服或沙滩装等进舞场。皮鞋要光亮、无泥。

- 男士的头发要梳理整齐，不要满脸胡茬，也不要油头粉面；女士要发饰得体，美化妆容，但不要浓妆艳抹、披头散发。
- 男女上舞场前应检查自己的体味、口气是否清新。可以适当使用香水调整体味，使用漱口水清理口腔。
- 跳舞时男女双方若比较熟悉，可以小声地交谈，以不影响其他舞伴为宜。对不熟悉的舞伴，不可问长问短，闲聊不止。如果遇到一对密谈的舞伴，应立即离开。舞伴之间有什么事最好在休息时找地方谈，不可在舞场上争论不休、大声喧哗、高谈阔论。
- 如果有事找人，不能单个人进入舞池，也不可高声叫喊，只能等这支曲子结束时再去找。找到后不能在舞场交谈，要到休息室去谈。有事需要到舞池的对面，要顺边绕道而行，不可穿越舞池。

2．礼貌邀舞与婉拒

在正常情况下，两位女士可以同舞，但两位男士不能同舞，否则就意味着他们不愿向在场的女伴邀舞，这是对女性的不尊重，也有同性恋的嫌疑。

舞会上，男女若是彼此互不相识，可以主动邀请别人共舞。通常是由男士主动去邀请女士共舞。邀舞者应彬彬而礼、谦恭自然；受邀者也要大方自然，不要紧张和做作。

- 当你邀请一位素不相识的女士跳舞时，必须先认真观察好她是否已有男友伴舞。如有，一般不宜前去邀请，以免发生误解。邀舞时男士步履庄重地走到女士面前，施15°左右鞠躬礼，同时微笑着轻声说："想请您跳个舞，可以吗？"
- 如果是女士邀请男士，男士一般不得拒绝。不论是男士或女士，一个人单独坐在远离人群的地方，别人就不要去打扰。但如果她是坐在一群人的中间，就可以走过去邀请她跳舞。一般来讲，女士亦不应该随意拒绝邀请。如已有人邀请在先，则可婉言解释："对不起，已经有人邀请我跳了，下一个曲子再和您跳吧！"
- 如表示谢绝，可以说"对不起，我累了，想休息一下"，或者说"我不太会跳，真对不起"，以此来求得对方的谅解。已经婉言谢绝别人的邀请后，在一曲未终时，女士不应再同别的男士共舞。否则，会被认为对前一位男士的不敬或蔑视,这是很不礼貌的,应该避免。
- 如果同时有两位男士去邀请一位女士共舞,通常女士最好都礼貌地谢绝。如果已同意其中一方的邀请,对另一方则应表示歉意,并礼貌地说:"对不起,只能请您跳下一曲了。"
- 当女士拒绝一位男士的邀请后,如果这位男士再次前来邀请,在确无特殊情况下,女士应答应与之共舞。
- 男士和夫人或女友一同跳舞,跳过一曲之后,如果有人前来向其夫人邀舞,应按礼节促请夫人接受,绝不能代夫人回绝对方的邀请,这也是有失礼仪的表现。
- 音乐结束后,男士应将女士送至其位,待到落座后,说一声"谢谢,再会",然后离去。切忌在跳舞后对舞伴不予理睬。

3. 舞池风度

跳舞的风度,主要是指舞者在跳舞时的姿态和表情等方面所表现出来的美,这种美既是一种外在美,又是一种内在美的自然流露。

- 跳舞中,男女双方都应面带微笑,说话声音要轻细,不要旁若无人地大声谈笑。舞姿要端正、大方和活泼,整个身体应始终保持平、正、直、稳,无论是进是退,还是向前、后、左、右方向移动,都要掌握好重心,如果身体摇摇晃晃,肩膀一高一低,甚至踩了对方的脚,都是有失风度的。脸部朝向正前方,用眼睛的余光留心周围,避免碰撞,不要转头去看四周,也不要低头看脚的动作,要凭身体的感觉来转换方向。
- 跳舞时,男士的右手扶着女士的腰肢时,正确的手势是掌心向下向外,用右手大拇指的背面轻轻将女士挽住,而不是用右手的手掌心紧贴女士的腰部。男士的左手应让左臂以弧形向上与肩部呈水平线举起,掌心向上,拇指平展,只将女伴的右掌轻轻托住,而不是随意地捏紧或握住;女士的左手应轻轻放在男士的右肩上,而不应勾住男士的颈脖。跳舞中双方握得过紧或搂得过紧,都是有失风度的。
- 跳舞时,双方的身体应保持一定的距离。跳四步舞(布鲁斯)时,舞步可稍大,表现出庄重、典雅和明快的姿态。跳三步舞(华尔兹)时,双方应保持一臂的距离,让身躯略微昂起向右,使旋转时重心适当,表现出热情、舒展、轻快和流畅的情绪与节奏。跳探戈舞时，随着乐曲中切分音所含节拍的弹性跳跃，因男女双方的步法与舞姿变化较多，舞步可稍大，但男士应注意不可将脚介入女士的两脚间过远；回旋时，也不要把女士拉来拖去。跳伦巴舞时，男女双方可随着音乐节奏轻轻扭动腿部及脚踝，但臀部不应大幅度地摆动。

（五）派对礼仪

派对，本来是英语中"party"一词的音译。一般而言，它是指私人性聚会，尤其是小型的私人集会。派对形式自然、内容灵活、品位高雅，可以使渴望友谊、注重信息的人们正规而又轻松愉快地与其他人士进行交往。

1．派对的种类

在我国以社交为目的的专门性的室内聚会，一般都称为派对。按照人们在聚会中所讨论的中心话题或所从事的主要活动来区分，派对有许多种类。

- 内容丰富、包罗万象的聚会，叫作综合型派对。
- 亲朋好友、同事、同学相互之间以保持联络为目的的聚会，叫作交际型派对。
- 主要是为了接待来访者，意在相互了解、加深认识的聚会，叫作联谊型派对。
- 主要由文学艺术爱好者发起、参加的聚会，叫作文艺型派对。
- 以休闲、娱乐为主要活动形式的聚会，叫作休闲型派对。

时下最流行的，当数交际型派对、联谊型派对和休闲型派对。其中，交际型派对是老友聚会，联谊型派对则是新朋聚会。根据实际需要，幼儿教师应重点掌握有关交际型派对的基本礼仪。

2．交际型派对

交际型派对应是幼儿教师接触最多的一种派对。举办交际型派对的主要目的，是为了使参加者之间保持接触，进行交流。因此，它的具体活动形式可以灵活多样。幼儿教师经常有机会参加的座谈会、校友会、聚餐会、庆祝会、联欢会、生日晚会、节日晚会、家庭舞会等，实际上大都属于交际型派对。

3. 参加交际型派对的礼仪

在交际型派对上有几条基本的礼仪规则，是参加者必须遵守的。

- 要恪守约定。在参加派对时，要遵守时间约定，按时赴约，不得无故迟到、早退或失约。
- 尊重女性，尊重长者。在一切社交场所，都要主动自觉地尊重、照顾、体谅、帮助、保护女性朋友和长者，并积极地为其排忧解难。
- 要体谅主人。在参加活动时，参与者应当设身处地地时时处处多替主人着想，并尽可能地在其需要时施以援手。至少要做到不为主人忙中添乱。

八、体育活动礼仪

（一）健身的礼仪

到健身房健身时，幼儿教师主要应当遵守下列六条礼仪规范。

1. 有所约定

前往正规健身房健身，既可以办理会员卡、年卡、月卡，也可以临时购票。

【正确做法】

☑ 必须缴付费用，凭证入内。为了确保自己有规律地定期健身，一定要提前约定，以便使自己的健身时间有所保证。

2. 注意衣着

在健身房里健身，通常都要求身着正式的健身服。穿着健身服不仅有利于健身运动，而且与周围的环境相协调。

【正确做法】

☑ 一般情况下，每一位健身者在健身时都应身着健身服。前往健身房健身时，切忌乱穿其他类型的服装，更不允许赤膊上阵。需要注意的是，若是在除健身房以外的其他场所身着专门的健身服，往往也会令人啼笑皆非。

3. 目标明确

在健身时，每一位健身者均应有一定的目标：要么是瘦身，要么是塑形，要么是美体，要么是放松。

【正确做法】

☑ 为了实现自己既定的目标，需要制定专门的方案，并且一定要在健身时循序渐进。要是目标不明确或者不按照预定的计划进行，面对五花八门的健身项目或健身器械眼花缭乱，胡练一通，不但起不到任何作用，而且有可能伤害自己的身体。

4. 服从管理

一般的健身房，不仅场地开阔、器材繁多，而且健身者众多。因此，一般都实行严格的管理。

【正确做法】

☑ 进门时，健身者要出示凭证；活动时，要注意限时；运动前后，要更换服装；占用场地时，要预先约定；使用器械时，要讲究先来后到；集体锻炼时，要听从口令，统一行动。对于上述合乎情理的要求，健身者必须认真遵守，对有关方面的管理者亦应认真服从。

5. 自练为主

进行健身活动时，一般讲究自得其乐。

【正确做法】

☑ 在具体锻炼时，应当以自练为主。若非集体活动或参加集体项目，通常不必在健身时与他人保持一致。在健身时，不要随意围观、评价别人，也不要任意打断别人健身，或者动辄向别人讨教健身之道。按照常规，在健身房不宜洽谈有关工作的事情。

6. 尊重教练

一些高档健身房，往往会为初学者安排某一项目或全方位锻炼的教练。对健身者而言，必须对教练加以尊重。

【正确做法】

☑ 在健身时尊重自己的教练：一是要虚心请教，不懂不要装懂；二是要保持耐心，不要指望一蹴而就；三是听从点拨，认真服从教练的合理化要求。不允许对教练爱搭不理、吹毛求疵、呼来喝去，更不允许训斥、责骂、侮辱教练。

（二）游泳礼仪

在各种运动项目中，游泳可以说是最普及、最受欢迎的项目之一。在游泳时，每一名游泳者皆应自觉遵守相关礼仪规则。

1. 注意安全

【正确做法】

☑ 外出游泳时，不论是在室内还是在室外，都要选择正规的游泳池或浴场。凡不熟悉具体情况的河流、湖泊、海域，尤其是明文禁止下水的地方，切勿擅自下水游泳。在游泳池或浴场游泳时，亦应量力而行，选择自己所适应的深度与长度。没有外人在场相助时，切勿冒险。

2. 讲究卫生

在公用的游泳池或浴场游泳时，务必要注意个人卫生与环境卫生。

【正确做法】

☑ 患有皮肤病、红眼病以及其他传染病时，不应外出游泳。在游泳时，不应在水中洗浴，不应向水中随口吐痰，更不能在水中大小便。在水畔休息或者在更衣室、淋浴房活动时，不应乱扔废弃物，不应大吃大喝或者吸烟、酗酒。

3. 衣着得体

进入公用的游泳池或浴场之前，应换着较为正规的泳装。按规定，还必须戴上游泳帽。

【正确做法】

☑ 泳装一定要大小合身、松紧合理，面料和色彩符合要求。若是泳装过于肥大、宽松，其面料单薄、色彩为白色或者其他浅色，那么一下水就可能令自己的身体袒露、曝光。不穿正规的泳装或者裸体游泳，通常都是不被接受的。

4. 活动适度

游泳是一种运动，因此在游泳时应当注意活动适度。

【正确做法】

☑ 游泳时，在水中万一不小心碰到了别人，一定要立刻向对方道歉。不要离陌生人过近，不要随意追逐、赶超别人。在水边休息时，不要围观、盯视别人。在外人面前，不要跟自己的恋人表现得过分亲热。

☑ 在游泳池或浴场之外，不要身穿三角裤或"三点式"招摇过市。

5. 礼让他人

在游泳时，要始终坚持以礼待人。

【正确做法】

☑ 使用更衣室、淋浴房时，应自觉地排队，依次而行。下水之后，尽量不要进入他人活动的水域。当他人进入自己正在活动的水域时，通常应以点头或微笑对对方表示欢迎。在水畔小憩时，切莫画地为牢，占据过多的位置或过大的地盘。凡公用的设施或区域，都应欢迎别人与自己一同使用。

6. 尊重异性

在游泳时，一定要有意识地尊重异性。对于陌生的异性，更是要表现得尊重有加。

【正确做法】

☑ 入水之后，与异性务必保持距离。对于任何异性尤其是陌生的异性，不要主动上前攀谈，不要尾随其后。未经要求，切勿对异性施以援手。万一异性要求自己提供正当的帮助，可尽力相助。得到异性的帮助之后，应主动向对方道谢。在异性面前，不论与对方是否相识，都不可以语言调戏对方，或者对对方动手动脚。

（三）打网球礼仪

与保龄球、高尔夫球一道并称为"绅士运动三大球"的网球，近年来已在我国十分普及。打网球不仅可以适度地运动健身，而且可以借机开展适当的社交活动。打网球充满挑战和乐趣，它需要球员与观众具备良好的行为素养，需要大家自觉地遵守打网球的礼仪规则。

1. 提前预订场地

【正确做法】

- ☑ 通常到正规的网球场打球前都需要预订场地，需要说明自己打球的具体时间。按预订时间到达场地后，若前边打球的人尚未结束，应当稍等片刻，不要催促对方或者出言不逊，应该让对方打完手头这一局。若自己预订的时间已用完，后边打球的人已到，则应尽快退场，不宜拖延。
- ☑ 请别人与自己一起打网球，务必提前几天预约，并且不要勉强对方。

2. 着装规范

打网球时身着正规的网球装，是一种网球场上最基本的礼仪。

【正确做法】

- ☑ 打网球时，要求打球者穿着专门的网球装、网球鞋。此外，有的人还喜欢使用特制的护腕与发箍。一些专门的网球俱乐部，通常还要求会员前往俱乐部打球时身着统一的俱乐部网球装。赤膊、赤足打网球都是不允许的。
- ☑ 男式的网球装多为白色的T恤、短裤，女式的网球装则一般都是白色的连衣裙。身着正规的网球装，不仅使打球者英姿飒爽，而且有助于打球与人身安全。

3. 以礼待人

在打网球的整个过程中，自始至终都要以礼待人。

【正确做法】

- ☑ 由裁判裁定比赛时，不允许对裁判的裁决当众质疑。
- ☑ 请教练或陪练帮助自己打球时，一定要尊重对方的劳动。

- ☑ 如果有专门的工作人员在场上替自己捡球，不要忘记向对方道谢。
- ☑ 打球时，如果不小心使球滚到别人的场地之内，一定要等对方打完一分时再去捡球。不管是自己要求对方帮自己捡球或者对方主动帮忙，都要当即感谢对方。当别人的球滚到自己的场地之内时，切莫责备对方。方便的话，要尽快将球投掷回去。

4. 比赛时保持风度

【正确做法】

- ☑ 在网球场上比赛时，要认真遵守比赛规则，不能为一个球的得失而与比赛对手大呼小叫；不要任意自取或借用他人的球拍，因为人们往往只有使用自己的球拍打球才顺手；如果在比赛时条件于己有利，比如风向等，等到奇数的赛局时要主动与对手交换场地；当比赛开始与结束时，要以微笑或握手等方式向比赛对手致意，但切勿在场上四处奔走、脱衣乱舞，甚至跨越球网。

5. 观看比赛应有礼貌

【正确做法】

- ☑ 观看正规的网球比赛，观赛者通常要穿着正式或穿礼服，不允许衣着过于随便。观赛者必须提前购票，凭票入场，并在指定的座位上就座。
- ☑ 比赛进行期间，不允许观赛者乱动乱走。观赛者需要暂时离座时，一定要等到比赛者交换场地之时。通常只有当一局结束或一场比赛告终时，观赛者方可鼓掌。随意离座、随便鼓掌，往往会影响比赛者的情绪，打扰比赛的连贯性。此外，不允许坐在看台上大吃大喝、高谈阔论等。

（四）打保龄球礼仪

打保龄球现已成为一项老少皆宜的运动项目。打保龄球时，应认真遵守其礼仪规则。

1. 依序进入球道

【正确做法】

- ☑ 按顺序进入球道。也可在准备去打球之前先向球馆预订球道，避免在现场排队等候。按规定时间到达预订的球道后,若前面打球的人尚未结束,应当适当地宽让对方一会儿,不可打断或驱赶对方。当自己约定的时间已到而后面有人等候球道时,最好适可而止。在任何时候,抢占别人的球道或打完球后赖着不走,都是失礼的行为。

2. 更换球鞋球袜
【正确做法】
- ☑ 打球者要事先换上一双干净整洁、无残损的袜子。在上场打球前,要按球馆常规换上专用的保龄球鞋、袜。
- ☑ 一般而言,打保龄球时除了鞋袜之外,对打球者的衣着并无要求,但打球者应该穿着整齐,且方便活动。打球前,可将大衣、外套、雨伞、提包等物品存入球馆的寄存柜。切勿在现场随处乱放私人物品,这样既容易妨碍别人,又容易丢失。
- ☑ 打球后,应将租用的球鞋、球具等交回原处,再取出、拿好自己的物品。

3. 维护安静环境
【正确做法】
- ☑ 作为一项室内运动项目,在球馆里每个人都有义务自觉地保持安静。在球馆之内,请将自己随身携带的手机调小音量或调至振动,千万不可让其大声鸣叫。最好不要在别人打球时与其搭话,或者在一旁高谈阔论。需要与别人交流技艺或相互鼓励时,要压低讲话的音量。为他人的优异成绩欢呼鼓掌时,亦应点到为止,不要高声喧哗、乱喊乱叫。

4. 遵守打球规则
【正确做法】
- ☑ 在每次掷球时,应使用自己所选定的同一个球,不要错拿错用别人所选定的球。掷球前,要拿好拿稳,以免失手伤人。在任何时候,都不应在助走道之外掷球,也不允许故意摔球或胡乱掷球。掷球时,切莫超过犯规线。当自己的左右两侧已有他人准备掷球或自己前面已有先上球道者,应当礼让他人,稍后再掷球。在任何情况下,都不要侵入别人正在使用的球道。

- ☑ 掷球之后，即应转身返回球员席，不要在球道或助走道上停留过长时间，也不要倒行。

（五）高尔夫运动礼仪

高尔夫这项"贵族"运动早已经进入了我们的生活。无论是为了锻炼身体，还是为了与朋友进行更好的沟通，高尔夫运动都是不错的选择。

起源于苏格兰的高尔夫运动历经500多年的发展，形成了"自律、自尊、礼让、宽容"的绅士文化。参加高尔夫运动时，球手们需要遵循其行为准则。

1. 着装礼仪规范

【正确做法】

- ☑ 男士：上装为有领衫（长、短袖皆可）；外套可配背心、毛衣、夹克、风衣；下装是西式长裤或短裤。
- ☑ 女士：上装为得体的女士运动休闲服装；下装可选西式长裤、短裤或及膝短裙。
- ☑ 鞋：软钉高尔夫鞋或运动鞋。

【不当做法】

- ☒ 穿着不适合的服饰，如：无领T恤、吊带背心、低胸露背装、牛仔装、连衣裙、透明装、普通凉鞋、高跟鞋等。

2. 打球的行为礼仪

【正确做法】

- ☑ 预订球场后，应按时到场，切忌无故取消或迟到。分组以及出发时，应尊重球场安排。自觉地将手机关机或调至静音。
- ☑ 礼貌谦让。开球时，遵守击球顺序；对球友、对手、球童彬彬有礼。
- ☑ 重视安全。球员在挥杆之前，要保证挥杆范围内无人站立，或可能击起的石子、球等不会伤及别人。当前组球员未走出击出球的射程及范围之前，后组的任何球员不得击球。
- ☑ 保持安静。当球员在击球时，周围要保持安静，不可有谈话声或车辆声及其他干扰球员击球的噪声。不要对着一个刚击出去的球大喊。
- ☑ 谨记慢打快走。推球进洞后应快速离开果岭，切勿在果岭上逗留，不要再练习推球等。击球时，注意尽量不要刮到草皮，应及时清理脚印及球痕，修补草皮断片。
- ☑ 延时应礼让。球员打球时不得拖延时间，如果一组球员在球场上行动迟缓并落后前面的打球员整一个洞以上，应该让后续的一组球员先行通过。
- ☑ 遵守球车规定。注意贴在球车上的安全警示，小心驾驶。高尔夫礼仪要求尽可能多地把球车停在草坪外面。
- ☑ 完成打球后，向同组球员祝贺和感谢；感谢球童的辛苦服务，主动付球童小费等。

3. 观看比赛的礼仪

【正确做法】
- ☑ 关掉手机和闪光灯。
- ☑ 在球手挥杆和推杆的过程中，保持绝对的安静，禁止走动或说话。
- ☑ 当球打到你的脚下时不要故意去移动甚至拿走它。
- ☑ 观看比赛时应站在围绳之外或果岭之外。

主要参考文献

[1] 蔡践. 礼仪大全：现代文明人必备的礼仪指南[M]. 北京：当代世界出版社，2007.

[2] 陈玉. 礼仪规范教程[M]. 北京：高等教育出版社，2005.

[3] 甘华鸣，李湘华. 沟通：下册[M]. 北京：中国国际广播出版社，2001.

[4] 国英. 公共关系与现代礼仪案例[M]. 北京：机械工业出版社，2004.

[5] 何秉尧，郑东，黄彩子，等. 魅力礼仪[M]. 北京：人民出版社，2008.

[6] 胡静. 礼仪学[M]. 武汉：华中师范大学出版社，2006.

[7] 金正昆. 服务礼仪[M]. 北京：北京大学出版社，2005.

[8] 金正昆. 教师礼仪规范[M]. 北京：中国人民大学出版社，2018.

[9] 金正昆. 实用商务礼仪[M]. 北京：中国人民大学出版社，2020.

[10] 李荣建. 社交礼仪[M]. 北京：清华大学出版社，2018.

[11] 李兴国. 社交礼仪[M]. 北京：高等教育出版社，2006.

[12] 吕留伟. 实用礼仪大全[M]. 北京：中国纺织出版社，2010.

[13] 三妮. 形象决定一切：个人形象操作指南[M]. 北京：文化艺术出版社，2005.

[14] 商谋子. 社交办事懂礼仪：行走社会畅通无阻的黄金法则[M]. 北京：中国盲文出版社，2004.

[15] 斯静亚. 职场礼仪与沟通[M]. 北京：高等教育出版社，2019.

[16] 唐志华. 幼儿教师礼仪基础教程[M]. 3版. 上海：复旦大学出版社，2021.

[17] 向多佳，李俊. 职业礼仪[M]. 北京：高等教育出版社，2020.

[18] 向多佳. 幼儿教师必知的礼仪规范[M]. 北京：中国轻工业出版社，2015.

[19] 向多佳. 职业礼仪[M]. 成都：四川大学出版社，2012.

[20] 徐美萍. 现代礼仪[M]. 上海：上海大学出版社，2010.

[21] 杨中碧，马丽娜. 礼仪与文化[M]. 2版. 北京：清华大学出版社，2007.

[22] 易磊，李国防. 赢在社交：成功交际的细节[M]. 呼和浩特：内蒙古大学出版社，2008.

[23] 张．你的形象价值百万：世界形象设计师的忠告[M]．北京：中国青年出版社，2008．

[24] 张晓梅．晓梅说礼仪[M]．北京：中国青年出版社，2014．

[25] 张晓明，袁林．沟通与礼仪[M]．北京：科学出版社，2009．

[26] 张彦．礼仪人生：有礼走遍天下[M]．南京：凤凰出版社，2009．

[27] 周思敏．你的礼仪价值百万：商务社交篇[M]．北京：中国纺织出版社，2010．